MÉLANGES

PHILOSOPHIQUES.

A LEIPSIG,

Chez PONTHIEU, MICHELSEN et Compagnie.

A PARIS,

Chez
- DUPONT et Compagnie, rue Vivienne, n° 16.
- LEVASSEUR, Palais-Royal.
- CHARLES BÉCHET, Quai des Augustins.
- LEVRAULT, rue de La Harpe, n° 81.
- EMLER frères, rue Guénégaud, n° 23.
- ALEX. MESNIER, Place de la Bourse.
- PICHON DIDIER, Quai des Augustins.
- LECOINTE, Quai des Augustins, n° 49.

BRUXELLES,

A LA LIBRAIRIE PARISIENNE,
rue de la Magdeleine, n° 438.

IMPRIMERIE EBERHART,
rue du Foin S.-Jacques, n. 12.

MÉLANGES PHILOSOPHIQUES

DE

SIR JAMES MACKINTOSH,

TRADUITS DE L'ANGLAIS

PAR Léon SIMON.

PARIS,

JOHANNEAU, LIBRAIRE-ÉDITEUR,
Rue du Coq-S.-Honoré, N. 8 bis.

1829.

AVERTISSEMENT

DU TRADUCTEUR.

Il y a quelques années, que Dugald-Stewart publia en tête du supplément à l'Encyclopédie britannique, un long discours qui contenait une exposition à-peu-près complète de l'histoire de la philosophie moderne, depuis la renaissance des lettres. Cette production remarquable du dernier représentant de l'École Écossaise, fut traduite par M. Buchon, sous le titre d'*Histoire abrégée des sciences métaphysiques, morales et politiques* (1); et cet ouvrage est aujourd'hui si bien connu de ceux qui s'intéressent aux progrès des scien-

---

(1) Paris 1820, 3 vol. in-8°, chez A. Johanneau.

ces philosophiques, que nous sommes dispensé d'en faire connaître l'esprit et d'en retracer le plan.

Le discours de Dugald-Stewart était à peine connu en Angleterre, que M. Mackintosh, dont les principes et les doctrines touchent de si près à ceux des philosophes Écossais, publia, dans l'*Edinburgh review*, deux essais critiques, qui, au moment où ils parurent, fixèrent l'attention des amis de la philosophie. A l'occasion de l'important ouvrage de madame de Staël, intitulé *De l'Allemagne ;* il avait inséré dans le même recueil, une analyse critique que nous n'avons pas hésité à joindre aux deux autres, bien qu'elle semble ne se rattacher à la philosophie que d'une manière indirecte : nous en dirons plus loin les motifs. Ce sont ces trois Essais que nous avons réunis sous le titre de *Mélanges Philosophiques*, et dont nous publions la traduction. L'intérêt si réel et si bien mérité, que depuis quelque temps les amis de la philosophie portent à tous les écrits qui sont empreints des doctrines Écossaises, nous laisse espérer qu'ils accueilleront avec indulgence et liront peut-être avec fruit, ces Essais échappés à la plume d'un homme, dont presque tous les momens sont depuis long-temps consacrés à la défense d'intérêts d'un autre ordre, mais d'une égale importance.

Sir James Mackintosh, depuis long-temps célèbre en Angleterre comme homme d'Etat et comme jurisconsulte, est du petit nombre de ceux qui ont su comprendre que les recherches philosophiques n'ont pas pour objet d'alimenter les disputes de l'école, et que loin d'être stériles en applications pratiques, elles réfléchissent les plus vives lumières sur l'ensemble des connaissances humaines, et en particulier sur les hauts problêmes de la politique. Né dans le comté d'Inverness vers 1768, il se livra de bonne heure à l'étude des sciences. Primitivement destiné à suivre la carrière de la médecine, il se rendit à Leyde en 1787, peu après avoir reçu le grade de Docteur. Mais à la mort de son père, il abandonna une profession qui n'était pas de son choix, pour se livrer au barreau; et c'est aux succès qu'il obtint comme avocat, qu'il dut en grande partie son élévation postérieure. Lié, dans sa jeunesse, avec plusieurs partisans de la réforme parlementaire et notamment avec Godwin, il publia contre Burke sa défense de la révolution française (*vindiciæ Gallicæ*), ouvrage qui lui attira une juste réputation, et lui valut, de la part de l'assemblée nationale, le titre de citoyen français. Les principes développés et soutenus dans cet écrit remarquable, dénotent dans M. Mackintosh un ami trop éclairé de la liberté pour prendre la défense des excès qui accompagnèrent cette grande rénovation politique, et un homme d'un esprit trop juste pour ne pas apprécier tout ce que la révolution française avait de sage dans son principe et de salutaire dans ses conséquences. Peu après sa célèbre défense de l'émigré français Peltier, il fut nommé juge assesseur (*Recorder*) à Bombay, et profita de son séjour dans l'Inde pour étudier les systèmes religieux et philosophiques de l'Orient, sur lesquels il n'a encore rien publié; mais dont il parle en homme qui les connaît, dans plusieurs endroits des morceaux que nous avons traduits. Il paraît même qu'il obtint de la confiance que lui accordèrent quelques Brames d'être initié à leurs dogmes les plus secrets. Il est à regretter que l'ingénieux auteur de l'*Histoire comparée des systèmes de philosophie* (1), qui

---

(1) V. 2ᵉ édit., tome 1ᵉʳ, p. 298.

rapporte ce fait, ait cru devoir ne pas publier la lettre que M. Mackintosh lui écrivit à ce sujet, car les indications qui y sont contenues auraient pu mettre sur la voie de nouvelles découvertes, et contribuer à dissiper les ténèbres qui enveloppent encore la philosophie orientale. De retour en Angleterre, il ne tarda pas à être appelé dans la Chambre des communes, où constamment il soutint les droits d'une sage liberté, et resta par conséquent fidèle aux idées politiques qui occupèrent sa jeunesse. La philosophie a sans doute à regretter qu'un homme aussi éclairé ait eu constamment à remplir des charges publiques; plus libre de lui-même, il est certain qu'il aurait laissé dans la science des traces plus profondes, mais non pas plus honorables: c'est au moins ce qu'autorisent à croire les morceaux que nous offrons au public, et sur lesquels il convient que nous disions quelques mots.

Dans les deux premiers Essais, M. Mackintosh esquisse d'une manière large et rapide l'histoire de la philosophie moderne, et quoique resserré dans des limites beaucoup trop étroites, eu égard à l'importance du sujet; il examine l'ensemble des systèmes qui se sont succédé indique leur ordre de succession, leurs rapports et leurs différences, et les jugeant d'un autre point de vue que Dugald-Stewart, s'attache à faire ressortir la part qu'ils ont eue au développement de la civilisation générale. Si le mérite incontestable de l'ouvrage de Dugald-Stewart fut de retracer avec cette finesse de critique, qui distingue si honorablement ses autres écrits, les systèmes de ceux qui se partagèrent les suffrages de l'humanité, depuis l'apparition de Bâcon; peut-être doit-on avouer, qu'il eut le tort grave d'isoler trop complètement les temps modernes, du moyen âge. Sans doute Bâcon et Descartes en restituant l'humanité dans ses droits, se sont mis en opposition directe avec le moyen âge; mais avant eux, d'honorables tentatives avaient été faites, et les écrits de St.-Thomas d'Aquin et de William d'Occam, disciple célèbre de Scott, attestent que pendant *cette nuit de Mille ans*, ainsi qu'on l'appelle, l'esprit humain fut loin d'être inactif; et que long-temps avant la renaissance des lettres, l'autorité d'Aristote commençait à perdre crédit sur les esprits. Ce sont ces vérités que M. Mackintosh a su mettre en évidence avec un rare talent, et qu'il a établies sur des preuves incontestables. Il n'est pas moins heureux dans le juste tribut d'éloges qu'il accorde aux travaux de ces hommes recommandables qui sous le nom de *juristes*, ont créé, vers la fin du seizième siècle, une science nouvelle à laquelle on a donné les noms de Droit de la nature et des gens, Droit public, Droit des nations. Dugald-Stewart les avait jugés avec une sévérité à laquelle sa bonté philosophique ne nous avait pas accoutumés; et M. Mackintosh a parfaitement apprécié les services immenses que rendirent, à cette époque, ces savans modestes et obscurs, qui par leurs écrits obligèrent les rois et les peuples à respecter les lois sacrées de la morale, dont la puissance et la vérité seront toujours supérieures à celles des lois écrites.

Le lecteur remarquera aussi avec quel soin l'auteur s'attache à justifier Machiavel des jugemens erronés dont sa personne et ses écrits furent le sujet ; et ne lira pas sans intérêt la comparaison qu'il a faite des systèmes philosophiques de Leibnitz et de Locke.

On ne peut aujourd'hui écrire sur l'histoire de la philosophie moderne, sans parler de l'Allemagne, que beaucoup ont la prétention de juger, et que bien peu connaissent. Dugald-Stewart n'en avait dit que fort peu de choses, et encore les critiques qu'il adresse aux philosophes Allemands ne paraissent-elles pas appuyées sur des preuves suffisantes. M. Mackintosh qui semble les mieux connaître, ne leur rend peut-être pas non plus toute justice. Cependant, à propos de l'ouvrage de madame de Staël, il présente çà et là quelques remarques judicieuses et donne de précieuses indications. A la fin de ce dernier Essai, l'auteur examine une question grave, qui a long-temps occupé les philosophes et les divise encore ; question vaste et difficile, qui ne tend à rien moins qu'à intéresser la morale tout entière ; et qui, si elle était résolue dans le sens d'une des parties contendantes, réduirait la vie humaine à un froid et misérable calcul: nous voulons parler de la théorie du devoir et de celle de l'intérêt bien entendu. La solution qu'en donne M. Mackintosh n'est peut-être pas aussi rigoureuse qu'on pourrait le désirer; mais elle est bien dans l'esprit de l'Ecole à laquelle il appartient ; c'est-à-dire qu'il s'attache à poser le problême de manière à concilier des opinions qu'il ne juge fausses que par leur exagération, en faisant à l'intérêt la part qui lui revient, sans rien enlever à l'importance et à la sainteté du devoir. Ces motifs nous ont paru suffisans pour nous justifier d'avoir publié un morceau, qui au premier abord, semble plutôt appartenir à la critique littéraire, qu'à l'histoire de la philosophie.

Nous pensons donc n'avoir pas fait une œuvre inutile, en suivant l'exemple de plusieurs hommes recommandables par leur savoir et leur dévouement à la science ; qui ont consacré leurs talents et leurs veilles à faire passer dans notre langue les écrits de la plupart des philosophes Ecossais, dont les principes sages et la méthode sévère nous ont si puissamment aidés à briser les fers du sensualisme.

En effet, avant la réforme entreprise par M. Royer-Collard et poursuivie par M. Cousin avec tant de zèle, de talent et de succès, la doctrine de Condillac régnait en souveraine. Ce fait que personne ne conteste, mérite d'être apprécié, car dans l'espèce comme dans l'individu, tout a sa raison d'être qu'il faut savoir pénétrer. L'origine du Condillacisme, sa fortune et sa fin, s'expliquent naturellement par l'esprit du temps où cette doctrine parut, grandit et périt. Née au dix-huitième siècle et dans l'ardeur du mouvement critique qui caractérise cette époque, elle devait être l'expression des idées du temps. Jusques là la France avait vécu sous l'empire du cartésianisme qui n'avait plus sa foi, tandis qu'en Allemagne et en Angleterre, Leibnitz et Locke qui cherchaient à faire oublier Descartes, ne rencontraient qu'une opposition facile à vaincre dans le scepticisme de Hume, et l'idéalisme de Berkeley. Du moment où la philosophie de Descartes était impuissante à gouverner les esprits, ou il fallait en venir à fonder une philosophie nouvelle, ou il fallait adopter l'un des systèmes contemporains, sauf à le développer. Ce fut alors que parut le système de Condillac. Nous ne rappellerons point ses succès, encore moins dirons-nous à quelles conséquences fausses il conduisit Cabanis et Volney; une plume plus habile et mieux exercée s'étant chargée de ce soin (1).

Le remède à des maux si réels consistait à démontrer, que l'erreur de Condillac et de son Ecole provenait de ce qu'ils avaient renfermé la puissance de l'observation dans des limites trop étroites, qu'au-delà des faits sensibles et de l'observation par les sens, existaient d'autres faits que la sensa-

---

(1) Essai sur l'histoire de la philosophie en France au 19ᵉ siècle, par Ph. Damiron; 2 vol. in-8º, 2ᶜ édition. Chez Al. Johanneau.

tion ne pouvait fournir, encore moins expliquer; vérité mise dans tout son jour par l'Ecole écossaise, et que la nouvelle Ecole française a développée de manière à ne laisser aucun doute (1). Mais tout en restant fidèle à la méthode des philosophes Ecossais, M. Cousin en élargit les bases, en agrandit le point de vue, et découvrit un nouvel horizon à nos jeunes intelligences.

Aujourd'hui que la méthode philosophique est assez forte pour savoir tout accepter, et que moins empressés de conclure que d'examiner les faits avec l'impartialité la plus sévère, nous allons demander à l'histoire les moyens de résoudre les problêmes qui nous préoccupent, d'éclairer nos convictions,

---

(1) V. Fragmens philosophiques par Mr. V. Cousin, Paris 1826, et la Préface de M. Jouffroy, en tête des Esquisses de philosophie morale de Dugald-Stewart. Paris 1826.

d'affermir notre marche dans la civilisation ; il nous semble que tout ce qui tend à faciliter cette étude, ne peut être vu avec indifférence par ceux qui ont réfléchi sur l'importance et l'étendue des recherches philosophiques.

Quelque temps avant sa mort, Dugald-Stewart, dont la philosophie déplore la perte, a publié un Traité complet de morale, qui est le développement de la partie éthique des *Esquisses de philosophie morale*. Déjà nous avons eu la pensée de le traduire, et si ce premier Essai recevait un favorable accueil; nous aimerions à rendre un dernier hommage à la mémoire d'un homme de bien, qui consacra sa vie entière à la recherche des plus hauts problêmes de la philosophie.

Paris, 2 décembre 1828.

CONSIDÉRATIONS

SUR L'HISTOIRE

DE LA PHILOSOPHIE,

DEPUIS LA RENAISSANCE DES LETTRES *.

PREMIER ESSAI.

« L'histoire, a dit Bâcon, est naturelle, civile,
» ecclésiastique ou littéraire. J'avoue que les
» trois premières parties existent ; mais je note
» la quatrième comme nous manquant tout-à-
» fait. Car aucun homme ne s'est encore pro-

---

* Le morceau qu'on va lire, extrait de l'*Edinburgh Review* (N° liij, septembre 1816), fut composé à l'occasion de l'ouvrage de Dugald-Stewart intitulé : *Histoire générale des progrès des sciences métaphysiques, morales et politiques, depuis la renaissance des lettres en Europe* ; ouvrage que M. Buchon a traduit depuis long-temps, et qui se trouve chez A. Johanneau, libraire, rue du Coq-Saint-Honoré, N. 8 bis. (*Note du Trad.*)

» posé de faire l'inventaire de la science ; aucun
» n'a décrit ni représenté ce qu'elle fut de siècle
» en siècle, tandis que beaucoup l'ont fait pour
» l'histoire naturelle, l'histoire civile et l'hi-
» stoire ecclésiastique. Cependant sans cette
» quatrième partie, l'histoire du monde me
» paraît être comme la statue de Polyphême
» qui n'avait qu'un œil ; et pourtant ce sont
» eux qui nous font le mieux connaître l'esprit
» et le caractère d'un homme. Toutefois je
» n'ignore pas que dans diverses branches de
» la science, telles que la jurisprudence, les
» mathématiques, la rhétorique et la philo-
» sophie, il nous reste encore quelques no-
» tions incomplètes sur les écoles, les livres
» et les auteurs, et quelques récits stériles
» sur les mœurs et l'invention des arts. Mais
» quant à une histoire exacte de la science,
» contenant l'antiquité et l'origine des con-
» naissances, leurs sectes, leurs découvertes,
» leurs traditions, leurs différentes admi-
» nistrations et leurs développements, leurs
» débats, leur décadence, leur oppression,
» leur abandon et leurs changements, ainsi
» que les causes prochaines et éloignées de
» ceux-ci, et tous les autres évènemens relatifs
» à la science depuis les premiers siècles du
» monde ; je puis hardiment affirmer que ce
» travail manque. Un pareil travail n'aurait

» pas seulement pour objet et pour utilité de
» satisfaire la curiosité des amis de la science :
» mais il offrirait un but plus grave et plus
» sérieux, qui serait, pour le dire en peu de
» mots, *de rendre les savans prudens dans*
» *l'usage et l'administration de la science.* » (1)
De Augmentis scientiarum, lib. II.

---

(1) Le livre latin *de Augmentis*, qui est une traduction de l'ouvrage anglais composé par Bâcon, faite par des hommes de beaucoup de talent et sous ses yeux, doit être considérée, eu égard au sujet, comme un second original. Mais partout où nous possédons les propres paroles de Bâcon, nous ne voudrions pas citer l'expression insuffisante par laquelle un autre s'est efforcé de le rendre. Dans le morceau suivant, la traduction latine contient des passages qui n'existent point dans l'original anglais.

Antè omnia autem id agi volumus (quod civilis historiæ decus est et quasi anima), ut cum eventis causæ copulentur, videlicet ut memorentur naturæ regionum et populorum, indolesque apta et habilis, aut inepta et inhabilis, ad disciplinas diversas, accidentia temporum, quæ scientiis adversa fuerint aut propitia; zeli et mixturæ religionum, malitiæ et favores legum, virtutes denique insignes et efficacia quorundam virorum ad scientias promovendas, et similia. At hæc omnia ita tractari præcipimus ut non criticorum more in laude et censurâ tempus teratur, sed planè historicè res ipsæ narrentur, judicium parciùs interponatur.

De modo hujus modi historiæ conficiendæ, monemus ut per singulas annorum centurias libri præcipui qui per ea temporis spatia conscripti sunt in consilium adhibeantur, ut ex eorum non perlectione (id enim infinitum esset), sed degustatione, et observatione argumenti, styli, methodi, ge-

Quoiqu'il y ait dans les écrits de Bâcon des passages plus élégans que celui qui précède, il en est peu qui nous fassent mieux connaître l'ensemble des qualités qui caractérisent son génie philosophique. Cet homme célèbre a en général excité une haute admiration à laquelle a succédé une réputation populaire; ce qui n'a pas permis d'apprécier avec impartialité le caractère original d'un esprit

---

nius illius temporis litterarius, velut incantatione quâdam, à mortuis evocetur.

Quod ad usum attinet, hæc eò spectant, non ut honor litterarum et pompa per tot circumfusas imagines celebretur, nec quia, pro flagrantissimo quo litteras prosequimur amore, omnia quæ ad earum statum quoque modo pertinent usque ad curiositatem inquirere et scire et conservare avemus, sed ob causam magis seriam et gravem, ea est (ut verbo dicamus) quoniam per talem, qualem descripsimus narrationem, ad virorum doctorum, in doctrinæ usu et administratione prudentiam et solertiam maximam accessionem fieri posse existimamus, et rerum intellectualium, non minus quam civilium, motus et perturbationes, vitiaque et virtutes notari posse, et regimen indè optimum induci et institui. (De augmentis scientiarum, Lib. II, c. 4.)

Nous avons hasardé cette longue citation, non seulement à cause des nombreuses additions qu'elle contient; mais encore pour prouver d'une manière irrécusable, par la comparaison des textes anglais et latin, l'infériorité de la traduction dans les passages où nous sommes assez heureux pour posséder l'original. Cependant nous n'ignorons pas que Hobbes, l'un de nos écrivains les plus célèbres, fut un zélé traducteur de Bâcon. III. Aubrey, 602.

si élevé. Et sous ce rapport, Bâcon est jugé avec une légèreté inconcevable dans des phrases faibles et vagues, peu propres à faire connaître un génie supérieur. De là vient qu'aucun homme célèbre n'a été censuré ni loué avec plus d'ignorance que lui. Il est facile de dire en termes généraux quel fut son mérite ; car plusieurs de ses éminentes qualités brillent dans ses écrits. Mais ce qui le distinguait de tous les autres hommes, c'était l'ordre et la précision, ainsi que la faculté d'embrasser à la fois beaucoup d'objets de nature différente ; ce qui constituait, selon lui, un *entendement discursif et compréhensif*. A cette faculté d'embrasser à la fois un grand nombre d'objets, se joignait, chez lui, une brillante imagination, qualité qui s'allie rarement à une haute raison. Et malgré cette singulière réunion des deux premières facultés de l'homme, sa philosophie, bien que revêtue des formes de la poésie, n'en est pas moins rigoureuse ; car au milieu de cette fécondité d'imagination, qui abandonnée à elle-même eût été poétique, les opinions de Bâcon sont toujours restées rationnelles.

Mais sa célébrité reconnaît d'autres causes essentielles, qu'il n'est pas aussi facile de comprendre ou au moins de déterminer. En effet, Bâcon offre l'exemple unique d'un esprit qui, en philosophant, atteint toujours ce degré d'élévation, d'où il est possible d'embrasser l'ensemble, sans jamais s'élever à une telle hauteur qu'il ne lui soit plus permis de conserver une perception distincte de chacune de ses parties (1). Et ce qui n'est pas moins extraordinaire, c'est que sa philosophie est à la fois fondée sur le mépris de l'autorité des hommes, et sur le respect pour les limites prescrites par la nature aux recherches humaines ; c'est que lui qui estimait si peu ce que les hommes avaient fait, ait tant espéré de ce qu'ils pouvaient faire; c'est qu'un réformateur aussi hardi, se montre si exempt de tout penchant à la singularité ou au paradoxe; c'est que le même homme qui renonçait aux hypothèses dans le domaine de la science, et qui la ren-

---

(1) Bâcon a lui-même qualifié et décrit l'esprit de sa philosophie, par rapport à la manière dont il s'élève des faits particuliers aux faits généraux. « Axiomata infirma non mul-
» tum ab experientiâ meâ discrepant, suprema verò illa et ge-
» neralissima (quæ habentur) notionalia sunt et abstracta et nil
» habent solidi. At media sunt axiomata illa vera, et solida et
» viva in quibus humanæ res et fortunæ sitæ sunt, et suprà
» hæc quoque, tandem ipsa illa generalissima, talia scilicet
» quæ non abstracta sint, sed per hæc media verè limitantur. »
— Nov. Org. Liber I. Aphoris. 104.

fermait dans les bornes de l'expérience, exhortât la postérité à pousser ses conquêtes jusqu'aux limites les plus reculées, avec une hardiesse que les découvertes des siècles à venir pourront, seules, complètement justifier.

Aucun homme ne réunit jamais un style plus poétique à une philosophie plus rigoureuse. Le principal objet de sa méthode fut d'empêcher le fanatisme et le mysticisme d'obstruer le chemin de la vérité. S'il avait eu une imagination moins brillante, son esprit eût été moins propre aux recherches philosophiques. Car il lui doit cette abondance de métaphores, à l'aide desquelles il semble avoir inventé le langage philosophique; et leur éclatant appareil donnait même à ses propres yeux, plus de clarté aux vérités nouvelles qu'il proclamait. Sans cela, il eût été comme beaucoup d'autres, réduit à fabriquer des mots techniques et barbares, dont la trivialité ou la pédanterie fatiguent l'esprit, au lieu de le conduire doucement de découvertes en découvertes, à l'aide d'agréables analogies. Nul doute que le courage avec lequel il entreprit la réforme de la philosophie, ne lui fût en partie inspiré par l'esprit qui animait son siècle, alors que l'Europe était encore agitée par la joie et l'orgueil qu'elle éprouvait en se voyant affranchie d'un si long esclavage. La belle mythologie et l'histoire poétique de l'ancien monde, n'étant pas encore devenues triviales ni pédantesques, lui apparurent dans toute leur fraîcheur et dans tout leur lustre. Pour le commun des lecteurs, ces connaissances étaient aussi nouvelles que la partie du monde découverte par Colomb. La littérature ancienne où son esprit allait puiser des inspirations, n'avait pas moins le charme de la nouveauté que cette philosophie naissante qu'il osait regarder comme devant parcourir les siècles à venir.

Pour se former une juste idée de cet homme extraordinaire, il est essentiel de se bien pénétrer de ce qu'il n'était pas, de ce qu'il ne faisait pas et de ce qu'il professait ne pas être et ne pas faire. Il n'était pas ce qu'on appelle un métaphysicien; car la méthode qu'il proposa pour l'avancement des sciences, ne reposait pas sur ces raisonnements abstraits déduits des premiers principes, sur lesquels les philosophes Grecs s'efforçaient de fonder leurs systèmes. De là vient qu'il fut traité d'empirique et d'homme superficiel par ceux qui se qualifient de profonds spéculateurs. Il n'était ni mathématicien, ni astronome, ni physiologiste, ni chimiste. Il n'était profondément versé dans les vérités particulières à aucune des sciences qui existaient de son temps. C'est pourquoi il fut méprisé par des hommes d'une grande célébrité, qui jouissaient d'une réputation méritée, pour avoir enrichi de faits nouveaux le domaine des sciences. Il n'est donc pas étonnant que Harvey médecin, et ami de Bâcon (1), bien qu'il fît grand cas de son esprit et de son style, n'ait pas voulu le reconnaître pour grand philosophe; car il disait à Aubrey, *il écrit la philosophie comme un lord chancelier;* ce qui était une dérision, ajoute l'honnête biographe. M. Hume en se plaçant sur le même terrain, quoique d'une manière moins convenable vu la nature de ses prétentions à la réputation, a décidé que Bâcon n'était pas aussi célèbre que Galilée, parce qu'il n'était pas aussi savant astronome. La même injustice a été plus souvent commise qu'avouée par plusieurs professeurs des sciences exactes et expérimentales, qui sont accoutumés à ne

---

(1) III. Aubrey, 381. Les anecdotes littéraires vraiment curieuses d'Aubrey, forment la partie la plus importante du livre où elles ont été dernièrement publiées. (Lettres par des hommes illustres prises dans les bibliothèques d'Oxford, 3 vol. Londres, 1813.) C'est à elles surtout que cet ouvrage doit son titre. Tous les autres morceaux auraient reçu l'honneur qu'ils méritaient, si on les eût relégués dans un appendix.

reconnaître de progrès réels dans les sciences, qu'autant qu'on leur fait faire visiblement un pas de plus. Il est vrai que Bâcon n'a fait aucune découverte; mais sa vie entière a été consacrée à indiquer la méthode qui peut y conduire. Il y a long-temps que cette remarque fut faite par le poète ingénieux et aimable que nos ancêtres ont peut-être trop loué, et que nous avons laissé dans un oubli peu mérité.

Comme Moïse, Bâcon nous fit à la fin sortir d'un désert aride, en nous le faisant traverser. Il s'arrêta sur le bord de la terre promise, et du haut de son génie la vit lui-même et nous la fit voir.
(Ode de Cowley à la société Royale.)

Les écrits de Bâcon ne contiennent pas assez d'observations et de réflexions au-dessus des connaissances les plus vulgaires, pour qu'on puisse les considérer comme neuves. Ceci est au moins vrai dans le plus grand nombre des cas. Et lorsqu'il se trouve quelques observations originales, il les donne plutôt comme des exemples de sa méthode générale, que comme des observations importantes par elles-mêmes. Dans les sciences physiques, qui offraient alors un vaste champ aux découvertes, et qui doivent à sa méthode et à l'étendue de son génie, tout ce qu'elles sont et tout ce qu'elles peuvent être ; les expériences qu'il fit et les observations qu'il recueillit, forment la partie la moins estimée de ses écrits, et ont fourni à ses rivaux dans ces sciences, l'occasion d'un triomphe ingrat. Les considérations morales auxquelles il se livre, considérations dont la nature même exclut toute nouveauté, démontrent jusqu'à l'évidence la force et la tournure originale de son esprit. Nous critiquons plutôt que nous n'examinons ses expériences en histoire naturelle; ainsi que les considérations morales et politiques qui enrichissent son ouvrage, *De augmentis scientiarum*, ses *Discours*, ses *Lettres* et son *Histoire de Henri VII*; et surtout ses *Essais*, livre qui, bien qu'il ait été trop loué par Voltaire, Jonhson et Burke; n'a jamais été apprécié avec autant de justice et un aussi heureux choix d'expressions, que dans le Discours que nous avons sous les yeux (1). Ce dernier servira à caractériser la

---

(1) En parlant de ses ouvrages de morale, on ne doit pas oublier le petit volume auquel il a donné le titre d'*Essais*, qui est le plus connu et le plus populaire de tous ses écrits. C'est aussi un de ceux où brille avec le plus d'éclat la supériorité de son génie; la nouveauté et la profondeur de ses réflexions reçoivent souvent un nouveau lustre de la trivialité

tendance naturelle de son génie, et prouvera que ses considérations morales et politiques se rapportaient toujours à des questions pratiques envisagées sous le point de vue de leur application pratique; et qu'il ne tenta jamais de ramener à une théorie quelconque les détails infinis de la politique, qui, comme il nous le dit lui-même, est « plus que toutes les autres » connaissances plongée dans la matière, et la » plus difficile à réduire en axiômes. »

Son esprit était façonné et exercé aux affaires du monde. Son génie convenait parfaitement aux affaires d'état. Il était surtout propre aux questions de législation et de politique, quoique son caractère ne fût pas toujours susceptible de se soumettre aux devoirs prescrits par la raison. La même réserve qui présidait à ses jugemens sur les affaires humaines, se remarque dans sa réforme philosophique. C'est le bon sens pratique appliqué aux recherches scientifiques. Il opéra dans les maximes de

---

du sujet. On peut le lire tout entier en quelques heures ; et cependant après l'avoir lu vingt fois, on y trouve toujours quelque chose de nouveau. C'est ici en effet le trait distinctif de tous les ouvrages de Bâcon : ils fournissent un aliment inépuisable à nos pensées, et donnent une activité nouvelle à nos facultés engourdies.

l'état, la réforme, que peu auparavant, il avait entreprise, mais sans succès, dans la république des lettres. Ses principes ne découlaient pas de raisonnemens métaphysiques, non plus que de détails scientifiques; mais d'une sorte de prudence intellectuelle, qui ayant reconnu les défauts des méthodes adoptées de son temps dans les recherches scientifiques, établit la nécessité d'un changement, et sentit le besoin de cultiver les sciences d'après d'autres principes. C'est à tort qu'on a pensé qu'il attribuait aux règles du syllogisme toutes les erreurs qu'il combattait, et qu'il regardait sa méthode d'induction comme une découverte. Les règles et les formes du raisonnement constitueront toujours la partie la plus importante de la logique, et l'induction qui n'est que l'art de faire des découvertes, était si bien connue d'Aristote, que ce grand observateur la suivit souvent avec fidélité. Le but que Bâcon se proposa et qu'il atteignit, ne fut point de découvrir des principes nouveaux; mais bien d'imprimer une nouvelle direction aux esprits en ramenant la philosophie à l'observation et à l'expérience; et c'est pour cela qu'il n'a été l'auteur d'aucun système, ni le fondateur d'aucune secte. Il ne discuta point des opinions philosophiques; mais il enseigna la manière de philosopher. Livré de bonne heure aux affaires civiles, il n'en devint que plus propre à effectuer la réforme scientifique qu'il avait en vue. Quoique sa carrière politique ait été malheureuse, néanmoins elle contribua puissamment à ses succès, et influença ses opinions spéculatives. Sans la vivacité de son caractère, il est probable que son style qui est à la fois fort et majestueux, se serait ressenti de la pédanterie de son siècle. La force des argumens qu'il tire de son expérience de la vie, sont souvent aussi remarquables que la beauté de ceux qu'il emprunte si heureusement à l'antiquité. Mais si nous avons bien saisi le caractère distinctif de son esprit, nous devons reconnaître qu'il dut beaucoup à l'habitude qu'il avait du monde. Ce fut elle qui le garantit de toute vaine subtilité, et de toute spéculation mystique ou inapplicable ; qui l'affranchit des préjugés qui régnaient parmi les philosophes de son temps, et l'empêcha d'accorder une préférence injuste à aucune science en particulier. S'il avait été élevé dans les cloîtres ou dans les écoles, il n'aurait pas eu assez de courage pour attaquer leurs abus. Il était même nécessaire qu'il fût placé de manière à considérer la science avec l'esprit libre d'un spectateur intelligent. Dépouillé de l'orgueil des professeurs, et de la bigoterie de leurs disciples, il vit du milieu de la société,

les études qui se faisaient dans les écoles, et les jugeant par leurs résultats, il les trouva inutiles, et déclara qu'elles ne valaient rien. En effet il a dit, aussi clairement que sa modestie le lui permettait, dans un cas qui le concernait, et où il s'écartait du sentiment universel; qu'il regardait la réclusion scholastique, qui était alors moins sociale et plus rigoureuse qu'aujourd'hui, comme un obstacle à la découverte de la vérité. Dans un des plus beaux passages de ses écrits qui forme la conclusion de ses fragments de l'*Interprétation de la nature*, il nous dit: « Qu'il n'est aucun
» système d'organisation politique ou sociale,
» aucune classe d'individus qui ne tendent
» vers un but qui les éloigne de la vérité. Les
» monarchies dirigent les esprits vers l'utilité
» et le plaisir; les républiques vers la gloire
» et la vanité; les universités vers le sophisme
» et l'affectation; les cloîtres vers les fables et
» les futiles subtilités; et les connaissances
» trop variées vers les idées superficielles; de
» sorte qu'il est difficile de décider si c'est la
» contemplation unie à la vie active, ou la
» retraite entièrement livrée à la contem-
» plation qui nuit le plus aux progrès de
» l'esprit. »

Mais bien qu'il ait été affranchi des préjugés propres à une science, à une école ou à une secte, il en est d'autres qui, quoique moins importans, et appartenant seulement à la classe de ceux qui conduisent les affaires civiles, lui ont été reprochés par les économistes, aussi bien que par le parti contraire. On a dit que pour lui, le but de la science était l'accroissement des jouissances et des douceurs de la vie. Cette accusation me paraît être sans fondement. En cherchant à changer la direction des études, et à les dégager de vaines subtilités, il était nécessaire qu'il les portât vers des idées plus positives. Il a toujours fait beaucoup de cas *de la dignité de ce but, qui consiste à enrichir la vie de l'homme de nouvelles jouissances;* et il observe très-bien, que le peuple le plus poétique du monde a admis les inventeurs des arts utiles et manuels, au premier rang dans sa brillante mythologie. Si Bâcon eût vécu dans le siècle de Watt et de Davy, il n'eût pas été homme à cesser d'admirer les grands produits de l'intelligence, par cela seul qu'ils sont utiles au genre humain ; mais il les aurait plutôt considérés comme une preuve du progrès des connaissances, que comme leur but. Les principales questions qu'il adressait aux docteurs de son temps étaient celles-ci. *La vérité est-elle jamais sté-*

rile ? sommes-nous devenus plus riches par une seule pauvre invention, en raison de toute la science que les hommes ont cultivée depuis cent ans ? Voici le jugement qu'il a porté lui-même sur ces questions. *François Bâcon a pour opinion, que les connaissances dont le monde est maintenant en possession et principalement celles qui se rapportent à la nature, ne s'élèvent pas jusqu'à la majesté et à la certitude de ses œuvres.* Il trouva la science stérile, il la féconda; et ne chercha point à rabaisser l'utilité des découvertes industrielles. Mais il est certain qu'il les estimait d'autant plus qu'elles exigeaient plus d'efforts de génie, et qu'il les considérait comme autant de preuves du progrès des sciences, et comme le signe de cette alliance entre l'action et la spéculation, dont le résultat est un appel à l'expérience et à l'utilité, détourne le philosophe de son penchant aux subtilités, enseigne aux hommes à aimer la science, les engage à l'étudier, en leur donnant des preuves éclatantes de son pouvoir bienfaisant. S'il eût vu le changement qui, sous ce rapport, a été produit par l'esprit de sa philosophie, surtout dans son pays, et qui fut tel que le savoir est devenu presque nécessaire à l'existence et au bien-être des sociétés humaines, il l'aurait assurément re-

gardé comme une nouvelle preuve des progrès de l'esprit humain. Il vit toujours avec plaisir les découvertes qui prouvent à l'homme le plus ignorant, *que la science est une puissance*. Néanmoins il faut avouer que dans la recherche de la vérité, il se proposait un but pratique et une fin, (même dans l'acception moderne de ce mot) d'utilité non douteuse. Il enseignait comme il nous le dit lui-même,
» non pas les moyens d'accroître l'empire d'un
» homme sur son pays, ni celui d'un pays
» sur un autre; mais d'augmenter par la
» puissance intellectuelle le pouvoir du genre
» humain sur le monde; en d'autres termes
» de rendre l'homme à la souveraineté de la
» nature. (De l'interprétation de la nature.)
» De reculer les bornes de la puissance hu-
» maine dans l'accomplissement de tout ce
» qui est possible. » (Nouvelle Atlantide). Il ne séparait pas la vertu de la raison; car il pensait, *que la vérité et la bonté n'étaient qu'une, et ne différaient pas plus que le cachet et l'empreinte; car la vérité est l'empreinte de la bonté.* (De Augmentis Scientiarum lib. I.)

Ces observations générales paraîtront d'abord n'avoir qu'un rapport assez éloigné avec le plan que traça Bâcon, d'une histoire de la philosophie; mais il est probable qu'un examen plus approfondi montrera entr'elles un rapport plus intime. Aucun passage de ses écrits n'est plus propre à justifier l'opinion que nous avons émise sur la nature et la forme de son génie, que celui que nous avons cité en tête de cet article. Toute sa phraséologie, ses citations et ses métaphores, sont empruntées à la vie civile. De même que l'histoire civile enseigne aux hommes d'état à profiter des fautes de leurs prédécesseurs, de même il pensait que l'histoire de la philosophie devait enseigner, *aux savans, à devenir sages dans l'administration de la science.* Livré de bonne heure aux affaires d'état et profondément imbu de leur esprit, il n'envisagea les sciences qu'à travers le prisme de la politique, et crut que les principes de la philosophie devaient servir à guider la raison, comme les ordonnances politiques servent à maintenir l'ordre des sociétés. En énumérant les divers objets qui doivent entrer dans la composition d'une histoire de la philosophie, et l'utilité qu'on peut tirer d'un pareil travail, Bâcon nous initie aux travaux qu'il entreprit pour acquérir des connaissances et réformer les méthodes scientifiques, réformes qu'il conduisit avec une réserve en tout semblable à cette prudence civile qui est la règle d'un sage législateur. Si (comme on peut le conclure

de ce passage), la réforme qu'il proposa fut le résultat de ses travaux sur l'histoire de la philosophie, on doit avouer que le canevas de cette histoire est bien propre à nous offrir le trait distinctif de son génie philosophique. Les plus petites circonstances qui se rapportent à cette esquisse, nous révèlent les hautes pensées qui occupaient son auteur. Elles sont une preuve du pouvoir qu'il avait de prévoir, non quelques faits ou quelques découvertes isolés, mais ceux dont l'enchaînement et la subtilité semblent défier le plus la faculté de prophétiser; c'est-à-dire, qu'il devina quelle direction devait être imprimée aux études, et quelles pensées devaient prédominer dans les générations suivantes. Les points que Bâcon a développés, et sur lesquels il a insisté dans les traductions latines de ses écrits, sont ceux qu'un penseur de nos jours regarderait encore comme les plus importans et les plus difficiles à traiter dans une histoire de la philosophie. « Telles sont les causes des révolutions litté-
« raires, l'étude des écrivains contemporains,
» qui non-seulement offrent l'instruction la
» plus authentique, mais encore mettent l'his-
» torien à même de conserver dans sa des-
» cription la couleur de chaque siècle, et de
» faire revivre le génie littéraire des morts. »
Cette esquisse a l'avantage peu commun

d'être à la fois originale et complète. Personne n'a parcouru cette carrière avant Bacon, et le philosophe qui y réussira le mieux sera celui, qui comme l'auteur de cet admirable discours, observera le plus fidèlement les préceptes du maître. De même, dans les autres parties de la science, Bâcon termine son esquisse de l'histoire de la philosophie, par quelques considérations sur les avantages qu'on peut en tirer pour perfectionner les facultés de l'homme; car sans cela les sciences ne seraient plus qu'un bel ornement, et la littérature ne prendrait rang que parmi les arts libéraux.

Cependant il faut avouer qu'il aperçut plutôt qu'il ne comprit les rapports qui existent entre la vérité et le bien; soit qu'il ait vécu trop tôt pour apprécier les bienfaits de la civilisation, soit que son esprit ait été trop tôt occupé exclusivement d'études scientifiques; soit enfin que les infirmités ou les malheurs de sa vie, aient émoussé ses sensations et l'aient éloigné du monde. A quelque cause que nous puissions attribuer ce défaut, il est certain que ses ouvrages le révèlent et qu'il aurait su s'en garantir, s'il eût toujours envisagé l'avancement des sciences comme le moyen le plus propre à réaliser le bonheur qu'il espérait pour le genre humain.

Il est certain que Bâcon avait plutôt en vue l'histoire des sciences que celle de la littérature ; et bien qu'on ne puisse supposer qu'il en ait exclu deux branches aussi importantes que les mathématiques et la physique, il paraît cependant qu'il s'est plus occupé de la philosophie de l'esprit humain, qui se lie plus particulièrement à la morale et à la politique, parce que, comme elle, elles ont la nature humaine pour objet. Ce sont elles aussi qui se ressentent le plus des révolutions sociales et des passions des hommes, et de qui dépendent l'esprit et la nature des autres recherches. Puisque nous considérons ainsi l'histoire de la philosophie, nous devons aujourd'hui *signaler ce défaut*, qui fut remarqué par le philosophe Brucker, savant compilateur, d'une candeur et d'une intelligence dignes d'éloges ; mais trop peu philosophe pour un historien de la philosophie. Dans ces derniers temps, les Allemands ont cultivé cette partie des connaissances avec beaucoup plus de succès qu'aucune autre nation. *L'esprit de la philosophie spéculative de Tiédemann*, est un ouvrage d'un grand mérite pour ceux qui aiment ce sujet. *Les contributions à l'histoire de la phi-*

losophie par Fulleborn, et l'histoire de la philosophie moderne de Buhle, sont également d'utiles publications. L'histoire de la philosophie de Tennemann (qui n'est pas encore terminée), est le meilleur ouvrage, sur la matière, qu'ait produit le continent. Mais le défaut commun à tous ces auteurs, est qu'étant profondément imbus des idées métaphysiques de leur siècle et de leur pays, et conduits par elles à entreprendre l'histoire de la philosophie, presque tous ont adopté les doctrines et la terminologie de leurs contemporains, dans l'exposition des opinions propres aux temps passés. Dans les autres pays du continent, nous ne connaissons aucun ouvrage digne de remarque. Depuis les excellens fragmens de Gassendi, la première histoire générale de la philosophie, qui ait été publiée dans les temps modernes sur un plan vaste, fut celle de Stanley, qui est calquée sur les fragmens de Gassendi, et dont l'idée fut suggérée à son auteur par son savant parent sir John Marsham. Cet ouvrage, vu le temps où il fut écrit, est d'un grand mérite, et fut pendant plus d'un siècle le guide de toute l'Europe, jusqu'au moment où Brucker lui succéda. Depuis Stanley, nous n'avons eu aucun écrit général sur ces matières; mais seulement quelques abrégés plus ou moins clairs et élégans. On trouve à la vérité dans le systême intellectuel de Cudworth, dont l'esprit imbu des doctrines des philosophes grecs, acquit leur façon de penser et adopta leurs préjugés, quelques aperçus sur l'histoire de la philosophie, qui ne sont pas sans intérêt; mais qui sont généralement trop longs. On dirait qu'il a étudié et professé dans l'école d'Alexandrie; et son style, tout nerveux et nourri qu'il est, paraît être la traduction d'un platonicien. Bien que cela soit étranger à notre sujet, nous exprimerions notre étonnement sur ce que les grands ouvrages manuscrits de ce célèbre philosophe anglais, que le hasard seul a préservés de la destruction, restent enfouis dans le Muséum Britannique sans être publiés; si ce n'était un bien plus grand sujet d'étonnement ou plutôt de reproche, que malgré la reconnaissance due à l'auteur de la réforme et la culture toujours croissante de notre ancien langage, il n'y ait encore aucune édition des ouvrages anglais de Wicliffe. Il conviendrait aux deux universités de publier les écrits de ces deux hommes célèbres, chose qu'aucun libraire prudent ne saurait entreprendre.

Depuis le temps de Cudworth, Adam Smith a mis à exécution plusieurs des vues de Bâcon, dans son magnifique Essai sur les anciens systêmes de morale, qui montre clairement combien il a dû se faire violence pour réprimer, dans ce bel ouvrage, tout mouvement d'éloquence et de sensibilité. L'auteur y démontre d'une manière admirable quelle influence durent avoir sur les systêmes de morale, l'état social, les révolutions politiques, ainsi que les habitudes individuelles et nationales. Il se pénètre de la philosophie qu'il décrit, et nous fait connaître la morale de l'école stoïque avec l'austérité et la fierté d'un sage stoïcien, tempérées par la tolérance qui est propre à notre époque, et que la répugnance de l'auteur pour l'exagération et le paradoxe contenait dans les limites de la nature. Il est fâcheux que ce beau fragment ait été conçu dans des vues théoriques déduites de la doctrine particulière de Smith, et qu'ainsi il se soit placé au-dessous du point de vue d'où l'historien doit contempler les opinions ou les actions des hommes.

Enfin un fidèle disciple a accompli les vues de Bâcon, tant pour cette époque que pour cette partie des sciences qui nous intéressent le plus, et qui exigent le plus de talent, vu qu'elles réveillent en nous de nombreux préjugés, et que les matériaux en sont déjà connus de ces juges superficiels dont la sévérité est en raison directe de leur ignorance et de la difficulté du sujet.

Ce discours est le plus brillant des ouvrages de M. Stewart, et place son auteur à la tête des écrivains élégans qui chez nous se sont occupés de philosophie. Quoique ces matières soient du nombre de celles sur lesquelles nos frères du sud peuvent mettre notre compétence en question, nous dirons cependant que malgré quelques expressions équivoques que nous pourrons relever plus loin, nous pensons, qu'en somme, ce discours est une composition qui n'a été égalée par aucun autre prosateur anglais. Peu d'écrivains passent avec plus de grâce et de facilité du style le plus simple aux passages qui exigent le plus de chaleur et d'ornemens. Suivant en cela le précepte de Bâcon, M. Stewart donne à sa narration la couleur du temps qu'il décrit, par un choix heureux d'expressions empruntées aux écrivains originaux. Il fait de fréquentes allusions à la littérature ancienne tant de l'orient que de l'occident, ce qui convient parfaitement à une histoire de la philosophie. Au nombre des artifices qu'il emploie pour donner de l'élégance à son style, on doit remarquer avec quelle adresse il exprime les nuances différentes de ses pensées à l'aide d'un terme secondaire, ou fait entrevoir une idée dont le développement donne une nouvelle importance au signe, sans nuire à son acception primitive. C'est ainsi que l'originalité philosophique peut s'allier à la fixité littéraire, et que nous pouvons éviter de fabriquer des termes nouveaux, ressource trop commune aux ignorans et aux paresseux, et qui souvent sert à faire connaître les écrivains qui ne connaissent ni n'aiment leur langue. Ceci nous rappelle ce que Cicéron disait d'un de ses contemporains qu'il caractérisait ainsi : *Des pensées fines et profondes avec une diction douce et claire.* Ce qui prouve que les sentimens doux ont leur éloquence aussi bien que les fortes passions.

Il serait difficile de citer un ouvrage où se trouvent réunis une philosophie plus rigoureuse et une imagination plus brillante; autant d'éloquence et un sentiment aussi délicat des qualités qui distinguent les grands écrivains, et même une aussi juste appréciation des services rendus à la science par la longue suite de philosophes qui ont existé. Tout cela est accompagné chez M. Stewart d'une bonté philosophique qui soutient l'ardeur de son génie, sans troubler le calme de son ame. Ces qualités se décèlent surtout par le respect qu'il a pour la science, la générosité de ses éloges et la douceur de sa censure. Elles se voient encore d'une manière plus sensible, dans le ton qu'il prend en racontant les progrès de l'esprit humain, malgré les efforts d'ennemis redoutables. Nous n'envierons point le sort de ces lecteurs qui se bornent à admirer quelques objets de détail, ou le mérite littéraire d'un ouvrage, sans être émus du désir de voir les sciences triompher de leurs ennemis ; et de l'assurance que la justice et la vérité qui respirent à chaque page de cet ouvrage classique, en dévoilant l'unité et la dignité du but moral qui animent son auteur ; finiront par triompher.

La majeure partie des observations contenues dans la préface de M. Stewart, qui se rapportent au système de Bâcon et à ceux des autres philosophes, en ce qui concerne la classification des sciences, sont certainement justes. Elles montrent, cependant, que de pareils travaux sont rarement exempts d'erreurs, bien qu'il soit quelquefois utile de s'y livrer. Il suppose que les systèmes de Bacon et de Locke ne diffèrent que dans la manière d'envisager le même sujet. Mais il est certain qu'ils se rapportent à des sujets différens. Celui de Bâcon embrassait toutes les questions qui sont du domaine des facultés intellectuelles, que la philosophie de son siècle partageait en deux parties, en distinguant ce qui vient des sens de ce qui appartient à la volonté. Le système de Locke était plus étroit, sa classification se borne à ce qui *tombe sous l'entendement*, entendant par-là ce que Bâcon appelle *la raison*. Ainsi M. Locke se contentait de subdiviser l'une des classes de Bâcon, surtout celle de la philosophie : Et le docteur Smith se sert des mêmes expressions, lorsqu'il nous parle d'une classification semblable adoptée par les Grecs. Il est donc évident qu'un système qui embrasse à-la-fois l'histoire et les beaux arts, ne peut atteindre le même but que celui qui les exclut. Celui de Bâcon est une classification de tous les objets qui peuvent intéresser l'esprit humain ; tandis que celui de Locke ne va pas au delà de ce qu'on appelle communément les sciences.

Nous ne pouvons adopter l'opinion de M. Stewart, qu'il est des perceptions de l'esprit qui ne peuvent être rattachées à une faculté quelconque, parce qu'aucune perception ne peut être rapportée à une faculté unique. La poésie est à juste raison, considérée comme un produit de l'imagination, la mémoire en fournit les matériaux, la raison vient à l'aide et guide quelquefois l'imagination, mais la faculté prédominante est certainement cette dernière. Il est douteux selon nous, que la liaison souvent aperçue et signalée, dans le cours des siècles, entre des sciences en apparence différentes, telles que les discussions relatives à l'histoire ancienne, qui reposent sur les connaissances philologiques, ou celles qui se rapportent à la géologie, en prenant l'anatomie comparée pour point de départ; altèrent en rien le principe de classification. Ces rapports n'ont entre eux aucune analogie, et ne peuvent rien changer à l'ordre d'une classification scientifique. Shakespeare abonde en exemples qui peignent le cœur humain, et les cours nous montrent le caractère de l'homme sous mille modifications curieuses; mais ni la poésie tragique, ni la science du courtisan, ne peuvent prendre rang dans la science aux yeux du philosophe.

La principale difficulté qu'offrent de pareilles classifications consiste en ce que, comme il y a plusieurs buts à atteindre, l'un d'eux ne peut l'être complètement que par le sacrifice de quelques autres. Il est au moins trois principes sur lesquels il est permis de fonder une classification. En prenant pour point de départ, 1° la faculté à laquelle chaque objet de l'esprit humain se rapporte plus spécialement, principe adopté par Bâcon, mais qu'il n'a point borné aux sciences; 2° le point de vue sous lequel chacun de ses objets peut être considéré par la raison, principe auquel s'arrêta M. Locke et qu'il limita aux sciences; 3º les rapports qui existent entre les choses connues, principe suivi dans ce discours, et qui, de même que celui de M. Locke ne va pas au-delà de l'étude des sciences. Comme dans notre opinion, le second et le troisième de ces principes ne sont que des subdivisions d'une des trois classes de Bâcon, il devient inutile de les comparer entre eux. Quelques exemples nous mettront à même de mieux saisir les différences qui existent entre les deux derniers. La théorie des passions humaines appartient, d'après la division établie par M. Locke, à une classe des sciences très-différente de celle qui enseigne à les réprimer; la première est physique, car elle est une réponse à cette question, *qu'est-ce qui existe?* La seconde est toute morale et répond à cette autre question, *qu'est-ce qui devrait exister?* Ce sont des sciences qui peuvent s'éclairer réciproquement, sont la conséquence l'une de l'autre, et non-seulement sont tout-à-fait distinctes, mais n'ont pas même la moindre ressemblance. Suivant ce principe, les sciences devaient être classées d'après les différens aspects sous lesquels elles sont envisagées par l'entendement. Quelque différens ou opposés que ces derniers paraissent, du moment où l'esprit les considère sous le même point de vue, ils forment le sujet d'une même science. Ainsi tout corps matériel est du ressort de l'optique, du moment où on n'étudie en lui que les couleurs dont il est doué.

Le plan de M. Stewart (qu'il ne donne pas pour une classification générale) consiste à rassembler toutes les sciences qui ont pour objet l'esprit humain, et à former une autre classe de celles qui ont rapport à la matière. Et cependant il confond les sciences physiques avec les recherches morales. La philosophie de l'esprit humain est aussi bien une science de faits qu'aucune autre partie de la philosophie naturelle. Mais, ainsi que nous l'avons déjà observé, la morale est une réponse à cette question, qu'est-ce que l'homme doit faire? et ce mot *doit*, conduit l'esprit dans une région nouvelle, et lui présente une conception qui n'a point d'analogie avec les sciences fondées sur l'expérience. Cette classification a donc le défaut de réunir des sciences entièrement distinctes. Mais il faut avouer que celle qui fut proposée par M. Locke, est susceptible d'une objection au moins aussi forte, quoique d'une nature tout-à-fait différente. Elle confond des sciences qui sont rarement cultivées par les mêmes hommes ; telles que la mécanique, et la théorie de l'imagination et du goût. Ce système est par cela même défectueux. Car on ne peut y être fidèle, en d'autres termes, il n'est applicable que dans le cas où une classification est absolument indispensable ; c'est-à-dire lorsqu'on veut enseigner, ou observer les choses qui s'y rapportent. Dans la division d'un travail littéraire, par exemple, dans le discours d'introduction à ce supplément à l'Encyclopédie Britannique, il est certainement convenable que le même écrivain passe en revue les progrès des sciences dont il s'est particulièrement occupé. Et à cet effet, il est nécessaire de les classer d'après leur rapport avec un objet commun, qui malgré leur différence de nature fait qu'elles sont étudiées par les mêmes personnes. La manière dont Bâcon subdivise sa classe de la philosophie en philosophie naturelle et philosophie humaine, est entièrement fondée sur l'affinité des choses connues, et ressemblerait beaucoup à l'arrangement de M. Stewart, si la philosophie humaine de Bâcon n'embrassait à la fois l'esprit et le corps de l'homme, réunissant ainsi en une même classe l'anatomie et la jurisprudence. Ce grand écrivain paraît cependant avoir attaché peu de prix à une classification méthodique, et s'être contenté de tracer une mappemonde scientifique dans laquelle ses observations venaient se ranger dans un certain ordre. En effet, il pose en principe que toutes les branches des connaissances doivent être considérées comme des lignes et des veines, plutôt que comme des sections et des divisions bien tranchées ; et que l'unité scientifique doit être conservée. Nous croyons qu'il est moins utile de s'attacher aux divisions générales qu'aux subdivisions. Le nombre et l'exactitude de ces dernières dans les sciences physiques, doivent être considérés, comme la cause et la preuve des progrès immenses qu'elles ont faits dans les tems modernes. Il me semble aussi qu'une préface aurait dû être consacrée à la chimie (1), car cette science a

---

(1) Il est juste de dire que ce supplément donne une heureuse idée de l'habileté et des soins que l'éditeur apportera à cette entreprise; et que nous ne connaissons encore aucune collection de traités spécialement consacrés aux sciences, qui contienne, dans le même volume, une masse de faits aussi exacts et aussi neufs, que les deux parties qui ont été publiées jusqu'à présent. Les dictionnaires encyclopédiques, qui dans ces derniers temps, se sont succédé les uns aux autres avec une si grande rapidité, ont démontré dans plus d'une circonstance, la tendance de l'esprit humain à s'éclairer, et ces heureux symptômes ne se sont jamais aussi clairement manifestés que dans ce supplément. En effet, un ouvrage qui doit être soutenu par les travaux d'hommes tels

autant droit à fixer l'attention des savans que toutes celles qui ont la matière et la quantité

---

que Stewart, Playfair, Leslie, Brande, Ivory, Thomson, Smith, et autres hommes du premier mérite, quant aux travaux scientifiques ; et par Scott, Alison, Barrow, pour les articles littéraires, et par plusieurs autres littérateurs, ne peut manquer d'être très-bien fait : il n'est aucun moyen, pour ces hommes remarquables, d'employer leur temps à faire un plus grand bien. De semblables compilations conviennent tellement à tous les genres de lecteurs, qu'elles donnent de la vie aux connaissances acquises, et sont une source importante d'instruction pour ceux qui veulent travailler beaucoup, pour ceux qui désirent ne travailler que peu, et pour ceux qui ayant fixé leur résidence, lisent beaucoup d'ouvrages, et que leur exécution a une grande influence sur la diffusion des connaissances.

Leur importance s'augmente encore dans un pays où la multitude des jeunes gens instruits, répandus dans les colonies, se croient pourvus d'une bibliothèque complette, lorsqu'ils peuvent avoir une encyclopédie, ou une collection de poètes anglais ; et il faut avouer aussi qu'un employé subalterne au Canada ou au Bengale, qui ne porte sur lui que de pareils ouvrages, possède plus de connaissances et une littérature non moins agréable, que s'il avait eu une place dans l'équipage de Jules César pendant une de ses campagnes dans les Gaules.

Si l'on ne considérait pas ces compilations comme formant en grande partie, sinon en totalité, la bibliothèque des hommes qui sont placés dans les circonstances que nous avons énumérées, nous exprimerions le regret que dans ce supplément, on ait placé une si grande quantité de notices historiques et biographiques. Les articles scientifiques sont en général les meilleurs. Ceux qui se rapportent à la littérature, à la morale et à la politique, sont peut-être traités avec

pour objet. Le haut rang qu'occupe aujourd'hui la chimie parmi les connaissances humaines, lorsqu'il y a à peine soixante ans, elle était encore confondue avec la pharmacie, est une preuve plus frappante, sinon plus concluante qu'aucune autre, de l'activité et des succès des sciences physiques. La fausse nomenclature et la subdivision imparfaite des

---

moins d'habileté. Les notices historiques et biographiques ont le plus de chance d'atteindre le but qu'on se propose, puisqu'on s'abstiendra de toute critique littéraire et de toutes réflexions politiques, et qu'on s'attachera à exposer un grand nombre de faits en peu de mots, et de telle sorte qu'un simple coup-d'œil suffise pour donner l'instruction que l'on cherche. Des tables chronologiques et des cartes à la fois nombreuses et détaillées seraient d'utiles améliorations. Des tables sont indispensables dans un ouvrage de recherches ; d'abord parce que l'œil les parcourt promptement, et que cette forme oblige les auteurs à se borner à l'exposition des faits. Les articles géographiques, originairement pris dans les auteurs anciens, sont ordinairement copiés sans aucun changement dans toutes les éditions de pareils ouvrages. Depuis le dictionnaire général, aucune compilation anglaise n'a retracé d'une manière supportable les biographies étrangères, si ce n'est la biographie générale du Dr Aikin. Quoique l'Encyclopédie française ait le mérite incontestable de contenir beaucoup d'Essais philosophiques et littéraires, la majeure partie des articles ordinaires sont de très-peu de valeur en ce ce que trop souvent ils s'éloignent du but qu'on se proposait, qui ne consistait pas à présenter le tableau d'un ingénieux mélange, mais un abrégé méthodique de l'état des connaissances.

sciences morales et politiques, offrent des inconvéniens, dont la preuve se trouve dans l'absence d'une ligne de démarcation bien précise, entre la politique et l'économie politique ; d'où résulte une extrême confusion dans les débats législatifs où on agite les questions d'économie politique, et de politique proprement dite. Relativement aux classifications générales, nous ne pouvons que répéter ce qu'en disait Bacon : « Les géné-
» ralités vagues et superficielles ne conduisent
» pas plus à la pratique, qu'une carte géné-
» rale ne nous indique le chemin qui conduit
» de Londres à Yorck. »

Nous avons été un peu surpris des louanges que M. Stewart accorde à d'Alembert dans un ouvrage où les sciences mathématiques ne peuvent entrer. Nous sommes loin cependant d'adopter les jugemens injustes portés sur l'un de ses ouvrages, dans les lettres de Gray ; où il est dit : « *que son style est*
» *aussi dur qu'une pierre, aussi sec qu'un*
» *bâton, aussi froid qu'un concombre.* »
Quoique nous n'ignorions pas quelle influence peuvent avoir eu sur l'esprit de son panégyriste, l'indépendance et la simplicité du caractère de d'Alembert ; les vastes connaissances qu'il possédait dans les sciences exactes, la phi-

losophie générale et les belles-lettres ; nous ne pouvons considérer comme le fait d'une juste admiration, que M. Stewart ait placé son nom plusieurs fois à côté de celui de Bacon.

En compensation de la longueur de ces observations, nous croyons devoir joindre ici une partie de la conclusion de la préface, pour donner une idée de la manière dont ce discours est écrit, et des pensées qui dominent son auteur.

« J'ai lieu d'espérer que ce désavantage
» pourra en partie être compensé par sa liai-
» son plus intime avec l'amélioration intellec-
» tuelle et morale de notre espèce, qui, après
» tout, doit être le but de toutes nos re-
» cherches »

« Je sais bien, en même temps, qu'à mesure
» que cette dernière considération gagnera
» d'importance, elle ajoutera à la difficulté
» de l'entreprise. C'est surtout en jugeant des
» questions qui les touchent de si près, que
» les hommes se laissent égarer par des asso-
» ciations accidentelles; et combien de ces
» associations doivent tous les jours leur nais-
» sance aux faux systêmes de religions, aux
» formes oppressives de gouvernement, et

» aux plans absurdes d'éducation; il en ré-
» sulte que, tandis que les découvertes phy-
» siques et mathématiques des premiers âges,
» se présentent à l'historien comme des lingots
» d'un or pur, les vérités que nous cherchons
» ici à découvrir, peuvent être comparées au
» fer, qui, bien que le plus nécessaire et le
» plus répandu de tous les métaux, a besoin
» cependant d'un œil éclairé qui découvre
» son existence, et de travaux fatigants et mi-
» nutieux pour être arraché de la mine.

« De là vient aussi que les améliorations
» apportées aux sciences morales et politiques,
» ne frappent pas l'imagination avec autant
» de force que les découvertes du mathéma-
» ticien, du chimiste. Quand un préjugé in-
» vétéré est détruit par le renversement des
» associations accidentelles sur lesquelles il
» était fondé, combien est puissante la nou-
» velle impulsion donnée aux facultés intel-
» lectuelles de l'homme! Mais avant d'y arri-
» ver, combien nos pas ont été lents et
» silencieux! sans une certaine classe de sa-
» vans auteurs, qui, de temps à autre, *jettent*
» *la bûche sur le feu*, nous croirions à peine
» que la raison de l'espèce fut progressive. A
» cet égard, les couvens et les académies de
» quelques parties de l'Europe, ne sont pas

» sans utilité pour l'historien de l'esprit hu-
» main. Immobiles et fixes par la force de leurs
» cables et la pesanteur de leurs ancres, on
» peut du moins, en les laissant derrière soi,
» mesurer la rapidité du courant qui entraîne
» le reste du monde. Une chose remarquable
» dans l'histoire de nos préjugés, c'est que
» le bandeau n'est pas plutôt tombé des yeux
» de notre intelligence, que nous perdons
» aussitôt tout souvenir de notre premier
» aveuglement; semblables à ces formes fan-
» tastiques, et gigantesques, que pendant un
» épais brouillard, l'imagination prête à une
» masse de pierres ou à un tronc d'arbre;
» aussi long-temps que dure l'illusion, elle
» produit le même effet que si c'était une
» réalité; mais à peine l'œil a-t-il saisi la forme
» exacte et les dimensions de l'objet, que
» l'enchantement disparaît, et que la pensée
» cherche en vain à retrouver les spectres qui
» se sont évanouis. »

M. Stewart avait sans doute la liberté de choisir l'époque à laquelle il voulait commencer son ouvrage. La renaissance des lettres, ou pour parler plus exactement, l'étude renouvelée des auteurs Grecs et Romains, est une des époques les plus importantes de l'histoire littéraire. Mais il n'est pas certain que toutes les raisons alléguées par l'auteur pour justifier son choix, soient également concluantes. En général, on parle du moyen âge avec trop de mépris. L'inactivité de l'esprit humain ne fut pas uniforme dans toutes les parties de cette longue période. Pendant les siècles de ténèbres, qui se sont écoulés depuis la chûte de l'empire d'Occident jusqu'au xiiie siècle, les chiffres arabes furent introduits, le papier fut fabriqué, la poudre à canon et la boussole furent découvertes. Avant la fin de cette époque, la peinture à l'huile, la gravure et l'imprimerie vinrent terminer cette série d'inventions, qu'aucune autre n'a égalée soit en beauté, soit en utilité, depuis les premières inventions qui accompagnèrent la naissance de la civilisation, et qui par conséquent ont précédé l'histoire. Ces découvertes nous prouvent qu'alors il existait encore quelqu'activité intellectuelle et quelqu'émulation, et il est douteux, que dans les siècles suivans, l'esprit humain ait rendu de plus grands services à la science; qu'il ne l'a fait en préparant le sol qu'il fallait cultiver, et en lui fournissant de nouveaux moyens d'investigation. On ne peut douter cependant que dans les xiie et xiiie siècles, les facultés intellectuelles de l'homme n'aient pris, dans toute l'Europe, une nouvelle direction. Nous voyons à cette époque renaître l'étude du droit romain, les écoles philosophiques s'ouvrir, la poésie cultivée dans les langues modernes, en Sicile, en Toscane, en Provence, en Catalogne, en Normandie, en Angleterre, en Ecosse et en Souabe. De la distance où nous les contemplons aujourd'hui, ces sciences semblent s'élever tout-à-coup dans des contrées fort éloignées les unes des autres, et à une époque où les nations étaient presqu'entièrement privées de communications entr'elles : preuve évidente qu'il s'opérait une révolution dans l'esprit général de l'Europe. Les recherches relatives à l'origine des différences qui existent entre les institutions et le caractère des nations, différences qui sont encore sensibles en Europe; ont porté les savans à étudier avec soin les formes de gouvernement, les lois et les mœurs du moyen âge. La littérature de cette époque a, depuis peu, inspiré presque partout un intérêt tout particulier, et une curiosité générale. Beaucoup de nations sont revenues avec une nouvelle affection, aux premiers monumens du génie de leurs ancêtres. Et au milieu des circonstances qui entravent les erreurs fantasques de quelques écrivains, nous n'avons pas à redouter les inconvéniens qui pourraient résulter de ce penchant. D'ailleurs, c'est une mode utile que celle qui familiarise les siècles éclairés avec les beautés et les grâces propres à chaque langue, et avec les qualités originales qui distinguent les premiers efforts littéraires de chacune, à l'époque où elles ont dû prendre un nouvel essor; car cela peut rendre raison des caractères nationaux. Il est encore utile que les nations cherchent à imiter les modèles étrangers, afin d'accroître leur propre mérite; ce qui contribue en partie à affermir l'esprit national, et à resserrer les liens qui unissent chaque peuple à sa patrie.

Il serait absurde de comparer l'importance de l'étude des lois et de la littérature anciennes à celle de l'histoire des sciences métaphysiques, à quelqu'époque que ce soit, et surtout à celle où cette science n'a pu produire que peu de fruits, avec quelque soin qu'on l'ait cultivée. Mais la philosophie du moyen âge mérite cependant quelqu'attention. Il était excusable de s'appesantir sur les nombreux défauts de la scholastique, aussi long-temps qu'on pût la considérer comme l'ennemi le plus redoutable de toute espèce d'études libérales, et de toute saine philosophie. Mais aujourd'hui qu'elle n'est plus dangereuse, nous devons être justes à son égard. La scholastique fut en effet la source d'où jaillit la plupart des discussions métaphysiques des temps modernes. L'éducation de l'Europe se fit sous sa discipline, et l'esprit européen provient en partie de ses premiers principes. Un système dans lequel furent élevés pendant près de trois siècles tous les Européens qui recevaient une éducation libérale; n'a pu manquer d'avoir une puissante influence sur les raisonnemens et les opinions des temps qui suivirent. Tout ce qui occupe pendant long-temps l'esprit humain, bien que souvent il n'en résulte rien de positif, ne peut être indifférent dans son cours, ni offrir de stériles exemples. Les plus grands écarts d'imagination et de raison font partie des problêmes les plus curieux de l'esprit humain. Et même sous le point de vue pratique cette étude nous met à l'abri des préjugés dans lesquels tombent ceux qui s'attachent exclusivement aux formes et aux expressions de leur pays et de leur siècle. Elle a même encore l'avantage de porter nos méditations dans des routes nouvelles, de dissiper l'illusion de la combinaison des mots à laquelle nous avons été habitués depuis long-temps et de nous présenter sous un nouveau jour, à l'aide d'une meilleure méthode, les mêmes principes et les mêmes opinions. C'est pour cela que nous lisons avec intérêt les spéculations les plus extravagantes de la Chine ou du Japon, et moins elles ont de ressemblance avec les nôtres, plus elles excitent notre curiosité. (1).

---

(1) Deux phénomènes littéraires d'une nature toute particulière se sont dernièrement manifestés dans l'Inde. Le premier est un déiste indien. *Rammohim Roy*, Bramine, a publié cette année à Calcutta, un petit ouvrage intitulé : *Abrégé du Védam*, ou *Analyse de tous les Védas ; ouvrage le plus célèbre de la théologie Braminique, établissant l'unité de l'être suprême, et démontrant qu'il est l'objet de notre culte.* Cet ouvrage contient un recueil de tous les textes remarquables des Védas, où se trouvent exposés avec une grande sublimité les principes de la religion naturelle, et considère tous les cultes qui ont les êtres inférieurs pour objet, ainsi que la stricte observance des rites et des saisons, et l'abstinence de certains alimens, comme des moyens adoptées par une religion imparfaite, qui doivent être entièrement abandonnés par ceux qui sont parvenus à connaître et à aimer le vrai Dieu. Il considère ses ayeux et ses contemporains comme des idolâtres, tout en les excusant d'avoir embrassé une théologie allégorique qui leur fut donnée par quelques Européens. Ce Bramine socinien, déplore avec amertume, dans la traduction anglaise de son ouvrage, la réprobation dont ses concitoyens l'ont frappé à cause de la pureté de sa foi. Il ne fait allusion à aucune autre religion, et passe entièrement sous silence les travaux et même l'existence des Missionnaires. Le second est un ouvrage qui vient d'être publié à Bombay par *Mella Ferouz*, Prêtre, qui est probablement le premier de cette secte, qui, depuis plusieurs siècles, ait étudié la littérature générale de l'orient. Il offre au public le *Dusator*, avec une traduction anglaise accompagnée de notes. C'est un livre singulier et parfois mystérieux, dont l'auteur nous dit qu'il n'existe point de manuscrit connu, et qu'il en possède un. Il ajoute que cet ouvrage fut la source où l'on puisa le *Daléistan* (V. *Edimb. Rev.* vol. XXVI, pag. 288). On prétend que l'original a été écrit dans une langue

Le mépris pour toute forme de raisonnement qui diffère de la nôtre, dénote autant un esprit étroit, que cet autre dédain que certains hommes de mérite, affectent quelquefois pour les sciences qu'ils ne peuvent apprendre. Ni l'un ni l'autre de ces penchans ne peut avoir accès dans un esprit aussi éclairé que celui de M. Stewart, puisqu'il s'est formé à l'école de Bacon, dont le principal mérite est d'estimer chaque science à sa juste valeur, et de remonter aux causes qui ont pu induire les philosophes en erreur, afin d'éviter d'être injuste envers le mérite de ces hommes recommandables, bien que leurs spéculations n'aient pas toujours été heureuses. Cependant, il a parlé des scholastiques avec une aigreur qu'il serait difficile de justifier, puisque leur autorité à Salamanque et à Louvain, a cessé

---

ou dans un dialecte dont il n'existe plus de traces; et il est si vieux, que dans une ancienne traduction persanne qui accompagne l'original, on avoue que cet ouvrage a été traduit avant la conquête de la Perse par les Mahométans. Différens écrivains ont extrait des citations de cet écrit, et la traduction persane est souvent donnée comme autorité dans les dictionnaires persans du dix-septième siècle. Comme monument du langage, cet écrit est donc fort important, et ne peut manquer de piquer la curiosité de tous les orientalistes qui applaudiront à cette réapparition des disciples de Zoroastre dans le monde littéraire.

d'être un obstacle au libre développement de la raison.

Le signe caractéristique de la scholastique, est, en général, celui d'un amas de subtilités dialectiques inventées pour la défense du christianisme corrompu de cette époque, défense dont était chargé un corps d'Ecclésiastiques, parmi lesquels il s'en trouvait quelques-uns qui étaient doués d'une puissante éloquence et d'une grande facilité d'argumentation, qualités qui chez eux étaient encore développées par l'habitation des cloîtres, de constantes méditations, l'ignorance de toute autre science; et qui vu leur position, et l'époque à laquelle ils vivaient, n'avaient pas les moyens d'étudier les belles lettres, d'observer la nature, et de connaître le cœur humain. Ainsi concentrés en eux-mêmes, ces hommes étaient privés de tous les matériaux sur lesquels l'esprit peut réfléchir, et condamnés à employer tous leurs moyens à soutenir ce qu'il ne leur était pas permis d'examiner. Leur condition semblait être fort misérable, à moins qu'on ne regarde comme chose avantageuse, d'avoir cultivé au plus haut degré de subtilité, la logique des controversistes, et d'en avoir fait, sur leur propre terrain, d'invincibles critiques. Jusqu'au treizième siècle, la logique scholastique ne fut que l'esclave de la Théologie. Les études des écoles ne tendaient qu'à river les fers de la raison. Mais l'effet que produisit la lecture de mauvaises traductions arabes d'Aristote, qui bien que prohibées, furent introduites, pour la première fois, dans l'Occident, prouva bientôt qu'il est impossible de stimuler, en aucune manière, l'activité humaine, sans avoir, au préalable, rendu à la raison son indépendance. A cette époque on persécuta l'Aristotélisme en usant des mêmes moyens, que huit siècles plus tard on employa pour le soutenir. Les scholastiques furent les innovateurs et les réformateurs du treizième siècle. Aussitôt qu'ils eurent surmonté les persécutions, et qu'ils purent citer librement les opinions vraies ou fausses d'Aristote, la philosophie recouvra son indépendance, partagea son autorité avec celle de la Théologie, et se forma insensiblement une sphère propre où sa juridiction devint souveraine. Une scission avec l'autorité à laquelle les scholastiques étaient soumis, fut le premier pas de fait vers leur émancipation. Le plus célèbre d'entre'eux, fut à cette époque, saint Thomas d'Aquin (1)

---

(1) Les historiens de la littérature italienne, ont avancé depuis peu que S. Thomas d'Aquin appartenait à une famille noble de cette partie de la Basse Italie, qui n'a jamais perdu

dont la *secunda secundæ* fut pendant trois cents ans le code moral de la chrétienté. Certes les écrits d'aucun homme n'eurent jamais plus de commentateurs, que cet ouvrage, jadis fameux. Suarès le dernier écrivain illustre parmi les commentateurs de S. Thomas d'Aquin, était contemporain de Bâcon. Les premiers réformateurs de la philosophie distinguèrent par d'honorables éloges, la *secunda secundæ* des autres productions scholastiques. Erasme regarde S. Thomas d'Aquin comme doué d'un génie supérieur à celui de tous ceux qui le suivirent, et Vivès déclare qu'il est l'écrivain le plus profond de tous les scholastiques. Cependant on pourrait reprocher à la *secunda secundæ* d'avoir été le manuel de

---

complètement tout rapport avec la Grèce, et qu'il fut élevé au monastère fameux du Mont-Cassin, où dans ces temps de ténèbres, on conservait quelques débris de la littérature ancienne et quelque teinture de la philosophie grecque. Bien que l'on puisse avec quelque fondement adopter une pareille opinion relativement à Roger Bacon, il nous serait impossible de nous déterminer, jusqu'à ce que les presses d'Oxford nous aient donné une édition complète des écrits de cette grande lumière de l'université, qui ne devrait être rappelée dans aucune histoire de l'époque scholastique, car il y apparaît comme un étranger; mais qui, en vérité, est plutôt un philosophe du dix-septième siècle, élevé par une réunion inexplicable de causes différentes dans les écoles du treizième siècle.

Henry VIII; et il n'est pas sans intérêt de savoir quel livre fut le premier instituteur moral de sir Thomas More. Fontenelle qui était Cartésien et exempt de tout préjugé en faveur d'un scholastique et surtout d'un saint, dit que, *dans un autre siècle S. Thomas d'Aquin eût pu devenir un Descartes.* Dans son traité de morale, Leibnitz observe souvent et avec juste raison; *qu'il y a de l'or dans la masse impure de la philosophie scholastique, et que Grotius l'a découvert.* Ce philosophe avoua souvent qu'il eut des obligations aux scholastiques, et que quelques parties de leurs ouvrages ont beaucoup de mérite, à une époque où de tels aveux exigeaient un véritable courage, c'est-à-dire, lorsque leur autorité venait d'être entièrement abolie, et qu'on n'avait pas encore perdu toute crainte de la voir rétablie. A l'ombre de son autorité nous avouons avoir lu, au XIXe siècle, la *secunda secundæ* avec plaisir et avec fruit. Quelqu'opinion qu'on se fasse de la Théologie morale de S. Thomas d'Aquin, il est certain qu'aucun moraliste n'a établi plus clairement, et avec plus de bonheur et de perspicacité que lui, la nature et les principes de tous les devoirs communs à l'espèce humaine. Le nombre et la finesse des considérations pratiques contenues dans cet ouvrage, ayant été souvent reproduits par les philosophes modernes, on les a soupçonnés de plagiat. Il est cependant plus juste de croire que l'intelligence supérieure de cet ingénieux reclus a devancé les faits, qui, à une époque plus avancée, se sont présentés tout naturellement aux écrivains qui vinrent après lui, bien qu'ils n'aient pas connu ses écrits.

Une des choses qui tend à augmenter notre respect pour ce genre de vie dont l'immuable simplicité se conserva au milieu des fluctuations de l'opinion, sous l'empire des systèmes les plus opposés, et à l'époque où régnait la philosophie la plus bizarre, ou si le lecteur préfère, la plus pervertie; c'est que l'ouvrage de Saint Thomas d'Aquin est conforme aux principes de morale qui gouvernent notre siècle.

Ceux qui sont habitués à saisir les faibles indices des progrès de l'esprit humain, observeront que ce fut en France qu'éclata au XIIe siècle, la première révolte contre la tyrannie de Rome ; que Saint Thomas d'Aquin, et le Dante florissaient en même temps, et dans le même pays; que lorsque dans le siècle suivant, les belles-lettres portèrent la philosophie au-delà des Alpes, et semblèrent s'être refugiées en Angleterre, la fermentation excitée par les subtilités de Scott, et par les opinions hardies d'Occam, se manifesta au temps où vivait Chaucer, et paraît avoir contribué à former Wicliffe.

Scott est probablement le dernier terme où puisse atteindre la subtilité logique. La scholastique ne pouvait aller plus loin. William d'Occam (en Surry) naquit à-peu-près au commencement du xive siècle. Les détails de sa vie sont obscurs, et il est difficile de se procurer ses écrits. Il est généralement connu pour avoir cherché à faire revivre les Nominalistes. Leibnitz et M. Stewart le distinguent à juste titre des autres scholastiques. Et en effet, il opéra une réforme dans la philosophie du moyen âge. Il soutint les droits de la magistrature contre l'usurpation de l'église, et fut le premier à donner l'utile exemple d'une libre investigation de ces opinions métaphysiques que leur alliance avec la théologie papale avaient rendues inaccessibles à la raison. Pendant le siècle qui s'écoula depuis la mort de cet homme célèbre jusqu'à la renaissance des lettres, l'esprit humain marcha rapidement à la conquête de son indépendance. Les écrits qu'il composa contre l'autorité papale se trouvent dans des collections qui se rencontrent dans toutes les grandes bibliothèques. Selden regarde ces ouvrages comme les meilleurs qui aient été écrits jusqu'alors sur le pouvoir ecclésiastique, et le témoignage de Selden est d'un grand poids lorsqu'il s'agit d'un scholastique papiste. Mais les écrits qui méritèrent à Occam la réputation dont il jouit sont maintenant très-rares. Brucker qui paraît n'en avoir vu aucun, se contente de citer quelques passages des écrivains modernes qui louent ou censurent Occam. Tiedemann dans son histoire de la philosophie, vol. III, p. 2, publiée à Leipsick en 1811, en donne une analyse claire et satisfaisante, appuyée de nombreuses citations.

Occam professa plusieurs opinions qu'il emprunta à Scott, et entre autre cette doctrine justement odieuse, qui fait dépendre de la volonté de Dieu la distinction entre le bien et le mal. Mais il est le premier, depuis la chute de la philosophie ancienne, qui ait eu la hardiesse de rejeter d'une manière positive toute autorité humaine, même celle de son maître. Il disait : « Je ne soutiens pas cette opinion » parce qu'il l'a soutenue; mais parce que je » la trouve vraie; et par conséquent, si ailleurs, » il a soutenu le contraire, je n'y prends

» pas garde. » (1) Ce langage qui est aujourd'hui tellement trivial que personne n'oserait l'employer et que même un écolier le regarderait comme trop commun pour en faire usage, était au xive siècle, beaucoup plus important que les plus brillantes découvertes, et contenait le principe de toute réforme philosophique et religieuse. Luther et Bâcon n'étaient pas guidés par d'autres principes, lorsqu'ils affranchirent l'esprit humain. Il est certain qu'Occam professa le premier cette opinion, que les mots appelés universaux, doivent être considérés comme des signes destinés à représenter toutes les qualités des objets. Hobbes, Berkeley, Hume, Hartley et Condillac soutinrent cette opinion. Horne Tooke (2) en abusa d'une manière fort ingénieuse; et elle fut adoptée, par M. Stewart, qui, dans cette occasion, a fait cause commune avec des philosophes dans le rang desquels il est rare de le trouver. Il est

---

(1) Tennemann cite ce passage remarquable d'Occam, qui est extrait du Prolog. ad Lib. I Sententiarum Quest. I. Edit. 1585. Cette édition est la dernière, sinon la seule, de cet ouvrage à la fois utile et intéressant.

(2) V. Essais Philosophiques de Dugald-Stewart, traduits par Ch. Huret, Paris, 1828. Le cinquième Essai est entièrement consacré à la réfutation du système philologique de Horne-Tooke. *(Note du Trad.)*

peu de questions métaphysiques, auxquelles les partisans et les adversaires aient accordé une aussi grande importance. Cependant lorsqu'on définit les mots dont on fait usage, et lorsqu'on dissipe les ténèbres dont la controverse ne manque jamais d'envelopper une question long-temps débattue, il semble que ce sujet n'ait pas été examiné d'après les vrais principes. Mais à quelqu'opinion qu'on s'arrête, on ne peut nier que les raisonnemens allégués en faveur du nominalisme, ne soient franchement et nettement exposés dans les passages d'Occam que nous avons sous les yeux. Parmi les observations contraires aux idées de son siècle, nous voyons qu'il limite la philosophie de l'esprit humain aux connaissances fournies par l'observation des phénomènes, et qu'il rejette complètement toute question qui a rapport à la nature du principe pensant. « Nous savons que nous pensons
» et que nous voulons; mais nous ignorons
» si ces actions sont produites par un prin-
» cipe immatériel et incorruptible. Ce fait ne
» peut être le sujet d'une démonstration du
» moment où l'expérience cesse de nous éclai-
» rer. Tous les efforts tentés pour arriver à
» une démonstration reposent sur un principe
» douteux. (1) » Mais les raisonnemens les

---

(1) Occam, ibid. in Tennemann.

plus remarquables de ce penseur original, sont ceux qu'il emploie pour renverser la doctrine admise de son temps, *relativement aux espèces ou apparences sensibles et intelligibles* des choses qui sont les objets immédiats de nos perceptions et de nos pensées. On supposa que ces images ou apparences des objets étaient saisies par les sens et par l'intelligence, et étaient nécessaires à la perception et à la conception. Biel, disciple d'Occam, nous dit en exposant la doctrine de son maître; *qu'une espèce est une ressemblance, ou une image d'une chose connue, qui reste naturellement dans l'esprit après qu'elle a cessé d'être l'objet d'une conception actuelle, en d'autres termes, que l'apparence des choses est la condition préalable de toute idée, qu'elle porte l'intelligence à penser, et doit rester dans l'esprit en l'absence de la chose représentée* (1). La nécessité supposée de pareilles espèces, passant de l'objet à l'organe des sens, est, selon Occam, fondée sur ce principe; que ce qui fait impression doit être en contact avec ce qui l'a reçue. Biel déclare que ce principe est faux, et il croit en démontrer suffisamment l'absurdité par cet exemple, que l'aimant attire le

---

(1) Gabriel Biel, II. Sent, in Tennemann.

fer sans le toucher. Il croit que rien n'est nécessaire à la sensation, que la sensation elle-même et la chose qui en est l'objet. Il regarde tout intermédiaire comme une hypothèse. Nous ne pousserons pas plus loin ces citations. Il est aisé de concevoir quelle influence ces objections doivent avoir eue sur un système tel que celui des *espèces intelligibles*, qui furent toujours virtuellement rejetées par ceux qui nièrent les idées abstraites. Il est certain qu'Occam niait ces deux opinions; non-seulement celle qui est appelée Aristotélicienne, et consiste à supposer que les espèces se meuvent des objets extérieurs à l'organe des sens; mais encore celle qui, sous le nom de Théorie Idéaliste, a été attribuée à Descartes, et à tous les philosophes qui vinrent après lui, par le Dr Reid et par M. Stewart, et qui sont considérés comme enseignant la ressemblance actuelle de nos pensées avec les choses extérieures, et exposèrent ainsi leur philosophie aux conséquences que Berkeley en déduisit, plus tard, sur l'origine de nos perceptions; et aux argumens que Hume en tira contre la possibilité de toute certitude. Le lecteur philosophe sera frappé de la liaison qu'il y a entre le rejet des *images ou apparences des choses*, comme nécessaires à la perception, et ce principe, que nous ne connaissons de l'esprit que ses actions. Éclairé par l'observation des phénomènes les plus obscurs de la nature extérieure, animé du mépris de toute autorité dans la recherche de la vérité; il ne pourra manquer, en suivant un système de raisonnement analogue à ceux qui précèdent, d'observer que l'esprit humain marche vers une philosophie indépendante, qui, un jour, doit être établie sur l'expérience. Le rejet de la doctrine des espèces doit être, pour M. Stewart, un fait encore plus remarquable qu'il ne l'est pour nous. Dans sa manière de considérer les choses, Occam échappa à une erreur fondamentale, qui laissa dans le doute les plus grands philosophes des temps modernes. Mais nous ne pouvons nous arrêter à l'idée que les mots *images, ressemblance*, etc. aient jamais été appliqués aux idées par les philosophes modernes, autrement que comme des métaphores employées pour la clarté du style; c'est pour cette raison que nous ne regardons leur rejet comme utile que sous le rapport de la réforme du langage philosophique, et afin que des expressions figurées ne puissent être confondues avec des réalités.

Richard Suisset, célèbre mathématicien

anglais du moyen âge (1) fut disciple d'Occam. Tous les esprits spéculatifs du quatorzième siècle attaquèrent ou défendirent sa philosophie. Ces querelles s'appaisèrent à la fin de ce siècle, au milieu des controverses luthériennes qui en furent, en quelque sorte le résultat. Dans une revüe générale de cette époque, Roger, Bacon et Suisset, doivent plutôt être considérés comme des philosophes de l'âge scholastique, que comme des scholastiques proprement dits. S. Thomas d'Aquin est le plus clair, le plus réservé, et le plus moral de tous les philosophes de l'Ecole ; Scott, qui possédait d'autres qualités, nous représente parfaitement l'esprit et le caractère de cette philosophie ; et Occam fut le réformateur qui mina ses fondemens et donna le moyen de la renverser.

L'arrivée des réfugiés grecs en Italie étant l'évènement le plus remarquable qui signala les premiers progrès de la littérature moderne, on l'a généralement regardée comme l'ère de la renaissance des lettres, et l'expression sera

---

(1) La liste des mathématiciens anglais du 14ᵉ siècle donnée par Montucla, et où se trouve Chancer, semble présager, ainsi que l'indique l'auteur, les succès à venir de la nation anglaise dans cette branche des connaissances.

justifiée, si nous nous rappelons qu'en Italie les esprits étaient déjà préparés aux études classiques; qu'avant ce temps des hommes de génie avaient cultivé les langues modernes; que ce fut aussi l'époque de la grande activité de l'imprimerie, de la réformation, et probablement de la découverte de l'Amérique. Il reste à savoir si la conservation de Constantinople et l'éducation que les étudians de l'Occident recevaient dans ses écoles, n'auraient pas contribué autant que l'ont fait sa destruction et l'émigration qui s'en est suivie, à amener les progrès littéraires de l'Europe. Certes, si l'empire grec eût été sauvé, on aurait disputé aussi généralement que nous le faisons, pour savoir si notre littérature dépendait du salut de cette grande école qui était un foyer de lumières; de même que l'on a dit, depuis les trois derniers siècles, que la culture des lettres dans l'Occident devait être attribuée à la retraite des exilés grecs en Italie. Quoi qu'il en soit, la renaissance des lettres est toujours une époque remarquable dans l'histoire de la Philosophie.

La littérature ayant plus de rapports que les sciences avec les sentimens de l'espèce humaine, a la plus grande influence sur la manière dont on les envisage, le zèle avec lequel on les étudie, et l'esprit dans lequel on les cultive. C'est à l'aide de la littérature que la morale se propage. De même que les arts utiles entretiennent l'amour des sciences physiques, de même les belles lettres portent l'homme aux méditations philosophiques. Toutes les fois que le charme de la littérature, ne contribue pas à populariser les doctrines philosophiques, elles forment l'occupation exclusive de quelques reclus, ne sont d'aucun intérêt pour le monde, et peuvent être détruites par la dispersion d'une poignée de docteurs et la destruction de leurs écoles. Ce n'est pas tout. Non-seulement les belles-lettres conservent et propagent les sciences morales parmi les hommes; mais elles donnent aussi la mesure de leurs progrès et du soin qu'on met à les cultiver. Tant que ces sciences ne sont étudiées que par un petit nombre d'hommes et dans le silence des écoles, rien ne s'oppose à ce qu'elles dégénèrent, soit en subtilités logiques, soit en rêves brillans; et toutes les fois que la raison n'impose aucun châtiment à ces défauts, ils peuvent se prolonger indéfiniment. Tant que la philosophie fut concentrée dans les écoles, les philosophes étaient ou de purs Dialecticiens ou des Mystiques visionnaires, qui méprisaient le monde réel, et en étaient méprisés : la renaissance des lettres produisit donc à la fois une révolution dans l'état social et dans la manière de philosopher. La littérature s'introduisit dans toutes les classes de la société, et les hommes studieux furent insensiblement conduits de l'éloquence à la poésie, à la morale et à la philosophie. Ce fut alors, qu'après une période de près de mille ans, durant laquelle tout avait sommeillé, les philosophes et les moralistes s'aperçurent qu'ils pouvaient s'adresser à la masse du genre humain, avec l'espoir de lui être utile et d'acquérir de la renommée. En même temps que cette communication avec le public fournit aux philosophes des observations nouvelles, elle leur imposa de nouvelles contraintes. Les sentimens humains, le sens commun et les affaires ordinaires de la vie, se présentèrent de nouveau aux méditations du moraliste.

Les philosophes forcés de parler un langage clair et agréable à leurs nouveaux auditeurs, furent dans la nécessité d'abandonner le jargon scholastique, et de concilier leurs études et leur manière de raisonner avec les sentimens et l'esprit de leur siècle. La littérature tira la philosophie des écoles, la mit à même d'instruire le genre humain et de lui être utile ; et en éloignant les philosophes des distinctions subtiles et des visions brillantes, elle les rappela à l'expérience et à l'utilité. Ce fut alors que les philosophes commencèrent à écrire dans les langues modernes. Avant ce temps il existait peu d'ouvrages écrits en langue vulgaire, si ce n'est quelques chroniques ou quelques romans. Boccace avait acquis un rang classique par des compositions de cette dernière espèce, et le genre historique s'était élevé, dans Froissart et dans Comines, à une hauteur qui n'a jamais été égalée chez la même nation. Mais tous ces sujets étaient encore traités en latin; on regardait cette langue comme devant occuper la vie du savant de profession. Ce système fut rigoureusement suivi jusqu'au moment où il fut totalement aboli par la réforme, qui en employant les langues vivantes dans le culte public, les éleva à une dignité inconnue jusqu'alors. Les traductions de la bible et l'usage de prêcher et d'écrire sur la théologie et la morale dans les langues vivantes, firent plus que tous les évènemens et les découvertes de ce siècle actif, pour polir la littérature, propager les connaissances, épurer la morale.

Sir Thomas More se distingua parmi les écrivains qui prirent part à cette révolution. Sa courte narration historique est remarquable. Il est aussi le premier écrivain renommé

parmi nous, qui ait acquis sa réputation en parlant en public. Ses traités sur la controverse, qui sont d'ailleurs des morceaux du plus haut intérêt, doivent être considérés comme enfans de la réforme. En parlant de la langue anglaise comme propre à une traduction de la Bible, il s'exprime en termes honorables pour elle, qui n'auraient été employés dans aucune langue moderne avant que la science eût franchi le seuil des écoles. « C'est
» une erreur d'appeler notre langue barbare,
» car, comme le savent tous les savans, elle
» ne l'est pas plus que toutes les langues
» étrangères ne le sont entr'elles, et quoiqu'on
» prétende qu'elle est stérile, je soutiens
» qu'elle est bien assez riche pour exprimer
» nos pensées, dans tout ce que nous pouvons
» avoir à dire (1). »

Machiavel est le premier écrivain célèbre qui ait agité de graves questions dans une langue moderne. Cette particularité est digne de remarque, car il n'était pas poussé par le puissant stimulant de la réforme. Il est probable que Machiavel ne regarda cet évène-

---

(1) A dialogue of sir Thomas More, Knight, touching the pestilent sect of Luther and Tindal, III, 16, London, 1530.

ment que comme une simple révolte produite dans un pays barbare, par les idées d'un misérable moine indigne de fixer l'attention d'un homme entièrement occupé des affaires de Florence, et du désir d'expulser les étrangers d'Italie. Au moment où Luther parut, Machiavel touchait à la fin de sa vie agitée et malheureuse : Le lecteur reconnaîtra dans le passage suivant la justesse des éloges généralement accordés à cet écrivain célèbre, et les critiques de la censure se trouvent là plutôt comme explication des faits, que comme blâme.

« Aucun écrivain ancien ou moderne n'a
» peut-être jamais réuni à un aussi haut degré
» que lui, une infinie variété de talens
» aussi différens et en apparence opposés.
» Profondément versé dans ces artifices de
» dissimulation et d'intrigues, que les pe-
» tits cabinets d'Italie prenaient pour de la
» sagesse politique; il savait allier une imagi-
» nation familiarisée avec tout ce que l'his-
» toire des conspirateurs contient de perfide
» et d'atroce, à une adresse étonnante, pour
» verser le ridicule sur les folies plus inno-
» centes de la vie ordinaire. On a souvent
» comparé son talent dramatique à celui de
» Molière, mais il lui ressemble bien plus

» par sa force comique, que par une gaieté
» bienveillante et une morale pure. Tel qu'il
» est cependant, ce talent forme un contraste
» extraordinaire, qui, dans la même page,
» nous rapelle la profondeur de Tacite, et la
» politique obscure et infernale d'un César
» Borgia. Ajoutez à cela une pureté de goût
» qui l'élève, comme historien, au niveau de
» la simplicité sévère des Grecs, et une saga-
» cité à combiner des faits historiques qui
» devaient, par la suite, être si utiles à l'école
» de Montesquieu. »

« Cependant, quelqu'éminent qu'aient été
» les talents de Machiavel, on ne peut le
» ranger parmi les bienfaiteurs de l'humanité.
» Dans aucun de ses écrits, il ne laisse aper-
» cevoir cette vive sympathie pour le bonheur
» de la race humaine, ou ce zèle ardent pour
» le triomphe de la justice et de la vérité, sans
» lesquels les plus hautes qualités, au milieu
» des recherches de la morale et de la politi-
» que, sont dans un continuel danger de
» s'égarer. Ce qu'il y a même d'étonnant, c'est
» qu'il semble n'avoir pas soupçonné le chan-
» gement remarquable que les progrès de la
» raison et la propagation des connaissances,
» fruit de la découverte récente de l'impri-
» merie, devaient apporter aux choses hu-

» maines. Dans son Traité du Prince, le plus
» fameux et le dernier de ses ouvrages, il rai-
» sonne toujours comme s'il supposait que le
» souverain en gouvernant n'a d'autre but
» que son avantage personnel; tandis que,
» selon Aristote, cette seule circonstance con-
» stitue l'essence de la plus cruelle des tyran-
» nies. Il regarde aussi comme possible de
» retenir les hommes dans un esclavage per-
» pétuel par la politique usée de la double
» doctrine, ou, en d'autres termes, en éclai-
» rant le petit nombre, et cherchant à éclairer
» le reste. Cette politique plus ou moins pra-
» tiquée par les hommes d'état de tous les
» pays et de tous les siècles, ne peut man-
» quer, partout où la liberté de la presse est
» respectée, d'ajouter à l'instabilité de ceux
» qui ont la faiblesse de l'employer; elle in-
» sulte trop au discernement de la multitude.
» Quelques-uns des apologistes de Machiavel
» ont bien prétendu en effet, que son véri-
» table objet, en dévoilant les mystères de la
» royauté, était de montrer aux gouvernés le
» moyen de résister aux envahissemens des
» gouvernemens, et de satiriser en même
» temps, sous le masque de l'intérêt qu'il
» prenait à eux, les vices caractéristiques des
» princes; mais quoique cette hypothèse ait
» été sanctionnée par plusieurs hommes de

5*

» distinction, et reçoive quelque vraisem-
» blance de divers évènemens de la vie de
» l'auteur, en l'examinant avec plus d'atten-
» tion, elle nous paraît tout-à-fait erronnée;
» et même aujourd'hui, nous la croyons géné-
» ralement rejetée. Il est vrai, que si telles ont
» été les vues de Machiavel, elles étaient de
» beaucoup trop fines pour la capacité de ses
» élèves royaux, quelques-uns d'entr'eux ont
» adopté cette doctrine comme un manuel
» journalier, mais nous n'en connaissons
» aucun qui l'ait regardée comme un pané-
» gyrique déguisé de la liberté et de la vertu.
» Il est d'ailleurs peu important de s'étendre
» sur les motifs de l'auteur, puisque l'expé-
» rience nous a mis à même de prononcer
» avec tant de justesse sur l'effet moral de ses
» préceptes. »

« Vers l'époque de la réformation, dit
» Condorcet, les principes du Machiavélisme
» religieux, étaient devenus la seule croyance
» des princes, des ministres et des pontifes;
» et les mêmes opinions avaient contribué à
» corrompre la philosophie. En effet, quel
» code de morale, ajoute-t-il, devait-on atten-
» dre d'un système dont l'un des principes
» est qu'il est nécessaire de maintenir la mo-
» rale du peuple par des erreurs, et que les

» hommes éclairés ont le droit de retenir les
» autres dans les chaînes dont eux-mêmes ont
» tenté de s'affranchir? Cette assertion est
» peut-être trop généralisée, mais il y a de
» fortes raisons pour croire que le nombre
» des exceptions est très-limité. »

« La conséquence de l'adoption d'un tel
» système par les gouvernans, était telle
» qu'on pouvait s'y attendre. Les crimes les
» plus infâmes, les assassinats et les empoi-
» sonnemens, dit l'historien français Millot,
» devenaient plus fréquens que jamais. On
» les croyait sortis d'Italie où la rage et la fai-
» blesse des factions opposées concouraient à
» les multiplier. La morale disparaissait peu
» à peu, et avec elle toute sécurité dans le
» commerce de la vie. Les premiers principes
» du devoir étaient effacés par l'influence
» réunie de l'athéisme et de la superstition. »

« Me sera-t-il cependant permis de prému-
» nir les lecteurs contre l'erreur trop com-
» mune de confondre la double doctrine des
» machiavélistes politiques, avec les égards
» pour les opinions établies dont Fontenelle
» veut parler dans cette maxime si connue,
» qu'un homme sage, lors même qu'il aurait
» sa main pleine de vérités, devait souvent se

» contenter de lever le petit doigt. On peut
» dire avec raison des partisans de la pre-
» mière doctrine, qu'ils préfèrent l'obscurité
» à la lumière, parce que leurs actions re-
» doutent cette dernière, sachant bien pour
» emprunter l'expression de Bâcon : *Que les*
» *mascarades, les momeries et les triomphes*
» *du monde, peuvent bien soutenir la lu-*
» *mière, mais non supporter le grand jour;*
» tandis qu'on peut comparer le philosophe
» imbu de la maxime de Fontenelle, à l'oc-
» culiste qui, après l'opération de la cata-
» racte, prépare l'œil irritable de son malade
» à supporter sans danger l'éclat de la lu-
» mière, en le retenant long-temps au milieu
» du jour incertain d'un appartement obs-
» cur. »

« On sait qu'au fond Machiavel n'était
» point l'ami du clergé; quelques écrivains de
» cet ordre lui donnent les épithètes les plus
» injurieuses. Il n'en est pas moins certain
» que les protecteurs royaux de la foi catho-
» lique ont puisé dans les maximes de cette
» politique, qu'ils ont constamment opposée
» aux innovations des réformateurs. *Le Prince*
» était le livre favori de Charles-Quint, et on
» l'appelait la bible de Catherine de Médicis.
» On prétend qu'à la cour de cette dernière

» on professait ouvertement ses plus atroces
» maximes et particulièrement celle qui re-
» commande aux souverains de ne pas com-
» mettre de crimes à demi. Les cardinaux
» Italiens qu'on prétend avoir conseillé le
» massacre de la Saint-Barthelemy, étaient de
» l'école de Machiavel. »

« Hume observe qu'il reste à peine une
» maxime du Prince qui n'ait point été ré-
» futée par l'expérience. Machiavel, dit le
» même écrivain, était certainement un beau
» génie; mais, ayant borné ses études au gou-
» vernement furieux et tyrannique des an-
» ciens temps ou des principautés anarchi-
» ques de l'Italie, ses raisonnemens sur le
» gouvernement monarchique de l'Italie en
» particulier sont extrêmement défectueux.
» Les erreurs de ce publiciste viennent en
» partie de ce qu'il est né trop tôt pour bien
» juger des vérités politiques. »

« On peut ajouter à ces remarques judi-
» cieuses que l'esprit de Machiavel semblait
» plutôt être fait pour combiner et généra-
» liser ses connaisances historiques, que pour
» remonter aux premiers principes de la
» science politique, dans la constitution de
» la nature humaine, et dans les vérités éter-
» nelles de la morale. Ses réflexions en géné-

» ral, quelqu'ingénieuses et subtiles qu'elles
» soient, ne sont, à quelques exceptions près,
» qu'un résultat empyrique des évènemens
» passés; elles peuvent être à la fois intéres-
» santes et instructives pour celui qui étudie
» l'histoire ancienne; mais la leçon la plus
» importante qu'elles puissent présenter au
» politique moderne, c'est de lui montrer le
» danger de regarder aujourd'hui de telles
» maximes, comme d'une application univer-
» selle ou d'un intérêt permanent. »

« Les progrès de la philosophie politique,
» de la morale et du bon ordre général en
» Europe depuis cette époque, sont une réfu-
» tation si agréable de la politique étroite et
» criminelle de Machiavel que nous ne pou-
» vons nous empêcher d'en faire la remarque
» en passant. Nous citerons à cet effet, l'écri-
» vain profond dont nous avons déjà parlé.
» Quoique toutes les espèces de gouverne-
» mens, dit Hume, aient été améliorées dans
» les temps modernes, il semble cependant
» que le gouvernement monarchique est celui
» qui se soit le plus approché de la perfection.
» On peut dire aujourd'hui des monarchies
» civilisées ce qu'on ne disait autrefois que
» des républiques, que c'était le gouverne-
» ment des lois et non des hommes. On

» trouve qu'elles sont susceptibles d'ordre,
» de méthode, de constance ; la propriété y
» est garantie, l'indusdrie encouragée ; les
» arts fleurissent et le prince vit tranquille
» au milieu de ses sujets, comme un père au
» milieu de ses enfans. Depuis deux siècles il
» y a peut être eu, et il y a encore en Europe,
» près de deux cents princes absolus, grands
» ou petits. En donnant à chacun vingt ans
» de règne, on peut croire qu'il y a eu en
» tout deux mille monarques ou tyrans comme
» les Grecs les auraient appelés, et cependant
» parmi tous ces princes, même en y compre-
» nant Philippe II, il n'y en a pas un seul
» aussi mauvais que Tibère, Caligula, Néron,
» ou Domitien, ce qui fait quatre empereurs
» sur douze. »

« Il est difficile de donner aucune raison
» solide de ce fait remarquable. On pourrait
» peut-être l'attribuer à la généralisation,
» trop limitée encore, des connaissances dont
» nous sommes redevables à la liberté de la
» presse. En élevant dans les états libres un
» boulevard de jour en jour plus stable con-
» tre l'oppression des gouvernans, les lumières
» du peuple ont eu une influence puissante
» sur les gouvernemens les plus absolus. Elles
» ont montré aux princes que la plus ferme

» base de leur grandeur était dans la puis-
» sance, la prospérité et l'instruction de leurs
» sujets, et elles ont ainsi dirigé leur atten-
» tion sur des objets d'une utilité nationale et
» durable. Combien est encourageante la
» perspective qui nous est présentée dans
» l'histoire future du monde! Quel motif d'é-
» mulation pour ceux qui, dans l'intérieur
» du cabinet, aspirent à venir augmenter par
» leurs tributs, quelque légers qu'ils soient,
» la masse toujours croissante des lumières et
» du bonheur des hommes. »

Si le passage ci-dessus extrait du discours de M. Stewart, nous avait paru correspondre exactement à la note qu'il y a placée sur le même sujet, nous nous serions abstenu de prendre la moindre part à l'éternelle dispute concernant l'intention qu'avait Machiavel en composant son livre du *Prince*. Nous aurions fait peu d'attention à la doctrine renfermée dans cette note, si ce n'était que l'extrait de M. Sismondi n'a pas toute la clarté ordinaire à cet écrivain justement célèbre. Le livre du Prince est le tableau des moyens par lesquels le pouvoir tyrannique s'acquiert et se conserve, c'est une théorie d'un certain ordre de phénomènes, pris dans l'histoire de l'humanité. Il est donc essentiel au but de Machiavel, que son ouvrage contienne l'énumération et l'exposition des ruses des tyrans, et c'est pour cela qu'il peut être considéré et employé comme un manuel. Celui qui écrirait un traité philosophique sur les poisons, déterminerait la quantité de chaque substance vénéneuse capable de produire la mort, les circonstances qui favorisent au contraire son action, enfin tout ce qu'il est essentiel que l'empoisonneur connaisse; alors que ce traité n'aurait pas été destiné à son usage. Il est clair aussi que l'exposition de ce que doit être un tyran est la plus amère des satires que l'on puisse en faire. Le livre du Prince doit donc avoir eu ce double aspect, quand bien même aucune des intentions qu'il semble décéler n'aurait été véritablement dans l'esprit de son auteur. Un chimiste n'a pas plus pour but d'enseigner les moyens de découvrir les antidotes, que ceux d'administrer les poisons; mais les lecteurs peuvent appliquer leurs découvertes dans ces deux intentions (1). Long-temps avant, Aristote avait également donné

---

(1) *Aristote*, *Politique*, Liv. V, C. III. En lisant ce chapitre, il faut se souvenir que par tyran Aristote entend toute personne qui possède un pouvoir absolu; qui était obtenu chez les Grecs par des moyens si vils, que même à cette époque, ce mot était pris dans le même sens qu'aujourd'hui.

une théorie de la tyrannie, sans qu'on l'ait soupçonné d'intention immorale; et dans des temps plus modernes ceux qui furent les premiers maîtres de Machiavel, en firent quelquefois autant. Les Scholastiques suivirent Aristote de trop près pour ne point saisir un rapport si frappant, et Saint Thomas d'Aquin, l'explique comme tout le reste, dans la simplicité de son cœur. D'après cela nous croyons que le but de Machiavel fut purement scientifique, de même que celui des écrivains qui le précédèrent; et il paraît que Bâcon le comprit de même, puisqu'il le remercie de son exposition de politique immorale. Dans le passage remarquable où Bâcon expose sa théorie sur les moyens d'acquérir de la fortune, théorie qui, si on la compare à sa vie, nous fait si bien connaître la justesse de son esprit et la fausseté de son jugement dans les affaires du monde; il se justifie d'avoir appliqué la science à un pareil sujet, en énonçant un principe qui se trouve dans le livre du *Prince* : *qu'il n'y a rien dans l'esprit ni dans l'action qui ne doive être réduit en principe et ramené à une doctrine.*

Nous conviendrons que les défauts du caractère de Machiavel se montrent manifestement dans ses écrits; mais qu'un homme doué d'un aussi grand génie, ait affiché des mœurs entièrement dépravées, ce serait une exception pénible et peut-être unique des lois de la nature humaine; et il est impossible de concevoir une plus grande dépravation, que d'avoir eu la ferme intention d'enseigner la perfidie et la cruauté. On ne peut s'arrêter à l'idée qu'un homme ami zélé de son pays, qui endura les plus cruels tourmens pour sa liberté, et qui était adoré des hommes les plus distingués parmi ses concitoyens, soit tombé dans une pareille erreur (1); une telle dépravation n'est pas compatible avec la composition de l'histoire de Florence. Le récit des actions humaines ne devient intéressant qu'autant qu'il réveille en nous des sentimens moraux; dépouillées de moralité, elles perdent toute dignité et tout intérêt. L'histoire serait rejetée comme rebutante, si elle n'inspirait au lecteur de la pitié pour le malheur, de la colère contre l'oppresseur, et le désir de voir triompher la justice; pour ne rien dire de l'admiration que le courage, le génie et la vertu

―――――――――

(1) Si on veut une preuve de l'estime que lui accordèrent ceux qui le connurent, nous engageons le lecteur à se reporter à Guicciardini, qui, bien que ses opinions fussent indépendantes, devint, par les emplois qu'il occupa sous les souverains de la Maison de Médicis, le soutien de leur autorité, et par conséquent, antagoniste de Machiavel, qui était le plus ardent des républicains.

doivent exciter en nous, quoique cette admiration attire quelquefois la vérité de nos jugemens historiques, elle n'appartient pas moins à notre nature morale. D'après les intentions qu'on prête à l'auteur du Prince, il n'aurait jamais pu inspirer les sentimens qui n'étaient point dans son cœur. Il faut avouer que cette faculté d'envisager la tyrannie d'un coup-d'œil scientifique, et de la réduire en théorie dénote un manque de sensibilité. Le caractère plus heureux dont était doué Aristote, fait qu'il manifeste hautement sa haine pour toute politique tyrannique, bien qu'il explique la tyrannie par ses principes.

Nous regrettons que l'on remarque le même défaut dans l'histoire de Henri VII, écrite par Bâcon; non pas que nous prétendions par là excuser Machiavel. L'auteur ne blâme point assez l'hypocrisie et la tyrannie du roi; il expose trop froidement les expédiens et les ruses de Henri VII, qu'il décore du nom de sagesse; et en général il donne à ce monarque un caractère trop systématique, dans le but de nous le faire voir comme un parfait modèle de perfidie royale. Il nous le montre occupé d'assurer sa sûreté et sa puissance par tous les moyens possibles; se conduisant bien dans les temps de calme, par cela seul que c'était plus politique ; mais ne reculant jamais devant un crime, pour peu qu'il lui fût utile. Cette histoire aurait été aussi délicieuse qu'admirable, si Bâcon y avait aussi bien établi que dans sa philosophie, la différence qui existe entre la sagesse et la ruse. Il est vrai que plus d'un historien a commis la même erreur. La plupart d'entr'eux étant trop occupés d'expliquer les contradictions apparentes du caractère, ils deviennent indulgens pour l'individu lui-même, et lorsqu'ils ont expliqué ses vices, ils les retracent de manière à faire croire qu'ils les excusent. L'écrivain qui s'est donné la peine de nous faire connaître un homme doué d'un caractère politique; qui a pu plier son esprit à une tâche aussi difficile que celle de réduire la ruse en théorie, et qui a su vaincre son dégoût et son indignation au point de pouvoir examiner froidement son sujet ; cet écrivain, dis-je, se complait dans l'œuvre de son génie, admire l'ordre qu'il a su introduire dans le cahos des passions les plus tumultueuses, et finit par voir son ouvrage avec cette satisfaction intérieure qui donne de la clarté et de la bienveillance au langage qu'il emploie, pour nous faire part de ses prétendues découvertes.

Il est bon aussi de ne pas perdre de vue que Machiavel vivait à une époque où les évènemens de chaque jour devaient avoir émoussé sa sensibilité et épuisé son indignation. Si nous cherchons à excuser l'auteur sur l'intention qui l'animait, son ouvrage n'en devient qu'une preuve plus concluante de la dépravation qui l'entourait. Dans un tel état de choses, se voyant trompé dans toutes ses espérances, Florence étant soumise à des tyrans, et l'Italie tout entière gémissant sous un joug étranger; lui-même ayant enduré mille maux pour la liberté de son pays, et se voyant réduit à la mendicité dans sa vieillesse, après s'être dévoué pour le bien public; il n'est pas étonnant qu'il se soit décidé à nous tracer la théorie de l'oppression dont il fut la victime; et que par une description froide et sévère des principes de la tyrannie, il ait manifesté son indignation contre cette masse d'hommes lâches qui s'était laissée asservir. Plein de mépris et de dégoût pour ces hommes qui avaient trahi la cause de la nature humaine, en se soumettant lâchement au despotisme, il semblait se venger de leur bassesse, en philosophant avec une sorte d'indifférence sur les crimes de leurs oppresseurs. Son dernier chapitre où respire une allure un peu plus libre, a un caractère tout différent des précédens. Son appel aux Médicis pour délivrer l'Italie des étrangers, montre encore quels furent ses anciens sentimens. Peut-être croyait-il qu'on devait excuser tous les moyens qu'emploierait un usurpateur Italien, pour délivrer son pays du joug des étrangers. Ce rayon d'espoir paraît l'avoir soutenu dans la description qu'il donne des moyens par lesquels on arrive à l'usurpation, et lui avoir donné quelque faible espérance de décider l'usurpateur à devenir libérateur. Machiavel savait que les gouvernemens légitimes de l'Italie étaient trop vils pour la défendre, et que tous les autres s'étaient ligués pour la rendre esclave ; il était donc fondé, ne comptant plus sur les princes légitimes, à attendre l'indépendance et peut-être la liberté, de l'énergie et du génie d'un tyran illustre. Depuis Pétrarque jusqu'à Alfieri, le sentiment national de l'Italie semble s'être réfugié dans le cœur des écrivains. Plus leur pays est abandonné de leurs compatriotes, plus ils en parlent avec tendresse ; nulle part on n'a si bien dit et fait si peu. Tout en blâmant le caractère de cette nation, et en gémissant sur les causes qui l'ont fait ce qu'il est, il est juste que nous excusions quelques écarts de la part des hommes de génie, quand ils voient les habitans de leur belle et célèbre contrée dépouillés (et maintenant ils le sont probablement pour toujours) de cette indépendance dont jouissent des nations obscures et barbares.

M. Hume observe avec juste raison, que la théorie de Machiavel (en mettant de côté la question importante de la moralité) fut gâtée par les atrocités que commettaient alors les Italiens, et qu'ils décoraient du nom de politiques. Les hommes qui prirent part à ces mesures dans les gouvernemens républicains de l'Italie, donnèrent plus d'extension à cette prétendue politique, et s'en firent un plus grand mérite aux yeux de la nation, que ne le firent les monarchies transalpines. Mais ni les guerres civiles de France et d'Angleterre, ni l'administration de Henri VII, de Ferdinand et de Louis XI (pour ne rien dire des guerres de religion qui vinrent plus tard), ne nous permettent de considérer cette politique comme étant particulière à l'Italie. Elle était une conséquence de l'état de l'Europe, à cette époque. Dans les siècles où de fortes contestations sont long-temps entretenues par des chefs remplis d'énergie, ou par des corps trop nombreux pour que la loi puisse être observée, si ces hommes discutent pour le pouvoir, le maintien des priviléges, ou les propriétés, ou les opinions auxquels ils sont fortement attachés; les passions, animées par de semblables intérêts, entretenues par une sorte de sympathie, poussées jusqu'à la rage par la résistance; abandonnent bientôt toute contrainte morale vis-à-vis de leurs ennemis. La vengeance, ce sentiment que dédaignent ordinairement les gens civilisés, provoque la multitude à de nouvelles cruautés, et les atrocités qui prennent naissance dans les fureurs de l'ambition et du fanatisme, finissent par être regardées comme nécessaires à la sûreté de chacun. Les mêmes raisons qui font que nous adoptons une découverte nouvelle dans l'art de la guerre, portent chaque parti à se livrer à des cruautés. Les hommes deviennent sauvages quand il s'agit de leur propre défense. Dans la politique de ces temps déplorables, on regarda la ruse et la violence comme nécessaires à l'existence.

Mais bien que les mêmes circonstances produisent les mêmes effets dans tous les temps, il faut avouer que les maux que nous venons de retracer dominent à des degrés très-différens, selon les temps et les époques. Quelques-unes de ces différences tiennent à des particularités nationales que nous ne pouvons clairement expliquer, mais dans le plus grand nombre des cas, l'expérience est frappante et uniforme. Toutes choses égales d'ailleurs, les guerres civiles sont régulières et humaines, selon des circonstances qui peuvent être définies avec assez d'exactitude. Lorsqu'une nation est depuis long-temps accoutumée à un gouvernement populaire, qu'elle jouit de la liberté de parler et d'écrire, qu'elle est familiarisée avec la hardiesse et la turbulence des assemblées nombreuses ; elle ne craint pas d'examiner tous les sujets de morale et de religion. Partout où le plus grand nombre s'occupe de la conduite de leurs supérieurs, où il y a un public et où ce public énonce hardiment ses opinions, où aucune ligne de démarcation ne condamne les classes inférieures à une servitude éternelle, et par conséquent n'expose point les classes supérieures à l'envie et à la malédiction de leurs inférieurs, où l'administration de la loi est tellement purifiée par l'œil du public, qu'elle devient une grande école pour l'humanité et la justice, et où, comme conséquence ordinaire, l'aisance est généralement répandue ; la raison est cultivée, et il existe un sentiment d'égalité et de fierté morales. Les hommes semblent devenir plus civilisés à mesure que leurs chaînes s'usent. La tranquillité est maintenue ou à peu près par l'absence des expédiens qu'on regardait autrefois comme propres à la conserver. Comparez l'Europe et l'Asie, les extrêmes s'y rencontrent. Mais si de là on passe aux degrés intermédiaires, on trouve que les guerres civiles sont moins cruelles à mesure que le peuple s'est avancé vers la civilisation. Comparez les guerres civiles des deux Roses avec celles qui eurent lieu sous Charles Ier : Comparez encore celles-ci, avec l'humanité et la sagesse qui présidèrent aux révolutions du xvie siècle et de 1788. Examinez ensuite celles qui ont amené la révolution Américaine. Vous y verrez l'anarchie sans confusion, et des gouvernemens abolis et établis sans qu'il y ait eu une goutte de sang de répandue. Les progrès de la civilisation, sans liberté civile, produisent quelquefois des effets semblables. Lorsque Hume écrivit les excellentes observations, citées par M. Stewart, l'Europe avait été pendant plus d'un siècle, exempte de ces convulsions générales qui mettent à l'épreuve le caractère moral des nations, et les portent vers une civilisation plus avancée. Depuis ce temps, nous avons essuyé une des plus terribles tempêtes, nos esprits sont encore remplis du souvenir des calamités affreuses qu'elle a produites et des bienfaits précaires et douteux qui en sont résultés. Les contemporains de ces scènes terribles ne peuvent jamais les contempler de sang-froid (1). Et cependant, quoi-

---

(1) Le livre 4e des dialogues de Sir Thomas More, que nous avons cité ci-dessus, contient des détails curieux sur quelques jugemens portés par les contemporains, détails aux-

que les évènemens de ce siècle, aient été contraires aux espérances conçues par une ar-

---

quels le caractère admirable de ce grand homme donne une nouvelle importance. Il fut si profondément ému des horreurs de la révolte des paysans saxons, qu'il considéra les luthériens comme étant de toute nécessité des anarchistes et des rebelles, qui croient que *tout gouvernement et toute autorité ne sont que tyrannie.* « Or, dit-il, cette doctrine parut si
» belle et si hardie au bas peuple des montagnards Alle-
» mands, qu'elle les éblouit, et qu'ils formèrent une bande
» tumultueuse de cette misérable secte, qui d'abord se révolta
» contre un abbé, et peu après contre un évêque, dont les
» seigneurs temporels se jouaient et se divertissaient. Peu
» après ces luthériens montagnards attaquèrent aussi les sei-
» gneurs temporels, qui dans le cours d'un été tuèrent envi-
» ron *soixante dix mille luthériens*, et réduisirent le reste à
» une servitude vraiment malheureuse »

Un peu plus loin, il informe ses compatriotes *qu'à cette secte méchante* appartenaient tous ceux qui propageaient de pareilles atrocités au sac de Rome, sous le connétable de Bourbon, et qui, entr'autres crimes, *voudraient faire rôtir un enfant jusqu'à la mort en présence de son père et de sa mère.* Dans le chapitre suivant, il prévient ses lecteurs que de semblables outrages n'étaient pas en usage dans les guerres, et que, *parmi les luthériens, c'est cette secte elle-même qui est cause de ses propres maux.* Sir Thomas More regarde la naissance des Luthériens comme *une preuve éclatante de la fin prochaine de l'univers*; et après les avoir qualifiés de *secte bestiale, abominable, pire que les anciens hérétiques et les Mahométans,* il ajoute *que les chefs de ces exécrables hérésies avaient des mœurs plus sensuelles et plus dissolues que n'avait jamais fait Mahomet.*

Cependant, quand il arrive à la *brûlure des hérétiques*, on

dente philantrophie relativement à l'état de
la civilisation en Europe, il est probable que

---

voit renaître son bon naturel et les opinions libérales de sa
jeunesse. Il regarde la brûlure des hérétiques comme la simple
punition de la rébellion. « La terreur qu'inspirent ces outra-
» ges et les malheurs qui doivent suivre la formation de pa-
» reilles sectes, et déjà quelques pays nous en ont fourni la
» preuve, ont été cause que les princes et les peuples ont été
» forcés de punir les hérétiques par des morts terribles. Tant
» qu'ils ne commirent point de violence, on les inquiéta
» peu. » Enfin on trouve dans ses dialogues un principe de
tolérance si large et si hardi qu'il le mit dans la bouche d'un
autre orateur du dialogue. « Par mon ame, disait votre ami,
» je voudrais bien que tout le monde fût d'avis de réprimer
» toute violence et contrainte, de quelque côté qu'elle vienne,
» que ce soit des Chrétiens ou des payens ; et que personne
» ne fût contraint à croire que ce que la grâce, la sagesse et
» les bonnes mœurs lui permettraient de croire. Et ensuite,
» que celui qui voudra venir à Dieu, au nom de Dieu qu'il
» vienne ; et que celui qui préférera aller au diable, que le
» diable s'en aille avec lui ! » Sir Thomas More pense que
puisque la vérité doit l'emporter sur le mensonge, il serait
possible de pactiser avec les payens et les Mahométans. « Car
» il en est beaucoup plus qui doivent être gagnés à Christ de
» cette manière qu'il n'y en a de perdus pour lui en agissant
» autrement. Cependant du moment où les hérétiques vien-
» draient à naître parmi nous, il ne faudrait les souffrir en
» aucune manière ; mais les opprimer et les détruire dès le
» principe. Car nous ne pouvons faire de nouvelles conquêtes
» à Christ en les engageant à revenir parmi nous, puisqu'ils
» étaient déjà des nôtres. » Cependant, ne se fiant pas trop
à cet argument remarquable, il en revient au prétexte de la
défense de soi-même « Jamais, dit-il, on ne les aigrit par la
» moindre punition corporelle, qu'autant eux-mêmes devin-
» rent violents. »

la postérité, exempte de passions, jugera que l'Europe a su résister à l'épreuve d'une commotion générale; et a montré, par sa douceur relative, les progrès qu'elle avait fait dans la civilisation. A la vérité un moment de phrénésie éclata plus horriblement qu'en aucun autre temps de l'histoire, et se distingua par des massacres populaires et des meurtres judiciaires, chez un peuple plus susceptible qu'aucun autre de s'abandonner à un fanatisme momentané. A cet état succéda une guerre dans laquelle les uns combattaient pour obtenir la domination universelle, et les autres luttaient pour l'existence. Mais bientôt les anciennes lois de la guerre, méconnues d'abord, plutôt dans la forme que dans le fait, reprirent leur ascendant parmi les combattans Européens. Quelles furent légères, les traces que laissèrent sur les sentimens de l'Europe les atrocités des factions et les mœurs enfantées par vingt ans d'invasion et de conquêtes! Lorsqu'on examine avec soin l'époque tumultueuse de la révolution française, on est frappé de n'y point rencontrer de ces crimes qui souvent prennent naissance au mi-

---

A peine cinq ans s'étaient-ils écoulés depuis cette publication, que sir Thomas More fut décapité, sous prétexte de résistance à l'autorité,

lieu de pareilles convulsions. En effet on n'y trouve aucune accusation d'empoisonnement, peu d'assassinats proprement dits, aucun cas bien avéré d'exécution secrète. Si cependant l'on peut prouver quelques crimes de cette nature, la vérité de l'histoire exige qu'on en fournisse les preuves ; mais ceux qui les affirment sans preuves, doivent être considérés comme calomniant leur siècle, et semblent douter des progrès que l'humanité a faits vers la civilisation.

Mais pour en revenir à Machiavel, la discussion qui s'établit sur l'intention qui le dirigea dans la composition du *Prince*, a terni le mérite de ses discours sur Tite Live. M. Stewart ne leur accorde que de faibles éloges. Dire, *qu'ils ont fourni des lumières à l'école de Montesquieu* est une louange insuffisante. Nous les considérons comme les premières ébauches d'une science nouvelle, nous voulons parler de la philosophie de l'histoire ; et sous ce rapport, ils témoignent hautement en faveur des progrès de la raison. C'est pour cela que Bâcon en fait l'éloge. « La » forme de style la plus convenable à cette » espèce de négociation est celle que Machia- » vel a choisie sagement et à propos pour la » politique, notamment dans son discours

» sur l'Histoire ; car la science qui se fonde
» sur les faits, et selon nous, sur les faits par-
» ticuliers, ne manque jamais d'offrir des
» faits nouveaux; et produit plus d'effet sur
» la pratique quand le discours accompagne
» l'exemple, que lorsque l'exemple reste isolé
» sans être l'objet d'un discours. » Il est bon
d'observer que le secrétaire florentin est le
seul écrivain moderne qui soit nommé dans
cette partie du *de augmentis scientiarum*,
qui a rapport à la science civile. L'apologie
que fit Albéric de Gentilis de la moralité du
Prince a souvent été, et certes doit être regardée comme un beau témoignage en faveur
de ce livre, surtout si nous considérons que
l'auteur naquit vingt ans après la mort de
Machiavel et fut élevé près de Florence. Il est
assez singulier que le passage suivant n'ait
jamais été cité. « A la connaissance de l'his-
» toire, dit Albéric, on doit ajouter cette
» partie de la philosophie qui traite de la
» morale et de la politique; car ce qui donne
» de la vie à l'histoire, c'est l'explication des
» causes, des actions et des paroles des hom-
» mes, et des évènemens qui arrivent. Et
» sous ce rapport, je ne crains pas de nom-
» mer Nicolas Machiavel comme le meilleur
» des écrivains dans ses bonnes observations
» sur Tite Live : il est l'historien que je cher-

» che, puisqu'il lit l'histoire, non pas en
» grammairien, mais en philosophe. (1) » Ce
passage est extrait du Livre des ambassades
dédié à sir Philippe Sidney, à qui Jordan
Bruno, qui pendant long-temps avait reçu
asile dans sa maison, et l'avait quitté au sujet
d'une querelle avec Greville, avait aussi dédié
deux ouvrages. Nos lecteurs savent que, quelques années après, Bruno fut brûlé vif à
Rome, « afin, pour me servir des termes
» atroces de Gaspard Scioppius qui applau-
» dissait à cette barbarie, qu'il puisse racon-
» ter dans les mondes qu'il a imaginés, com-
» ment les Romains traitent les blasphéma-
» teurs. » Il est naturel de trouver sir Sidney
le protecteur des savans exilés, mais ce qui
donne un nouveau lustre à sa renommée,
c'est qu'il ait ouvert sa maison aux sophistes
les plus extravagans et les plus inintelligibles,
du moment où les principes de la justice
étaient violés dans leur personne, lui qui
n'avait aucun respect pour leurs écrits.

Nous ne nous rappelons pas l'argument
employé par M. Stewart contre la théorie mo-

---

(1) Alb. Gent. de Legat. Lib. III, C. Q. Lond. 1585. In lectione historicâ non grammatizet, sed philosophetur.

derne de *l'utilité*, qu'il attribue à Buchanam. Chez les moralistes modernes *l'utilité* signifie toujours l'intérêt de tous. Chez Buchanam et chez tous les écrivains, avant le xviiie siècle, ce mot veut dire utilité privée, et a besoin d'une épithète plus étendue pour recevoir une signification différente. Mais puisque nous parlons de Buchanam, nous exprimerons le regret que M. Stewart ait exclu de son plan l'histoire des questions qui se rapportent aux principes et aux formes du gouvernement, questions dont l'ensemble forme le principal sujet de ce qu'on peut raisonnablement appeler philosophie politique. Aucun écrivain n'était à même de se harsarder sur cette mer orageuse plus facilement que M. Stewart. Certes, la sévérité de son caractère philosophique l'aurait plutôt calmé, qu'il n'aurait été excité par sa turbulence. Les sciences morales et politiques sont incomplètes à moins qu'on ne les lie avec l'histoire des opinions politiques. Elles sont le lien, qui bien qu'inobservé, unit toujours les discussions morales les plus abstruses aux sentimens et aux affaires des hommes. Hobbes écrivit sa philosophie morale pour son système politique, qui à son tour fut basé sur l'état de son pays et de son temps. Il en est de même de Locke; chaque partie de ses ouvrages a plus ou moins de rapport avec les circonstances de son siècle. Si on n'en tient pas compte, il est difficile de saisir l'esprit ou d'apprécier le mérite de cet homme excellent. Si M. Stewart ne nous avait pas refusé le plaisir de voir ce sujet traité par lui, nous aurions eu ce qui manque dans l'histoire de la philosophie, un exacte récit des *Monarchomistes* du seizième siècle, dont une des écoles méprisait les rois afin d'élever le pape, et dont l'autre imposait, avec beaucoup d'esprit, sinon avec une philosophie rigoureuse, des limites au pouvoir civil et prétendait justifier la résistance à la tyrannie. Dans cette dernière classe, se trouvaient Buchanam, Athusen et Hubert Languet ami de Philippe Sidney. Ce qui prouve que les partisans de chaque espèce de liberté philosophique, religieuse ou civile, trouvaient en lui un généreux protecteur.

Les nombreux innovateurs italiens qui vécurent dans ce siècle, tels que Velesio, Patritius, Pomponatius, Campanellius méritent d'être cités comme preuve que la révolte contre Aristote et les écoles avait déjà eu lieu près d'un siècle avant Bâcon, à qui nous sommes moins redevables du zèle de l'insurrection que de la sagesse de la réforme. Mais comme nous avons sous les yeux un des ouvrages les plus rares de Pomponatius, nous ferons connaître en peu de mots son singulier contenu. Il s'agit d'un traité sur *les enchantemens ou sur les effets étonnans des causes purement naturelles* (1). C'est une théorie philosophique d'alchimie, de magie, d'astrologie, de l'art de deviner, du don des miracles et des prophéties. Les faits qui attestent leur existence lui paraissent trop nombreux et trop bien prouvés, pour pouvoir être raisonnablement rejetés. Mais comme d'un autre côté, il exclut tout agent surnaturel soit en bien, soit en mal, il rapporte ces phénomènes à l'action des causes physiques qu'il pense n'avoir pas été observées exactement. Les corps célestes dont les révolutions influent sur les choses terrestres, peuvent aussi, selon lui, être considérés comme influençant la constitution du corps et de l'esprit de l'homme; il est possible que leur influence soit plus forte au moment de la naissance; mais ils doivent en exercer une également très-considérable à certains moments de la vie. Les individus qui sont vivement affectés par ces agens, doivent naturellement acquérir la fa-

---

(1) Pomponatius de Incantat. Basil. 1556. — Trente ans après la mort de l'auteur.

culté de produire des effets qui paraissent surnaturels aux autres hommes. Selon lui, tous les talens et toutes les vertus résultent de la disposition des élémens qui composent notre corps, qui à son tour est gouverné par l'action des sphères célestes. Celui qui connaît l'influence de ces mêmes corps, peut prévoir l'avenir parce que ce dernier leur est subordonné, et peut acquérir les facultés extraordinaires qu'ils donnent. Il avait pour opinion que l'astrologie était parfaitement conforme à la raison et à l'expérience, et cet ingénieux péripatéticien ne doute pas *qu'un homme puisse transformer ses semblables en loup ou en cochon*. Ces folies méritent d'être citées comme un exemple de cette pernicieuse flexibilité de l'imagination qui résulte de toutes les généralités portées à l'extrême, et que le même homme peut allier avec le scepticisme le plus hardi et la crédulité la plus enfantine. On ne peut se réconcilier avec de pareilles abstractions que parce qu'elles ne signifient rien.

M. Stewart a-t-il saisi le trait caractéristique qui fait que Montaigne occupe une place dans l'histoire de la philosophie ? certainement il ne la doit pas à ses découvertes, car il n'en a fait aucune, ni à la justesse de ses opinions, que l'on a pu souvent mettre en question, ni à l'égoïsme dramatique avec lequel il se peint lui-même dans un style facile mais hardi qui appartient à une langue plus pittoresque et plus nerveuse que le français moderne. Ce sont là de grandes qualités, sans doute, mais qui ne constituent point son mérite philosophique. Cependant, comme philosophe, il a une couleur originale ; de même que Machiavel fut le premier qui discuta de graves questions dans une langue moderne, et qui créa la philosophie de l'histoire, de même Montaigne est le premier écrivain marquant qui ait philosophé, dans sa propre langue, sur les intérêts ordinaires des hommes, et sur ce qui fait la matière de nos conversations et de nos méditations habituelles. Les sujets qui sont plus spécialement traités dans ses essais, se rapportent aux conditions imposées par la nature à chaque espèce de talent, à l'efficacité de l'éducation, au mérite des langues savantes, aux usages de la société, aux passions qui agitent la vie privée, aux coutumes singulières des différentes nations. Depuis Socrate jusqu'à Plutarque, de pareils sujets furent souvent traités. Mais Montaigne fut évidemment, dans les temps modernes, le fondateur d'une philosophie populaire. La meilleure preuve qu'il régnait des inquiétudes à l'avènement de Henri IV, c'est que l'habitation de

Montaigne était le seul château appartenant à un gentilhomme français qui ne fût pas fortifié. La trivialité de ses anecdotes doit, sans doute être imputée au peu d'éducation que les gentils-hommes avaient alors; mais on peut aussi l'attribuer à ce défaut d'écrire dans une langue vivante qui était encore dans l'enfance. Les auteurs ne s'étaient pas aperçus que leur latin barbare, dont la grossièreté était d'autant moins évidente que cette langue n'était point usitée, aurait quelque chose de choquant dans notre propre langue; et d'ailleurs le latin n'était point entendu par les femmes dont les hommes les plus grossiers cherchent à ménager la délicatesse.

Nous sommes surpris d'entendre souvent répéter dans ce discours, que la célébrité de Bâcon se répandit lentement dans son pays aussi bien qu'à l'étranger. Il faut distinguer entre sa célébrité et sa philosophie. Il est dans l'ordre naturel des choses, que l'esprit philosophique qui l'animait se soit propagé lentement, et que sa méthode d'investigation se soit introduite plus lentement encore dans la pratique; car, comme l'observe d'Alembert, *sa philosophie était trop sage pour étonner; il ne fit point secte.* Mais nous ne pouvons croire que sa célébrité ne se soit pas aussitôt établie, et que sous tous les rapports, son génie n'ait pas été connu et révéré. Nous avons vu que le doute que Harvey avait élevé sur le mérite de la philosophie de Bâcon, fut traité de bizarrerie par ses contemporains. Le silence d'Hakewell mérite peu d'attention. Dans son ouvrage, il soutient des questions rebattues dans les écoles; comme de savoir, par exemple, si le monde marche vers sa décadence, si les femmes sont égales aux hommes, etc. Pour soutenir cette dispute, il s'appuie de tous les argumens théologiques, historiques et philosophiques que son imagination pouvait inventer, ou que sa mémoire pouvait lui fournir. Et comme c'était un ingénieux disputeur, il établit quelques raisonnemens analogues aux principes de Bâcon, qui se trouvent confondus avec ses autres principes, sans avoir aucun rapport avec les lois qui établissent les progrès des sciences et de la société. M. Stewart pense que la célébrité de Bacon s'établit au moment où la société royale fut fondée. La société philosophique qui devint royale à l'époque de la restauration, commença à tenir ses assemblées au début de la guerre civile, qui eut lieu quelques années après la mort de Bâcon. Entre ces deux époques il y eut peu d'écrivains célèbres. A cet égard, M. Stewart s'en rapporte lui-même à l'opinion de sir Kenelm Digby, et cite le beau panégyrique sur l'éloquence de Bâcon, et le touchant tribut qu'offrait à sa réputation Ben Johnson, qui, sans le moindre doute, est l'écrivain le plus recommandable de ce temps, et qu'on nous représente comme l'un des auteurs de la traduction latine de l'ouvrage sur *l'avancement de la science*. Il faut aussi remarquer que Johnson parle de l'ouvrage le plus épineux de Bâcon, le *Novum organum* qu'il considère, comme *ayant ouvert la bonne route à toutes les sciences* (1). James Howell, auteur épistolaire célèbre, a fait un récit de la mort de Bâcon,

---

(1) Ces passages sont une nouvelle preuve de la fausseté des imputations lancées contre Ben Johnson que l'on accusait d'avoir été jaloux de la gloire de Bâcon : calomnies, qui enfin ont été réfutées dans l'excellente préface de l'édition donnée par M. Giffard. Cette préface contient une preuve très-remarquable du danger qu'il y a à se fier à des preuves douteuses. Dans tous les recueils anglais qui ont été publiés depuis 50 ans, en y comprenant ceux qui maintenant sortent des presses, on rapporte une phrase dans laquelle on établit un parallèle entre les belles qualités de Shakespeare et les vices odieux de Johnson, comme faisant partie du portrait que Drummond de Hawthomden trace de Ben. Cette sentence ne se trouve point dans le portrait désobligeant de Drummond. Elle fut d'abord consignée dans un ouvrage intitulé : Vie du Poète Cibber, qui est dû à un nommé Shiell.

dans lequel il lui prodigue les plus grands éloges et s'exprime ainsi : *C'était un homme doué d'un profond savoir, né pour le salut de la science et que je regarde comme le plus éloquent qui soit né dans cette île.* Sir Henri Watton qui était un des hommes les plus accomplis de ce temps, écrivit une épitaphe où Bâcon est appelé *la lumière des sciences;* donnant à entendre par là que son mérite philosophique le distingua plus que sa naissance et sa position sociale. François Osborn, qui ramassait des anecdotes littéraires, espèces de faits qui font si bien connaître l'opinion générale, parle souvent de Bâcon ; et entr'autres particularités curieuses, il nous fait connaître avec quel esprit il tenait une conversation. « Ma mémoire ne me fournit aucun
» exemple plus marquant en ce genre, que
» celui de lord Bâcon, qui possédait à un si
» haut degré le talent de bien dire, que ses
» moindre conversations méritaient d'être
» écrites, ainsi qu'on l'a déjà remarqué. Ses
» premiers brouillons n'exigeaient que peu
» de travail pour devenir parfaits. Il parlait à
» chacun le langage qu'il pouvait entendre.
» Je l'ai entendu parler à un seigneur de
» campagne, de faucons, et de chiens, dans
» les termes les plus convenables, et une
» autre fois je l'ai vu entretenir pendant long-

» temps un chirurgien de Londres de choses
» relatives à sa profession. Il passait facilement
» du sujet le plus futile aux questions les
» plus abstraites, sans jamais fatiguer ses au-
» diteurs, qui étaient aussi affligés lorsqu'il
» finissait que lorsque quelqu'un venait l'in-
» terrompre. Toutes ces qualités le rendaient
» à la fois précieux et nécessaire aux conseils
» du prince. Lorsqu'on le consultait sur les
» contributions, les monopoles, le com-
» merce, etc., il traitait tous ces sujets avec
» la plus grande facilité, et en cela déjouait
» le comte de Middlesex qui était né et avait
» été élevé dans les affaires. » Bien qu'Osborn
ne fût pas contemporain de Bâcon, il écrivit en
suivant les traditions des auteurs, et on fut si
loin de mépriser le principal ouvrage, de cet
homme célèbre qu'il reçut les honneurs d'une
violente critique. « Ils auraient traité l'avan-
» cement de la science de Bâcon, dit Osborn,
» comme un ouvrage impertinent et hérétique,
» si ce n'avait été la crainte invincible de la
» force des jugemens contraires qui vinrent à
» son secours d'au-delà des mers. Dans un au-
» tre endroit, il nous dit que la reine Elisabeth,
» avait été prévenue contre Ruleigh, parce
» qu'il s'était écarté de la route battue des
» écoles, ce qui était à la fois contraire à
» l'honneur de Dieu et de son père, dont la

» foi (s'il en eût jamais) reposait sur la théo-
» logie de l'école. Elisabeth le réprimanda sur
» ce point; et par la suite on l'appela toujours
» athée, en signe de reproche, bien qu'il fût
» connu pour adorer sincèrement Dieu et sa
» providence. Le célèbre Bâcon fut en butte
» au même reproche, jusqu'au moment où
» l'étranger lui décerna *un poids de gloire ca-*
» *pable de contre-balancer cette imputa-*
» *tion.* »

D'après les observations d'Osborn, on peut affirmer que la réputation de Bâcon se répandit promptement au-delà du continent. Gassendi qualifiait sa réforme d'entreprise héroïque. Les traductions latines des ouvrages de Bâcon eurent plusieurs éditions en Hollande et en Allemagne, avant la fin du siècle, et on leur accorda des éloges, qui adressés à tout autre, paraîtraient exagérés. On voit dans les lettres de Grotius quelle estime avaient pour lui les écrivains les plus recommandables. Et nous savons qu'en France, où il ne jouit de quelque célébrité qu'après la publication de l'Encyclopédie, l'abbé Gallois dans un des premiers numéros du premier journal littéraire, parle de lui comme nous le ferions maintenant. *On doit avouer que cet illustre chancelier est un de ceux qui ont le plus con-*

tribué à l'avancement de la science (Journal des Savans, 8 mars 1666). Ce passage qui fut publié dans l'année même de la fondation de l'Académie royale des sciences prouve qu'en France comme en Angleterre, les hommes livrés à la philosophie expérimentale, considéraient alors Bâcon comme leur maître. Vingt ans avant l'Encyclopédie, Voltaire appela Bâcon *le père de la philosophie expérimentale,* tout en blâmant la partialité de ses contemporains qui placent l'histoire de Henri VII au même niveau que Thuanus.

Thomas, dans son éloge de Descartes, avance que ce dernier ne lut jamais Bâcon, et cette assertion excite la surprise et le doute de M. Stewart. « Quelques auteurs même assu-
» rent, dit Thomas, que Descartes n'a jamais
» lu les ouvrages de Bâcon, et il nous dit lui-
» même, dans une de ses lettres, qu'il lisait
» ceux de Galilée à une époque plus avancée. »
Il est évident d'après ce passage, tout incroyable qu'il paraisse, que Thomas en composant son éloge de Descartes, n'avait pas daigné examiner soit les lettres (1) de ce grand philosophe, soit l'histoire de sa vie écrite par Baillet (2), sources où il aurait pu puiser les

---

(1) Paris, 1663.   (2) Paris, 1691.

renseignemens les plus positifs et les plus authentiques sur ses travaux et l'histoire de sa vie. « Descartes était à Paris, dit Baillet en » 1626, quelques années avant la publica- » tion de son traité de philosophie, lorsqu'il » reçut la nouvelle de la mort de Bâcon (1). » Cette nouvelle affligea beaucoup tous ceux » qui aspiraient au rétablissement de la vraie » philosophie, et qui savaient, que pendant » plusieurs années, Bâcon avait eu ce projet. » Nous voyons dans plusieurs endroits de ses » lettres qu'il ne désapprouvait pas la mé- » thode de Bâcon. » Descartes visita Londres en 1631, et 1633; il écrivit de Hollande, lieu de sa retraite, au père Mersenne son corres- pondant à Paris, qu'il désirait voir, *une his- toire* « des apparences des corps célestes, faite » d'après la méthode de Bâcon, dépourvue » de raisonnemens et d'hypothèses. » Dans une autre lettre, écrite à-peu-près à la même époque, il dit : « Quant aux expériences, j'ai » peu de choses à ajouter à ce que Bâcon a » dit. » Bâcon est encore cité dans d'autres endroits, mais nous en avons dit assez. Tho- mas n'est pas plus exact en ce qui touche Ga-

---

(1) Le langage de Baillet est encore une preuve de la célé- brité dont Bâcon jouit en France de 1626 à 1691.

lilée. Il est certain que dans le voyage que Descartes fit en Italie, il ne visita pas cet homme illustre ; la lettre de Descartes que l'on regardait comme une preuve qu'il lisait les ouvrages de Galilée, à une époque avancée, ne contient que quelques discussions qui se rapportent aux découvertes mécaniques et aux inventions d'optique qu'il prétend avoir faites sans connaître Galilée. Si Thomas avait lu cette lettre, il n'aurait pas manqué de rapporter un fait aussi remarquarble que le peu de respect avec lequel il parle de l'illustre Toscan, dont Descartes ignorait le mérite, ou affectait de l'ignorer, tout en ayant lu plusieurs de ses écrits. Cette ignorance ou cette affectation, ne seront pas moins regardées comme une jalousie ou comme un désir de cacher son plagiat, source ordinaire de toute injustice entre hommes de lettres. Mais ni le caractère ni le génie de Descartes ne rendent cette supposition probable. Cependant, nous voyons dans tous ses écrits, qu'il redoute l'animosité de l'Église ; nous y voyons l'intention arrêtée de sacrifier tout ce qui pourrait entraver l'accomplissement de sa réforme philosophique; et la volonté d'adoucir, par toutes sortes de concessions sur d'autres points, ceux qui pouvaient protéger ou troubler le calme de ses travaux. Delà vient que nous le voyons hardi réformateur en philosophie, être le plus soumis des catholiques ; delà sa partialité pour Saint Thomas d'Aquin qu'il appelle son guide et son auteur favori. Il suit de là également, que dans sa correspondance avec un ecclésiastique catholique, il a pu être quelquefois injuste envers un grand philosophe qui avait attiré les regards de l'inquisition, alors effrayée du danger des découvertes modernes. Lorsque Descartes entendit parler de l'emprisonnement de Galilée, il résolut de jeter ses manuscrits au feu. Nous ne voulons pas dire qu'un homme de probité comme Descartes n'était pas sincère lorsqu'il tenait ce langage d'ardente piété dont ses lettres sont remplies, mais nous pensons que la passion exclusive qui le poussait à opérer une réforme philosophique, contribua ainsi que ses sentimens religieux, à l'éloigner insensiblement des hommes et des choses, qui avaient des rapports trop étroits avec des questions susceptibles de mettre en danger sa liberté philosophique, qu'il n'aurait pas voulu échanger ainsi qu'il nous le dit lui-même, contre tout ce que les rois auraient pu lui offrir.

Descartes était, ainsi que Hobbes, au nombre des philosophes qui ne lisaient pas; ils évitaient les livres de crainte qu'ils ne fussent un obstacle entr'eux et la nature. Le premier dit : *J'étudie ici profondément sans livre.* On sait que le dernier pensait, *que s'il avait lu autant que les autres, il aurait été aussi ignorant.* Ils craignaient que la lecture ne les empêchât de penser, et que leur esprit ne devînt esclave des opinions qu'ils étudieraient. A cette époque, les penseurs indépendans étaient en grand nombre. Mais Bâcon et Leibnitz conservèrent leur originalité sans avoir recours à cette ignorance volontaire. Et même il est plusieurs sujets sur lesquels il est impossible de dire quelque chose de nouveau, si on ignore ce qui a déjà été dit : aucun homme ne pourrait perfectionner les méthodes philosophiques, ni apercevoir les lacunes des sciences, ni saisir les rapports qui existent entre les différentes sciences, sans connaître les opinions ou les découvertes des temps passés; ce qui fut l'objet des travaux de Bâcon.

Nous avons toujours pensé que Descartes avait saisi complètement la différence qu'il y a entre les actes du principe pensant et les phénomènes communément appelés matériels; et que sur ce point, Locke était d'accord avec lui, quoique l'un et l'autre n'aient pas toujours résisté à la tentation de présenter leurs développemens avec une telle chaleur que souvent ils semblent momentanément confondre l'esprit avec la matière; et à cet égard nous sommes heureux de nous trouver d'accord avec M. Stewart. Peut-être cette même opinion a-t-elle eu quelqu'influence sur l'étendue des éloges qu'il croit devoir accorder aux antagonistes de ce qu'il appelle la théorie idéaliste. Ce n'est point ici le lieu de parler des disciples de M. Locke ; cependant il est de toute justice de séparer parfaitement leurs hypothèses physiologiques de leur théorie de l'esprit. Il convient d'examiner les lois générales de la pensée, qu'ils posent en principe, sans tenir aucun compte des changemens corporels avec lesquels ces philosophes ont voulu les lier. Dans tous les systêmes, on admet que quelques modifications organiques précèdent la pensée; mais aucun homme n'en a pénétré la nature; et quand bien même elle serait parfaitement connue, il ne s'en suivrait pas que cette connaissance dût jeter la moindre lumière sur les fonctions intellectuelles. La physiologie peut être complète, et la philosophie de l'esprit rester dans une profonde obscurité. On pourrait soutenir l'opinion contraire; mais les partisans modernes de la philosophie de Locke devraient au moins les prendre en considération.

Il est difficile d'attribuer à Descartes le mérite d'avoir reconnu la juridiction suprême, et exclusive de la conscience dans toutes les questions qui se rapportent aux opérations de l'esprit humain. Dans la controverse qui s'est élevée sur la liberté et la nécessité, le seul point en litige entre les contendans avait rapport à une question de fait sur laquelle les deux partis en appelaient à l'évidence de la conscience, et qui consistait à savoir si toutes les circonstances préalables étant les mêmes, le choix de l'homme ne serait pas le même en tout temps. On dit que Descartes combattit d'abord l'erreur logique par laquelle *on cherche à définir les mots qui expriment des notions trop simples pour être susceptibles d'analyse* (1). Mais en examinant avec soin les passages de Descartes et de Locke qui se rapportent à cette question, nous pensons que c'est à ce dernier philosophe que l'on doit attribuer l'honneur de la découverte. Descartes dit, en examinant sa proposition fondamentale : *Je pense, donc je suis; qu'il pré-*

---

(1) Le vice des expressions employées par Descartes et qui sont soulignées ici, expressions qui ont été complètement développées par Locke, nous semble priver Descartes de toute juste prétention à une véritable priorité, relativement à l'importante observation de Locke.

suppose ces notions de pensée, d'existence et de certitude, et qu'il est impossible pour ce qui pense de ne point exister, et que ces notions, simples et vraies par elles-mêmes, deviennent obscures par les efforts que l'on fait pour les définir. Or nous croyons que cette remarque de Descartes n'est là qu'accidentellement, et en effet il ne la pousse pas plus loin qu'il n'est nécessaire à la réfutation de l'objection qu'il avait en vue. Loin d'affirmer qu'il soit impossible de donner de semblables définitions, Descartes ose à peine en parler; son langage est vague et se rapporte non pas à la classe des idées simples, mais à leur degré de simplicité. Il ne prend point ses exemples dans les perceptions que fournissent les sens externes, mais dans les termes abstraits dont sa proposition est composée : tout ce qu'on peut lui accorder, c'est qu'en cherchant à justifier une proposition controversée, il a saisi une lueur faible et fugitive de la vérité. L'excellent passage de Locke, au contraire, n'est dû à aucune controverse. Il s'applique à toute une classe d'idées appelées *idées simples*, et démontre qu'il est impossible de les définir, parce qu'il n'est pas de mots qui puissent les faire connaître à celui qui n'en a pas une idée préalable; parce que toute définition est une analyse, et que le propre de ces idées est de ne pouvoir être décomposées. M. Locke prend ses exemples dans les perceptions que fournissent les sens extérieurs, telles que les couleurs et le mouvement, afin d'écarter toute ambiguité, et considère la question seulement sous le point de vue du langage, où elle trouve naturellement sa place, et montre combien elle est importante dans la conception d'un système.

Les méditations de Descartes furent certainement la source de la plupart des disputes métaphysiques qui s'élevèrent depuis la chûte de la scholastique. Il fut l'antagoniste de Gassendi ; Hobbes, le plus célèbre de ses contemporains, fut un de ceux qui critiqua le plus amèrement les Méditations (1), et Locke fut à son tour stimulé par Hobbes et Descartes. Spinosa fut disciple de Descartes ainsi que Mallebranche, qui, grâces aux travaux de Norris, son élève, et par ceux de Collier, peut être considéré comme le précurseur de Berkcley, qui donna naissance aux opinions de Hume, et des controverses auxquelles elles donnèrent lieu. Descartes s'efforça de créer un

---

(1) Il est l'auteur des *Objectiones tertiæ* jointes aux Méditations, et où l'on trouve l'exposition de la majeure partie des principes fondamentaux de son système philosophique.

système applicable à toutes les sciences ; une pareille entreprise pouvait être excusée dans un temps où les cours publics étaient la seule voie d'instruction, et où le même professeur était obligé de faire parcourir à son élève tout le cercle des études. Dans l'exposition de ce plan impraticable, Descartes fut peut-être le seul métaphysicien qui se montra plutôt philosophe naturaliste que moraliste. De toutes les sciences, la morale est celle qu'il paraît avoir le moins étudiée. Le moraliste de l'école cartésienne fut Mallebranche, dont le traité sur la morale se distingue par la même candeur et la même originalité qui se rencontrent dans *ses Recherches sur la vérité* (1); et où l'on trouve une plus forte teinte de ce mysticisme dont est empreinte toute sa philosophie.

Cet ouvrage ressemble beaucoup aux principes généraux émis dans un ouvrage intitulé *Discussion sur la Vertu*, dû à Jonathan-Edwards, qui était le plus profond métaphysicien de tous les calvinistes de l'Amérique du Nord.

Revenons maintenant à un sujet sur lequel notre opinion diffère beaucoup de celle de

---

(1) Rotterdam et Londres, 1684.

M. Stewart. Dans ces derniers temps, on s'est singulièrement occupé de cette partie de la philosophie qui a pour objet la connaissance des devoirs que les hommes et les nations ont à remplir les uns envers les autres, en se conformant aux règles de la justice universelle, indépendamment de toute considération des lois positives, et on a séparé cette partie des connaissances, de la morale et des institutions politiques propres à chaque état. Cette science a reçu des noms différens, soit qu'on l'ait considérée dans sa totalité, soit qu'on n'ait étudié que quelques-unes de ses parties. C'est ainsi qu'on l'a appelée droit de la nature et des gens, droit public, droit des nations, etc. La philosophie scholastique lui donna naissance, et ce fut en Espagne, vers le milieu du 16e. siècle, qu'elle fit sa première apparition. Mais, quelque temps avant cette époque, les écoles tendaient manifestement vers l'indépendance; et la preuve, c'est que les Commentaires sur la *Secunda secundæ* ne tardèrent pas à être suivis des traités *de Justitia et Jure*, où bien que l'on citât encore quelquefois les grands docteurs des écoles, on justifiait en quelque sorte leur prétention à un titre plus indépendant. Ce titre et l'esprit de liberté qui le dénotait, étaient dus à l'étude toujours croissante du droit romain, science qui s'occupant des mêmes questions que les moralistes des écoles, devait naturellement s'élever contre l'autorité de ces derniers; et qui par ses rapports avec le casuisme, devenu nécessaire par la confession auriculaire, altéra la pureté de la morale long-temps après qu'elle eut quitté l'école. Dans les autres contrées de l'Europe civilisée, les réformateurs de la religion et de la philosophie secouèrent le joug de la scholastique. En Espagne, les scholiastes ne rencontrèrent aucune opposition. Francis de St.-Victoria, qui est souvent cité par Grotius, paraît avoir été le premier homme qui acquit quelque réputation en se livrant à l'étude du droit romain. Il mourut professeur à Salamanque en 1546. Il nous a été impossible de nous procurer ses ouvrages. Il n'en est pas de même de Dominique Soto, sur qui nous pouvons donner plus de détails, ayant parcouru son ouvrage de *Justitiâ et Jure*, qu'il dédia à l'infortuné don Carlos, et qu'il aurait désiré intituler *Carolopædia*. Il fut confesseur de Charles-Quint et envoyé au concile de Trente en qualité de théologien. Son livre, qui contient en substance toutes les erreurs qu'il professa pendant long-temps à Salamanque, y fut publié en 1560, dans la soixante-deuxième année de son âge. Cet ouvrage renferme un grand nombre de preuves des progrès qui

suivirent la renaissance des lettres, et avaient pénétré jusque dans les écoles d'Espagne. Parmi les principes contenus dans cet écrit, il n'en est pas de plus curieux que le suivant. Quoique, selon l'un des écrivains de cette époque, Soto ait été un de ceux qui ont professé les opinions les plus modérées, il dit : *Qu'un Roi ne peut être justement dépouillé de son royaume par la communauté, à moins que son gouvernement ne devienne tyrannique.* N'oublions pas de dire à l'honneur de ces jurisconsultes dont on ne parle plus aujourd'hui, que Victoria blâma la guerre que ses compatriotes faisaient alors à l'Amérique sous le prétexte et dans le but d'y propager le christianisme, et que Soto s'éleva avec force contre le droit de réduire en esclavage ces malheureuses tribus, à propos d'une dispute qui eut lieu entre Sepulvada et Las Casas, et dont l'empereur l'avait établi l'arbitre. Chose plus remarquable encore, c'est que Dominique Soto fut le premier écrivain qui condamna le trafic des esclaves en Afrique, et justifia honorablement son système, en employant ses propres principes à la réfutation de ce tissu de crimes et d'avarice que ses compatriotes cherchaient à prolonger. « S'il est vrai, dit-il, ainsi qu'on
» l'a dernièrement rapporté, que les mar-
» chands portugais attirent les malheureux

« Africains vers les côtes par des amusemens,
» des présens, et toutes sortes de séductions
» et de fraudes, et qu'ils les contraignent alors
» à s'embarquer dans leurs vaisseaux comme
» esclaves, ceux qui les ont pris, ceux qui les
» achètent de leurs ravisseurs, et ceux qui les
» possèdent, ne peuvent jouir d'une con-
» science tranquille, à moins qu'ils ne libèrent
» ces esclaves, bien qu'ils soient incapables
» de leur payer rançon (1). »

Dans les contrées où une nombreuse corporation est forcée, par les devoirs de sa profession à prêcher la morale, comme le clergé catholique dans la confession auriculaire, il est évident qu'elle doit s'aider de livres, et que ces derniers doivent, même aux dépens de la rigueur philosophique, ramener chaque cas particulier à des principes tels que des hommes d'une capacité ordinaire soient à même d'enseigner avec clarté une courte morale. De là vint le casuisme; et de l'immense influence qu'il acquit, on vit naître, dans la plus catholique de toutes les monarchies, la science du droit naturel. Il faut encore ajouter que, sous Philippe et Charles, l'Espagne étant devenue la première puissance militaire et po-

---

(1) Soto de Justitiâ et jure, lib. IV. Quest. I. Art. 2.

litique de l'Europe, et ayant parconséquent de nombreuses armées à entretenir et de longues guerres à soutenir, elle fut aussi la première à sentir le besoin de ramener le droit naturel à des principes pratiques, afin de réduire la guerre à des règles fixes, maintenir la discipline des armées et régler le partage du butin et des dépouilles. Nous devons à la plus grande guerre des temps modernes, celle pour l'émancipation de la Hollande, un traité sur ce sujet, dont l'auteur est Balthazar Ayala, qui paraît avoir été avocat et juge de l'armée espagnole en Flandres (1). La guerre navale qui eut lieu entre l'Angleterre et l'Espagne contribua également à diriger l'attention d'Alberic Gentilis sur le même point. Il paraît avoir assisté, en qualité de conseil, les réclamans espagnols devant la cour anglaise de *Prize*, et en conséquence rédigea les premiers rapports relatifs aux causes jugées d'après le droit maritime. Cet ouvrage prouve que cette science avait une haute importance, et que les matériaux existans aussi bien que les questions en litige, exigeaient la plume d'un écrivain habile et jouissant d'un grand crédit.

On peut affirmer qu'on doit à la guerre de

---

(1) **Anas et Lupus**, deux autres écrivains célèbres qui s'occupèrent du droit de la guerre, étaient également espagnols.

la Belgique un écrivain tel que Grotius (1). Les causes de la révolte contre l'Espagne fixèrent son attention sur les bornes de l'autorité et sur les limites de la soumission. La longue guerre de Flandres prouva la nécessité d'avoir des principes pour arrêter les hostilités. L'impudence avec laquelle plusieurs hommes d'état de ce siècle et en particulier la cour de Catherine de Médicis usaient de la politique appelée machiavélique, l'engagea à justifier

---

(1) Alberic Gentilis fut certainement le précurseur de Grotius. On verra par le passage suivant de Zouch, élève et successeur de Gentilis à Oxford, quelle opinion on avait alors de la différence de talent qui existait entr'eux. *Il s'attacha positivement à Alberic Gentilis et à Hugo Grotius; le premier justifie ses principes par l'autorité des lois, et le second appuie sa doctrine sur le témoignage de la raison.*

Præfat. ad R. Zouch juris fecialis, sive juris inter gentes explicatio, 1659. Les plus savans contemporains de Grotius, le distinguèrent pour avoir envisagé le droit des gens d'un coup d'œil philosophique, et pour s'être élevé au-dessus de la servile érudition de ses prédécesseurs. Zouch écrivait avant l'apparition de Puffendorf. Ses talens et son profond savoir, le rendirent célèbre; et c'est à lui que nous devons l'introduction des mots *droit entre les nations*, ou comme le dirent Helvétius et M. Bentham, *droit international* qui distinguent davantage le sens moderne des mots *droit des gens*, de l'acception qui leur était donnée par les jurisconsultes romains; et par là ils entendaient l'ensemble des principes par lesquels, tous les hommes, excepté peut-être les hordes sauvages, réglèrent, ou voulurent régler leurs actions.

l'autorité universelle et inviolable de la justice contre les argumens de ces odieux sophistes. Les habitudes de sa profession comme homme de loi, et ses études particulières eurent nécessairement beaucoup d'influence sur la forme et le style de son ouvrage. Il y avait trop peu de temps que la société était exempte de désordres pour qu'elle pût lui fournir d'utiles exemples, et s'il ne consulta que l'autorité de l'antiquité, ce ne fut point chez lui pédanterie. Les poètes d'une nation étaient alors presqu'inconnus des autres peuples, et si en effet il a trop souvent cité les poètes grecs et romains, il n'a fait en cela que suivre l'esprit de son siècle. Cependant il ne les cite point comme preuve ni comme autorité; mais comme étant les dépositaires de ces sentimens moraux avec lesquels les hommes civilisés ont toujours sympathisé de siècle en siècle, et pour opposer aux sophismes immoraux des politiques sans principes, le cri général de l'humanité.

Grotius et Thuanus doivent être considérés comme deux phénomènes moraux d'un heureux augure pour l'avenir. Placés à la fin du 16ᵉ siècle, tous deux passèrent en revue l'époque de carnage qui venait de s'écouler, non pour en pallier l'horreur, ni exaspérer les inimitiés des protestans ou des papistes; mais pour apprendre à ces deux sectes à être sages, en leur faisant voir les malheurs qu'elles avaient accasionnés, et les engager à garantir la postérité de pareilles calamités, en consentant à poser les bases d'un système de liberté religieuse qui, de nos jours, est encore imparfait. On ne sait si l'esprit de tolérance de Grotius provenait de l'expérience qu'il avait des maux qu'enfante la persécution, ou de la douceur de son caractère, ou de la facilité avec laquelle il s'accommodait aux différences de religion que la politique commerciale commençait à introduire en Hollande; mais il fut le seul protestant de marque qui, avant le roi Guillaume, prit publiquement et en toute occasion, les catholiques romains sous sa protection. Il fit paraître son traité de *Jure belli et pacis*, au moment où on commençait à admettre les lois de la guerre. C'est à tort qu'on a considéré le traité de Grotius comme un ouvrage philosophique, et conséquemment à cette erreur, il fut jugé d'après des motifs qui étaient étrangers au but qu'il se proposait. Grotius était un savant et un théologien, et par les services qu'il rendit on pourrait le qualifier d'avocat des idées constitutionnelles. La victoire complète que les belles-lettres remportèrent sur les écoles à cette époque, entretint parmi les savans une jalousie qui ressemblait au barbarisme scholastique. L'ouvrage de Grotius est entièrement pratique. Leibnitz pensait qu'un traité philosophique sur ce sujet, traité qui n'existait pas de son temps, et dont nous sommes encore privés, « aurait pu » être produit par le profond génie de Hobbes, » s'il n'avait pas adopté des principes complè- » tement faux, ou par le jugement et le savoir » de l'incomparable Grotius, si les soins et » les affaires d'une vie agitée ne l'en eus- » sent éloigné (1). » Mais quoique l'ouvrage de Grotius soit purement pratique, il doit occuper une place dans l'histoire de la philosophie morale, qui a principalement pour objet d'apprécier l'influence de cette science sur l'esprit humain. L'ouvrage de Grotius est un manuel destiné à faire, conduire et terminer la guerre, dans lequel son auteur, après avoir tracé une faible esquisse des préceptes moraux les plus généraux, et qui lui parurent suffisans pour donner une idée de la nature de ce droit, et pour établir une dis-

---

(1) Leibnitz, lettre à Molanus en 1700. Dans un des derniers écrits de Leibnitz, auquel M. Stewart accorde une grande autorité, il exprime son opinion sur la capacité de Grotius, et l'éloge qu'il en fait, acquiert, un nouveau prix des termes mesurés dont il se sert relativement à Hobbes et à Grotius.

tinction immuable entre le bien et le mal, cherche à inculquer l'adoption des nouveaux usages qui venaient alors de s'introduire, et à persuader aux nations d'y rester fidèles, en s'appuyant sur les lois de la justice, l'intérêt bien entendu, la sanction de la religion et l'accord unanime qui se rencontre dans les écrits des hommes les plus sages de tous les siècles, et les plus fameux exemples de l'antiquité.

Si cet ouvrage eût été un traité *ex professo* sur cette science, on aurait pu reprocher à bon droit à son auteur de n'avoir pas suffisamment justifié ses principes, d'avoir confondu les questions du droit et de l'humanité, de la raison et de l'usage; et on aurait pu blâmer en lui une certaine profusion d'autorités parmi lesquelles il en est quelques-unes qui semblent s'écarter du véritable but pour lequel elles sont citées. Mais il est permis de croire que s'il eût épargné les citations, et établi des divisions trop exactes, son ouvrage eût beaucoup perdu, à cette époque, de son utilité et de son pouvoir persuasif. Ainsi il présente d'abord aux rois et aux hommes d'état le témoignage des historiens, des poètes, des orateurs, des philosophes, des ecclésiastiques, des savans, des jurisconsultes anciens et modernes, chrétiens ou payens, de toutes les croyances, de tous les siècles et de toutes les nations ; tous hommes qu'ils étaient accoutumés de respecter, dont la sagesse réprouvait les guerres injustes et inutiles, qui ne voulaient pas pousser les hostilités avec une dureté portée au-delà du nécessaire; prétendaient qu'on observât la foi des traités et qu'on fît la paix aussi promptement que possible. Peut-être que l'impression produite par le témoignage universel rendu à des principes si simples, qu'il peut paraître superflu de les prouver, a beaucoup contribué à les faire respecter depuis par les nations européennes plus que par le reste du genre humain. Le livre de Grotius fut le compagnon de Gustave-Adolphe, pendant la guerre que ce héros vertueux entreprit pour le triomphe de la liberté civile et religieuse, preuve qu'il atteignait parfaitement le but. S'il eût composé un ouvrage purement philosophique, quel qu'en eût été le mérite son esprit eût été distrait de l'objet qu'il avait en vue. On ne peut citer aucun ouvrage qui ait eu des effets aussi réels et aussi étendus que celui de Grotius, jusqu'au moment où parut l'Esprit des Lois.

Pendant plus d'un siècle, le nom de Grotius

donna un nouveau lustre à cette partie de la science. Ses successeurs héritèrent plutôt de la gloire de son nom, qu'ils ne perfectionnèrent son œuvre. Environ 40 ans après la publication du traité *de Jure belli ac pacis*, vint Puffendorf qui traita le même sujet, en suivant les traces de Hobbes. Et sans nous en rapporter au jugement de Leibnitz qui disait, *que Puffendorf était très-peu homme de loi, et nullement philosophe;* on peut dire que dans tout son ouvrage il affecte trop de prétention scientifique, qu'il était peu lettré et peu éloquent, nullement versé dans la connaissance des différens qui divisent les états, connaissances indispensables pour que son ouvrage présentât un caractère positif. Il est beaucoup moins excusable que Grotius, d'avoir adopté des principes hypothétiques; et beaucoup plus répréhensible d'avoir confondu des objets tout-à-fait disparates. C'est plutôt à lui qu'à Grotius, qu'on doit les innombrables abrégés de la loi naturelle, dont se servirent les universités européennes, jusqu'à ces derniers temps; vu que ses écrits avaient une forme beaucoup plus scholastique. Wattel écrivain diffus, peu philosophe, superficiel, mais clair et libéral, publia un abrégé bien fait de cette science, qui, aujourd'hui, réclame le talent d'un auteur plus moderne.

Ce qu'il importe surtout de ne pas perdre de vue dans l'état actuel de l'Europe, c'est plutôt le peu d'habilité des disciples de Grotius, que leur nombre et leur influence. Il est dans le cours ordinaire des choses, que les grands écrivains donnent l'impulsion et dirigent l'opinion publique. Cependant, depuis Grotius, aucun écrivain de cette sorte n'a pu avoir de telles prétentions; et pourtant les écrivains se succédent avec une incroyable rapidité. Cependant, dans l'intervalle compris depuis la paix de Munster jusqu'à la révolution française, le droit public est devenu un des points principaux de l'éducation des hommes d'état; tous les souverains et tous les gouvernemens consultent, dans leurs différends, les traités qui s'y rapportent; le prince le plus puissant et le plus ambitieux qui ait existé, tenait beaucoup à avoir ces ouvrages près de lui, et les tribunaux de sa nation adoptèrent tout ce que ces systèmes offraient de positif, tout ce qui se rapportait aux devoirs et aux droits des individus, d'après les coutumes établies dans les guerres européennes, bien que les auteurs appartinssent à des nations étrangères, et même à des pays ennemis. Dans aucun autre siècle, les puissans de la terre ne parurent respecter davantage la raison des savans humbles et obscurs qui enseignaient la justice. L'opinion d'hommes sans pouvoir, sans place et même dépourvus de génie, était consultée par des monarques vainqueurs, discutée par des hommes d'état, et n'était jamais publiquement dédaignée que par ceux qui avaient complètement renoncé à toute morale extérieure. Les dehors de la morale cachent toujours d'importantes réalités. En effet, rien ne prouve mieux de nouveaux progrès dans la civilisation et n'en produit davantage que la soumission, même apparente, de la part des puissans de ce monde à d'humbles autorités. Dépouillés de toute prétention au respect public, et n'ayant d'autre prérogative que quelques droits à l'opinion, laquelle s'attache toujours à l'absence des vues intéressées et passionnées, le respect qu'on leur accordait ne provenait que de l'amour inspiré par la justice qu'ils enseignaient. Par là les souverains apprenaient à leurs peuples ce qu'ils devaient à l'autorité suprême de la raison. Ces causes furent au nombre de celles qui firent de l'opinion publique, en Europe, un arbitre de quelque poids dans les disputes qui s'élevèrent entre les nations, et dans les différens que les princes eurent avec leurs sujets. De la combinaison de la liberté dont jouissaient à cette époque, les plus petits états, qui étaient protégés par des forces à-peu-près égales, et la jalousie réciproque qui ruinait les plus grandes monarchies, et du droit d'asile accordé aux exilés pour causes politiques et religieuses, ainsi que du droit de libre discussion dont usaient contre leurs oppresseurs, tous ceux qui étaient réfugiés dans toutes les contrées libres et protestantes de l'Angleterre et de la Hollande, résulta un obstacle si réel au développement de la tyrannie à l'intérieur et aux envahissemens des conquêtes au dehors, que l'on pouvait, presque sans métaphore, appeler l'Europe une république, dans laquelle l'énergie provenant de l'orgueil national, se conciliait avec l'ordre et le maintien des institutions. Toutes les questions se trouvant confondues sous le même titre général, il en résultait que les leçons des juristes acquéraient quelque peu de l'importance que l'on accorde aux opinions des jurisconsultes lorsqu'ils sont consultés sur des faits relatifs aux lois positives. Le respect qu'on avait pour eux donnait en quelque sorte la mesure, non seulement de la moralité des hommes d'état, mais encore du bonheur général dont on jouissait à cette époque. Ce bonheur diminua à mesure que la violence et l'anxiété prévalurent. De notre temps, on commença à s'affranchir ouvertement de tout respect pour ces savans, et dèslors on s'abandonna à la fureur et à la crainte.

Un enthousiasme furieux, un despotisme illimité semblèrent avoir banni pour quelque temps du monde chrétien, toute espèce de félicité; si dans certains pays libres et tranquilles on a résisté à toutes ces passions, ce n'a été que sous le rapport de certaines actions indifférentes, et par la crainte qu'il n'en résultât un plus grand danger, même pour ces sortes de gouvernemens. Il suffit de modifier un peu les paroles d'un certain philosophe pour avouer qu'un homme ne devient l'ennemi des lois de son pays que lorsque ces dernières sont devenues ses ennemies.

D'après ces considérations, nous ne pouvons qu'être étonnés et même regretter que M. Stewart se soit écarté de sa douceur ordinaire et même de la perspicacité de son caractère au point d'aller jusqu'à dire, en parlant de ces écrivains, « que malgré toute leur in- » dustrie et toute leur science, il serait diffi- » cile de citer une classe d'écrivains dont les » travaux aient été moins utiles. » Il serait plus juste de dire, selon nous, que malgré la médiocrité de leurs talens et leur oubli des méthodes scientifiques, il serait difficile de citer une classe d'écrivains dont les travaux aient été plus utiles à la société. Il est certainement beaucoup plus avantageux à l'humanité, et si ce sujet trivial méritait qu'on s'y arrêtât, nous dirions qu'il est indirectement plus utile à la science d'avancer la civilisation du genre humain en cherchant à propager l'amour de la justice, que d'ajouter une nouvelle découverte, quelque brillante qu'elle soit, à la masse des connaissances. Des écrivains dépourvus de toute puissance, de toutes vues ambitieuses, et heureusement incapables, vu leur défaut d'expérience, de s'arrêter aux nécessités d'état; s'adressant à la masse des lecteurs, placés dans les mêmes conditions qu'eux, et doués des mêmes dispositions d'esprit, attendant toute leur réputation et toute leur popularité de cette masse imposante qui s'accroît chaque jour, durent nécessairement être les défenseurs des idées libérales et prêcher aux nations la stricte observation des lois de la justice. Ils furent, comme le dit M. Stewart, les précurseurs de cette science utile qu'on appelle économie politique, en répandant l'esprit qui l'anime et en atteignant, quoique d'une manière assez grossière, à quelques-uns de ses résultats, quoique leurs raisonnemens n'aient pas conduit logiquement, nous devons l'avouer, à établir les premiers principes de cette science. Le rapport qui existe entre ces deux branches de nos connaissances, est plutôt historique que philosophique; mais de tout temps ils ont déclaré guerre ouverte à cette politique que l'on a qualifiée, trop sévèrement selon nous, de machiavélique, et sur laquelle Grotius dit positivement dans l'un des passages les plus concluans de son livre, « que la doctrine qui » fait de l'homme l'ennemi de son semblable » ne peut avoir d'utilité durable (1). »

Nous regrettons que le temps et l'espace nous forcent à glisser rapidement sur les écrits de Hobbes (2), qui occupent une si grande place dans l'histoire de la métaphysique. Hobbes est un penseur original et profond, remarquable par la hardiesse avec laquelle il suit chaque principe dans ses conséquences logiques : quant à sa diction, il offre peut-être le meilleur exemple de la réunion de la clarté et

---

(1) *Non potest diu prodesse doctrinâ quæ hominem hominibus insociabilem facit.* Grotius de Jure Bell. et Pac. Lib. III, Cap. XXV. Et ult. Monita ad fidem et ad pacem.

(2) Il faut compter Hobbes au nombre de ces philosophes qui ont montré de l'imagination dans leur censure de l'imagination. C'est ainsi que dans un endroit, il condamne les métaphores dans un langage complètement métaphorique. « Mais quant aux métaphores, dit-il, il faut les exclure com- » plètement; car ce serait une folie que de les admettre dans » une consultation ou un raisonnement, puisqu'on les voit » professer ouvertement leur supercherie. » Leviath., p. 1. C. 8.

de la brièveté dans les questions les plus abstraites, lors même qu'il propose des opinions nouvelles. Mais son discours sur la nature humaine est l'ouvrage d'un homme qui, hors du cercle des connaissances mathématiques, emploie peu de mots ambigus et inutiles. Dans sa Philosophie de l'Esprit humain, il a certainement entrevu la majeure partie de ces spéculations, que plus tard ses successeurs présentèrent comme des découvertes. Pour ce qui est de la partie sentimentale et active de la nature humaine, il s'est affranchi des principes ou plutôt des assertions complètement fausses qui pouvaient rétrécir ou affaiblir sa morale, et faire de sa politique un pur système de tyrannie. Serions-nous assez heureux pour être d'accord avec M. Stewart, lorsque dans la suite de ce discours, nous le verrons rendre à Locke la même justice que depuis peu on a été porté à refuser à Hobbes. Les écrits de ce dernier peuvent aussi être considérés comme la source où Locke a puisé une partie de ses trésors, et s'il peut jamais être utile d'établir un parallèle entre le caractère et l'esprit de deux grands philosophes, on le trouve dans la manière différente dont Hobbes et Locke ont cultivé la même science, et ont quelquefois exposé les mêmes vérités. M. Stewart nous dit, « que la

» théorie, tant à la mode maintenant, qui
» ramène toute la morale aux idées d'utilité,
» se lie plus avec le système de Hobbes que ne
» le croient quelques-uns de ses partisans. »
« Il est curieux d'observer, dit-il autre part,
» comment Hobbes et Locke se rapprochent
» dans leurs opinions, quoique leurs conclu-
» sions pratiques soient si différentes. » Il faut
avouer que, sous un certain rapport, la première de ces opinions est plus juste qu'on ne
le croit communément; c'est celui sous lequel
Leibnitz envisage plusieurs systèmes de morale, qui, quoique différens dans la forme,
ne sont que des modifications d'un système
qui ne diffère que de nom de celui de l'utilité. « La question suivante, dit-il, consiste
» à savoir si la conservation de la société hu-
» maine est le principe de la loi de nature (1).
» Cet excellent écrivain le nie en opposi-
» tion avec Grotius qui fonde l'obligation de
» cette loi sur ce qu'elle tend à conserver la so-
» ciété, avec Hobbes qui la dérive d'une crainte
» réciproque, et Cumberland qui la tire de
» l'amour que les hommes ont les uns pour

---

(1) La loi de nature est évidemment aussi compréhensive que la morale. Le passage que nous rapportons ici se
trouve dans une lettre à Molanus, citée ci-dessus et écrite en
1700.

» les autres. On peut également dire de ces
» deux systèmes, qu'ils tendent à conserver la
» société. »

La théorie des facultés intellectuelles et les formes variées que présente l'intelligence, sujet également important quoiqu'imparfaitement étudié, conduisent M. Stewart à observer que la distinction de Locke entre l'esprit et le jugement est substantiellement la même que celle qu'établit Mallebranche entre l'homme de bon sens qui discerne les différences réelles, et l'homme superficiel qui imagine ou suppose des ressemblances, et enfin celle établie par Bâcon, qui dit, « que les grandes et radicales divisions de
» l'esprit, par rapport à la philosophie et aux
» sciences, se trouve dans le génie pénétrant
» qui saisit les nuances les plus fugitives, et
» dans le génie sublime et discursif qui reconnaît les plus petites analogies qui existent
» dans les choses qui paraissent le plus opposées. »

Mais il nous semble que dans ces distinctions, il n'en est pas deux qui se rapportent précisément au même sujet. Celles que Bâcon et Mallebranche établirent sont identiques du moment où on les applique aux facultés rationelles et à l'usage que l'on fait de ces facultés dans la recherche de la vérité. Bâcon limite ainsi formellement la distinction qu'il établit, et les expressions de Mallebranche lorsqu'il parle de *ressemblances supposées*, comme étant le défaut des hommes superficiels, renferment exactement la même idée. Ici Mallebranche oppose manifestement l'état sain de la raison à ses diverses maladies. La division tracée par Bâcon repose sur deux grandes classes des facultés intellectuelles, la vivacité et la pénétration de l'intelligence, dont il offrit lui-même le plus bel exemple que la nature humaine ait encore produit, vu l'élévation de sa raison, que son imagination ne domina jamais, et qui n'était que l'interprète de ce que Leibnitz appelle son *divin génie* (1). La distinction établie par Locke nous paraît être d'une toute autre nature. En effet, elle ne consiste point comme celle de Bâcon à décrire deux espèces d'intellects, ayant tous deux la philosophie pour objet; il ne se borne pas non plus, comme Mallebranche, à distinguer les observateurs superficiels des penseurs profonds, mais il établit les différences qui existent entre l'esprit et le jugement. Il est si éloigné de limiter

---

(1) Divini ingenii vir Franciscus Bâcon de Verulamio.

sa distinction aux questions philosophiques ainsi que l'ont fait les deux autres, que l'un des deux termes du rapport est complètement hors du domaine de la philosophie. En effet, l'imagination ne peut jamais avoir d'autre influence sur le raisonnement, si ce n'est de le troubler. Le titre donné par Locke au chapitre et à la section intitulés : *Différence entre l'esprit et le jugement,* démontrent d'une manière positive qu'il considérait ces facultés comme étant distinctes et douées d'actions différentes. Il est en cela d'accord avec la distinction établie par Hobbes entre l'imagination et le jugement. (Hum., Nat., C. 10.); tous deux ne diffèrent que dans les mots. « Mais, dit Hobbes, l'imagination et le jugement sont compris sous l'expression *esprit* (wit). Depuis deux siècles, le mot esprit a été pris dans plus d'acceptions différentes qu'aucun autre mot de notre langue. Sans remonter plus loin que le règne de Jacques Ier, on voit que sir J. Davies l'employa comme l'expression la plus générale de l'ensemble des facultés intellectuelles, et la raison, le jugement, la sagesse n'en sont que des subdivisions (Immortalité de l'âme, section XXV). Au temps de Cowley et de Hobbes, il signifiait une intelligence supérieure et plus spécialement une raison vive et brillante. Dans la fameuse description des Facéties, donnée par Barrow, l'un des écrivains qui ont le mieux manié la langue anglaise, le mot esprit semble avoir conservé l'acception de supériorité intellectuelle. Dans le portrait de Dryden, tracé par lord Shaftesbury, il conserve la même signification et est presque synonyme du mot talent ou habileté; mais dans l'espace de quarante ans, c'est-à-dire depuis la publication des ouvrages de Hobbes jusqu'à celle des écrits de Locke, la signification changea; le mot esprit (wit), exprima ce talent particulier qui consiste dans de vives et ingénieuses combinaisons de pensées. Plus tard, nous voyons Addisson se rapprocher de la signification moderne, dans ses écrits sur l'esprit. Il se range de l'avis de M. Locke, en lui accordant de pompeux éloges et ajoute (ce que la pensée de M. Locke renfermait peut-être), *que l'esprit est un assemblage d'idées semblables à celles que feraient naître le plaisir et la surprise.* De l'ambiguité contenue dans cette dernière expression, il est insensiblement arrivé que le sens plus limité d'agréable surprise, paraît être une partie essentielle de la signification du mot esprit, excepté dans les endroits où quelques-unes de ses plus anciennes significations sont rajeunies par quelqu'épithète ou conservées dans des phrases qui nous viennent des temps anciens. Comme il a été question de M. Addisson dans ce discours, où il est surnommé le Fénélon anglais, nous ne pouvons nous empêcher d'exprimer la satisfaction que nous éprouvons de voir que M. Stewart ait rendu justice aux admirables essais sur les plaisirs de l'imagination. Peut-être même mériteraient-ils d'être encore mieux appréciés lorsque l'auteur passe à l'histoire de la philosophie du 18e siècle, où les écrits de cet homme célèbre semblent avoir ouvert une nouvelle carrière à la spéculation. Si nous pouvons juger des progrès antérieurs par les notes de Longin sur Boileau, qui est l'écrivain le plus recommandable parmi ceux qui, à cette époque, ont traité le même sujet; il faut avouer que M. Addisson a fait faire un pas à la philosophie. En effet, nous ne connaissons aucun écrivain qui, avant lui, ait rangé sous le même titre les plaisirs qui résultent de la contemplation du beau dans la nature et dans les arts, et qui ait séparé cette classe de sentimens des plaisirs que procurent les sens, ainsi que de ceux qui accompagnent les travaux de l'intelligence, et qui ait donné l'exemple de les classer par subdivisions sous les titres de *Nouveauté*, *Beauté* et *Sublimité*. C'est à juste titre qu'il prétendit à l'originalité. La modestie de son caractère, qui était chez lui le résultat d'une grande pureté de goût et de beaucoup de vertu, doit complètement nous rassurer contre toute fausse prétention de sa part. A la vérité, peu auparavant eut lieu la publication des *Caractéristiques* : mais la couleur morale donnée à cet ouvrage ingénieux et admirable, augmenta les difficultés qu'on éprouvait à discerner les plaisirs de l'imagination qui se trouvaient absorbés par la magnificence d'une plus vive lumière.

Peu de temps après Addisson, l'étude de ce genre de philosophie auquel il donnait le nom de plaisirs de l'imagination, devint l'objet d'études sérieuses dans plusieurs contrées de l'Europe. En Angleterre, elle fut cultivée par une longue suite d'écrivains, dont quelques-uns, et ce furent les hommes les plus marquans de leur époque, furent les disciples d'Addisson. Quant aux lecteurs qui pourraient douter de la force et de l'originalité philosophique de cet auteur, nous leur recommanderons le 287e numéro du Spectateur, bien qu'il y ait traité un sujet d'une toute autre nature. « La forme de gouvernement, dit-il, qui me
» paraît la plus convenable, est celle qui est
» la plus conforme à l'égalité que nous trou-
» vons dans la nature humaine, pourvu qu'on
» soit d'accord avec la paix publique. Il est

» curieux de voir quels rapports étroits unis-
» sent le gouvernement despotique et la bar-
» barie, et combien l'élévation d'un homme
» au-dessus des autres hommes abaisse les
» autres. Sur dix parties du monde il y en a
» plus de neuf qui gémissent dans le plus vil
» esclavage, et qui sont par conséquent plon-
» gées dans l'ignorance la plus grossière et la
» plus brutale. A la vérité, l'esclavage euro-
» péen est un état de liberté, si on le compare
» à celui qui règne dans les trois autres parties
» du monde, et il n'est pas étonnant que ceux
» qui s'y soumettent aient quelque peu d'in-
» telligence. La richesse et l'abondance sont
» les effets naturels de la liberté, et partout où
» ces deux conditions se trouvent réunies, on
» voit fleurir les sciences et les beaux arts.
» L'aisance et l'abondance sont les deux causes
» qui alimentent le plus les sciences; et comme
» la majeure partie des gouvernemens despo-
» tiques qui existent, sont dépourvus de l'une
» et de l'autre ; ils se trouvent naturellement
» plongés dans l'ignorance et la barbarie. » Le
goût des études sérieuses répandu par les essais
de Locke ayant ramené les curieux et les savans aux recherches dont les avaient éloignés
les dogmes odieux et hautains de Hobbes, ces
hommes ingénieux commencèrent à adopter
en politique les principes d'une philosophie

libérale, ainsi que ceux d'une élégante spéculation dans la littérature et les arts.

« Parmi les ecclésiastiques qui vécurent à
» cette époque, il est impossible de passer
» sous silence le nom de Barrow, dont les ou-
» vrages théologiques, remplis d'érudition, et
» d'une éloquence vive quoique subtile, dé-
» cèlent à chaque page ce génie créateur qui,
» en mathématique, lui valut le second rang
» après Newton. Comme écrivain il est remar-
» quable et par la brièveté de son style, et par
» la manière dont il possède son sujet. Mais
» ce qui caractérise surtout sa méthode, c'est
» l'extrême facilité avec laquelle il exécute ce
» qu'il entreprend. » Si nous citons ce beau et
remarquable passage, ce n'est point dans
l'intention d'en faire l'éloge ni pour le blâmer, non plus que pour justifier Barrow de
s'être contredit, comme le pense M. Stewart
dans deux passages différens, où, après avoir
représenté *l'égoïsme comme la source de tous
les vices*, il avoue d'un autre côté, *que l'é-
goïsme qui tend au bien est louable*. Pour
nous, nous ne pensons pas qu'il y ait là contradiction, mais nous regardons ces deux passages comme l'expression de deux vérités importantes et parfaitement conciliables. Nous profiterons seulement de cette citation pour

dire combien nous sommes étonnés que M. Stewart n'ait fait aucune mention d'un autre ecclésiastique anglais, qui nous semble mériter d'occuper une place dans l'histoire de la philosophie morale, tant à cause de son génie, que par l'originalité de ses écrits sur la morale et les persécutions qu'il éprouva. Nous voulons parler de Jeremy Taylor, qui, quoiqu'il ait survécu à la restauration, appartenait à une école antérieure à celle de Barrow. Ses écrits religieux qui souvent sont doués d'une grande beauté, jouirent d'une haute réputation et conservèrent leur popularité pendant plus d'un siècle. Mais à l'époque où régna parmi les ecclésiastiques anglais une philosophie douce et calme, à peine le voyons-nous cité une ou deux fois dans les écrits des savans, et ce n'est guère que depuis une vingtaine d'années que les hommes de lettres commencent à le connaître. Parmi ses écrits, il en est deux surtout qui attirent plus spécialement l'attention des historiens de la philosophie morale. Jérémy Taylor fut probablement le dernier ecclésiastique anglais qui employa les formes scholastiques, et fut très-profondément versé dans la métaphysique et la théologie des écoles. Il est le seul Anglais, peut-être même le seul protestant célèbre de ces derniers temps, qui érigea le casuisme en système. Malgré les défauts de forme, il est peu de traités de morale qui, si on a égard à l'ancienne manière de s'exprimer, encore plus qu'à celle de penser, soient à la fois plus judicieux, plus pratiques et plus libéraux. A peine connaît-on maintenant les noms des différentes autorités savantes dont il a surchargé les marges de son livre. On dirait qu'il jette un coup d'œil sur la science de l'ancien monde. Son discours sur la liberté de prophétiser est surtout remarquable en ce qu'il est le premier traité qui ait été écrit dans ce pays-ci, sinon en Europe, en faveur de la tolérance religieuse. De même que la majeure partie des ecclésiastiques dont on a révéré la mémoire, on le taxa d'hérétique à cause de sa charité, dont il étendit les bienfaits aux catholiques romains eux-mêmes, quoiqu'il n'ait jamais voulu en convenir (1). Les deux ouvrages que nous venons de citer et son discours sur l'amitié, sont les plus judicieux et les plus raisonnables de ses écrits, bien que dans les autres on y trouve de plus

---

(1) Après la conclusion de la liberté de prophétiser, se trouve une anecdote judaïque écrite à la manière de la Genèse, où Dieu est représenté comme réprimandant Abraham pour avoir chassé de sa tente un idolâtre. Taylor dit que cette anecdote se trouve dans les livres des Hébreux. Jusqu'à ce qu'on ait découvert l'original dans quelque légende Rabbinique, nous devons attribuer à Taylor le charme de l'imitation, sinon l'invention des incidens. Franklin donna la même anecdote à Lord Kaimes qui la publia dans ses esquisses sur l'histoire

beaux morceaux. C'est chez lui une particularité digne de remarque d'avoir ajouté les sentimens et l'imagination d'un poète à la subtilité d'un scholastique. Si Taylor eût vécu hors des écoles, et s'il eût étudié l'homme et la nature, au lieu des traités de la scholastique, il ne lui aurait manqué, pour être poète, que de connaître l'art de la versification. Puisque Gray dit que Froissart était *Hérodote sans son style*, nous pourrions peut-être nous hasarder à dire que Taylor était *Fénélon sans son goût.* Tous deux eurent un cœur tendre et une brillante imagination, le même esprit de tolérance, la même tendance au mysticisme, et tous deux furent disposés, quoique d'une manière différente, à adopter une morale ascétique, dont les austérités deviennent presque aimables lorsqu'on y joint une douceur et une humilité peu ordinaires. Si dans ses écrits Taylor avait eu l'art de rejeter quelques principes évidemment faux, le parallèle serait encore plus par-

---

de l'homme. Mais la manière dont s'exprime Lord Kaimes n'implique pas que Franklin se soit donné comme l'auteur de cette anecdote; bien que d'après cette coïncidence, on l'ait accusé de plagiat. Probablement il n'avait jamais lu Taylor. Il l'avait peut-être trouvée dans quelques journaux ou recueils sans nom d'auteur, et l'envoya à Kaymes comme un morceau curieux. Un homme aussi riche que Franklin ne devait pas être tenté de voler.

fait. Dans ses dévotions, où sa sensibilité est retenue et où le sujet en imposait à son imagination, il est d'une beauté sans égale. En général, son goût est moins pur, sa composition moins méthodique, ses discours populaires plus pédantesques et plus scholastiques que ceux des grands hommes qui le précédèrent et vécurent au temps d'Élisabeth, tels que Hooker, Raleigh et Bâcon. Tous ces hommes célèbres qui vivaient à l'époque où notre langue écrite prit naissance, ont une fraîcheur d'expression, un choix de mots pittoresques et expressifs, qu'il est très-difficile d'atteindre depuis que l'art d'écrire est devenu plus répandu. Le style diffus mais élégant de Taylor, et les sentimens doux qu'il exprime, sont faits pour fixer l'attention de ceux qui liront ses ouvrages. Tout lecteur attentif découvrira aussi dans plusieurs passages modestes, et particulièrement dans ses ouvrages dialectiques et moraux, un style anglais naturel, doux et coulant, qui ne serait pas indigne du siècle qui produisit la prose de Cowley, qui, de même que Taylor, était doux et fertile; mais qui, heureusement pour sa réputation, se montra dans sa prose et dans quelques-uns de ses vers, moins indulgent pour ses propres défauts.

CONSIDÉRATIONS

SUR L'HISTOIRE

DE LA PHILOSOPHIE,

DEPUIS LA RENAISSANCE DES LETTRES *.

SECOND ESSAI.

C'est avec une satisfaction toute particulière que nous revenons à la suite de cet admirable discours, après avoir consacré à l'examen de la première partie, un espace certainement moindre que son importance ne le méritait; mais trop considérable pour le temps que peuvent accorder à une histoire de la philosophie, les hommes occupés, et même la partie indifférente de nos lecteurs.

---

(1) Ce morceau est la suite du précédent et fut publié à l'occasion de la 2ᵉ partie de l'ouvrage de Dugald Stewart, dont nous avons déjà parlé, et inséré dans l'Edinburgh Review, N° lxxi (octobre 1821). (*Note du Trad.*)

M. Stewart a traité un grand nombre de sujets dans cette seconde partie, bien qu'il se soit borné à la métaphysique, et ait réservé l'histoire des sciences morales et politiques au 18ᵉ siècle, pour des discours séparés. Il a ainsi exclu de son ouvrage ce qui en formait la partie la plus populaire, et aussi importante que la première. Dans l'opinion de beaucoup de nos lecteurs, il a fait plus que s'occuper de l'histoire de ces controverses qui resteront pour toujours indécises, et de ces révolutions dans lesquelles l'esprit humain revient toujours au point d'où il était parti. Ceux-là disputeront la justesse du titre qu'il a adopté, et nieront que la métaphysique ait fait quelques progrès, quoiqu'elle ait subi beaucoup de changements. Car, depuis que l'Angleterre est une nation lettrée, jamais peut-être il n'y eut autant de dégoût que maintenant, pour de pareilles recherches. On est généralement disposé à adopter sur ce point une sorte de septicisme pratique, qui provient de l'indolence et du dépit, plutôt que d'avoir approfondi des matières, dont l'examen semble jusqu'à présent avoir été stérile. La lecture de cet essai donnera une nouvelle force à ces préjugés, dans l'esprit de certains lecteurs anglais. Ils n'y trouveront que le tronc nu et presqu'inanimé de la métaphysique, dépouillé des branches qui en portent les fruits ; dissimulent ses difformités, et qui non-seulement l'ornent de grâces et de beauté; mais encore témoignent du pouvoir qu'elle a de féconder les connaissances les plus pratiques, en couvrant de son ombre tutélaire, les plus humbles produits de la raison.

Du reste, la lecture de cet admirable discours lui-même, sera certainement le meilleur correctif des préjugés qu'aurait pu faire naître le titre adopté par l'auteur de cette esquisse; mais cette étude exige, ainsi que l'observe judicieusement M. Stewart, que l'on s'attache aux améliorations positives quoique lentes, et surtout aux véritables progrès de la philosophie de l'esprit humain dans le cours du 18e siècle, et qu'on les distingue de ces recherches inutiles et présomptueuses auxquelles le vulgaire donne le nom de métaphysique, et dont les hommes sages ont de tout temps repoussé l'étude.

Nous devons avouer néanmoins que le premier discours avait sur celui-ci l'avantage d'offrir un plan plus étendu et un sujet plus intéressant. Le siècle auquel il se rapporte doit à juste titre être compté au nombre des grandes époques dans l'avancement des connaissances humaines. De ces époques, il en est au moins quatre de remarquables.

La première d'entr'elles est la période de l'antiquité, alors que la culture des sciences commença à être une occupation exclusive et une profession distincte dans ces colléges de prêtres qui s'établirent sur les rives du Gange, de l'Euphrate et du Nil, et qui paraissent avoir été les premiers instituteurs du genre humain. Ces hommes confondirent la science avec la religion, et la rendirent ainsi vénérable aux yeux de leurs ignorans contemporains. Mais en même temps, ils l'enchaînèrent à leurs superstitions, et s'opposèrent toujours à ce qu'elle franchît les limites des opinions considérées par eux comme sacrées et immuables. Ainsi l'utile institution d'un corps distinct de professeurs eut pour résultat d'exclure toutes les autres classes de la société de l'étude des sciences, et conformément au système général qui gouvernait les sociétés orientales, cette première concentration des travaux intellectuels dans les mains d'un petit nombre d'hommes, fut suivie de l'établissement d'une monarchie héréditaire. Dès lors, d'impénétrables barrières entourèrent la science de tous côtés et l'empêchèrent à la fois d'avancer et de s'étendre.

La seconde époque mémorable se rapporte à l'émancipation des connaissances en Grèce. Il est maintenant inutile de rechercher par quels moyens les colonies égyptiennes et phéniciennes, qui portèrent chez les barbares Pélasges les arts de la vie civile, furent insensiblement conduits à abandonner les institutions de leurs aïeux, tout en conservant les découvertes et les mœurs à l'aide desquels leur société s'améliora. La grande révolution qui donna à la civilisation des peuples grecs une forme à la fois plus polie et plus libre, est antérieure aux temps historiques. Mais du moment où la Grèce nous apparaît, nous voyons les monarchies orientales détruites, la philosophie ayant secoué les chaînes de la superstition, la science devenue accessible à tous les hommes. Il n'existe plus de colléges de prêtres, encore bien moins en est-il où le savoir soit héréditaire, et les connaissances se répandent presque au hasard parmi cette masse dégradée d'esclaves, qui, vu sa malheureuse organisation sociale, composait la plus grande partie du genre humain. Une excessive avidité stimulait toutes les facultés de la nature humaine, et chaque branche de la science semblait être sur le point de s'améliorer. Les connaissances n'étant plus, comme en Asie, arrêtées dans leur développement par des causes intérieures; elles étaient seulement exposées aux chances des évènemens politiques qui troublèrent la tranquillité et la sûreté des peuples par qui elles étaient cultivées, et détruisirent les gouvernemens barbares et la liberté chancelante de ces brillantes sociétés politiques dont l'existence était constamment agitée et par cela même incertaine. Les institutions sociales de ces peuples n'avaient pas assez de force pour offrir aux savans une protection durable. La Grèce perdit à la fois sa liberté et son indépendance, aussitôt que les Macédoniens furent assez civilisés pour apprendre l'art de la guerre. Le génie romain survécut peu de temps à la chute de sa liberté; et un despotisme universel détruisit dans tout le monde civilisé l'esprit national, l'amour de la patrie, l'ambition, ainsi que le goût des lettres, celui des arts et surtout l'esprit militaire. Tout ce qui était le sujet de recherches utiles et généreuses fut relégué à une distance incommensurable de toute province romaine. L'empire était trop vaste pour être la patrie d'aucun homme, et la province où chacun était né était trop dégradée pour qu'on pût la regarder avec complaisance et avec orgueil. On n'y trouvait plus ni énergie ni culture intellectuelle, et il semblait que tout, excepté les dehors et les jouissances de la civilisation, devait être détruit par ces illustres conquérans, qui étaient destinés à réveiller plus tard les premiers principes de la nature humaine.

La troisième époque, connue sous le nom de moyen âge, comprend l'intervalle qui sépare la chute de la civilisation ancienne de la naissance du système politique qui distingue l'Europe dans les temps modernes. Dans la première partie de cette période, il semblait que l'esprit humain dût encore être enchaîné, et la science était de nouveau menacée de la servitude orientale. L'étude du droit et des sciences était devenue la possession exclusive du clergé. Le peu de connaissances possédées par les autres hommes suffisait à peine à l'exercice de chaque profession. Une église infaillible avait imposé son joug au savoir, et la combinaison qu'elle avait faite des principes de la philosophie avec son immuable théologie, paraissait devoir encore arrêter les progrès de l'intelligence humaine. Si le célibat du clergé n'eût empêché l'office sacerdotale de devenir héréditaire, le système asiatique eut été complètement rétabli : mais comme la profession ecclésiastique exigeait des travaux et des études que dédaigna la barbare ignorance des nobles, l'église fut le chemin par lequel des hommes de la plus basse extraction parvinrent aux rangs les plus élevés, et fut à cette époque un des principaux germes de démocratie dans la société. Une logique d'abord bornée à la défense des opinions reçues, donna enfin naissance à des controverses philosophiques, qui, déguisées comme elles l'étaient sous les formes d'un joug barbare, contenaient le germe des spéculations les plus profondes et les plus hardies sur les premiers principes des connaissances humaines. La renaissance de la jurisprudence romaine dégagea le droit de son asservissement au clergé, et lui créa de formidables rivaux. La culture des langues nationales et l'étude de la littérature ancienne répandirent l'instruction parmi les laïcs, et l'esprit humain se prépara insensiblement à cette révolte contre toute autorité humaine sur la raison, qui est la principale source des améliorations introduites plus tard dans les sciences, les arts, la politique et la morale.

La quatrième époque se rapporte à la seconde émancipation de connaissances pourvues de meilleurs instrumens, munies de matériaux plus abondans, préservées de toute atteinte et de toute chute par une organisation sociale plus heureuse. Les réformateurs qui ne voulaient que modifier les opinions théologiques, rendirent à l'homme le libre exercice de sa raison. Les découvertes et les inventions innombrables qui eurent lieu vers le milieu du 15e siècle, contribuèrent aussi à augmenter et à répandre les lumières. Dès-lors il fut impossible d'arrêter la civilisation; l'ascendant des nations civilisées sur les autres parties de l'espèce humaine, n'était plus susceptible d'être ébranlé, et dès le début de la société dans cette nouvelle carrière, il fut impossible d'arrêter ses progrès et d'enchaîner à jamais son intelligence.

Dans l'histoire générale de l'esprit humain, on doit indubitablement regarder la réforme introduite par Bâcon dans la philosophie, comme une partie de cette grande révolution qui distingue la quatrième époque : mais, dans l'histoire des sciences, c'est à juste titre qu'elle est séparée du mouvement général de la société, et considérée à part comme formant une cinquième époque dans l'avancement des connaissances.

Colomb, Luther et Bâcon sont peut-être dans les temps modernes, les hommes dont on peut dire avec certitude que, s'ils n'eussent pas existé, le cours des affaires humaines eût été bien différent dans les siècles suivans. Disons-le formellement du génie de Bâcon et de la réforme qu'il introduisit dans la philosophie, sujet sur lequel il est inutile d'insister. Depuis notre premier article, le plus important des écrits de cet homme célèbre a été enrichi d'un commentaire très-petit quant à son étendue, mais, selon nous, d'une valeur inestimable, puisqu'il offre un parfait modèle de la méthode à l'aide de laquelle ce grand ouvrage doit être adapté à l'état actuel de la science. Nous empruntons à M. Playfair les observations suivantes qui ont trait aux parties du *Novum organum*, qui se rapportent aux différentes sortes de préjugés et à la valeur relative des faits dans les recherches physiques, et se trouvent consignées dans son admirable discours sur les progrès des sciences physiques et mathématiques. Sur ces points, la phraséologie de Bâcon n'est pas heureuse; les termes techniques qu'il emploie sont exacts, mais ils durent être obscurs même de son temps, et ces expressions, ainsi que ces formes de la pensée, conviennent d'autant moins qu'on en fait usage à une époque où les connaissances sont plus avancées. Bâcon prit ses exemples dans une suite de faits incomplets dont la plupart furent observés inexactement, et dont les autres sont maintenant ou trop peu intéressans ou trop obscurs pour imprimer dans l'esprit les idées qu'ils sont destinés à confirmer. Si ces défauts proviennent du choix des mots, ils résultent probablement aussi de ce qu'il fit usage de la langue latine, (car nous n'avons point l'original anglais de cet ouvrage), qui, n'étant point celle du commun des hommes, devait nécessairement entraîner un écrivain dans cette obscurité scholastique qui, pendant si long-temps, caractérisa les ouvrages philosophiques écrits en cette langue, et dont on ne trouve aucune trace dans les écrits anglais de Bâcon. Le commentaire de M. Playfair réunit une extrême clarté à une concision plus grande que celle du texte, et les exemples qu'il cite sont empruntés aux découvertes les plus frappantes et les plus brillantes des sciences modernes. Le passage suivant de cet admirable discours nous paraît être un parfait *specimen* de quelques-uns des commentaires dont il a enrichi le *Novum organum*, et peut-être le plus grand service qui ait été rendu, dans ces derniers temps, à la philosophie par aucun de ceux qui se sont livrés à cette étude difficile.

« Passant sous silence certaines choses qui
» paraissent être d'une moindre importance,

» nous arrivons à *l'Instantiæ crucis*, qui est
» la partie de cette logique expérimentale dont
» on fait un fréquent usage dans la pratique
» de la méthode d'induction. Lorsque dans
» une recherche quelconque l'esprit se trouve
» indécis (*in equilibrio*), ainsi que cela a lieu
» lorsqu'il flotte entre deux ou plusieurs prin-
» cipes réunissant le même degré de probabi-
» lité, et admettant que ces principes soient
» connus, il ne reste plus rien à faire, si ce
» n'est de rechercher quel fait peut être ex-
» pliqué par l'une de ces causes et non par
» l'autre. Si l'un d'eux peut être découvert,
» l'incertitude cesse et la véritable cause est
» déterminée. Ces faits ressemblent à une croix
» élevée sur l'embranchement de deux che-
» mins dont la destination est d'indiquer au
» voyageur celui qu'il doit prendre, et c'est
» pour cela que Bâcon leur donne le nom
» d'*instantiæ crucis*. Supposons que l'objet des
» recherches soit la marche des planètes, que
» le mouvement de ces corps en longitude
» soit le premier phénomène qui se présente;
» qu'il puisse être expliqué à la fois par le
» système de Ptolémée et par celui de Coper-
» nic; et qu'il y ait un philosophe assez cir-
» conspect pour hésiter sur celui des deux
» qu'il adoptera, ou du système qui prend la
» terre, ou de celui qui considère le soleil

» comme centre des mouvemens planétaires,
» et bien que l'un d'eux se recommande par
» une plus grande simplicité, il ne se trouve
» pas suffisamment autorisé à lui donner sur
» l'autre une préférence décidée. Si néanmoins
» il considère le mouvement de ces corps en
» latitude, c'est-à-dire leur digression du plan
» de l'écliptique, il trouvera une suite de
» phénomènes qui ne peuvent pas être conci-
» liés avec la supposition que la terre soit le
» centre du mouvement planétaire, mais qui
» reçoivent une explication à la fois plus sim-
» ple et plus satisfaisante de la supposition
» que le soleil reste en repos et est le centre
» de ces mouvemens. Le premier phénomène
» serait donc, comme l'*instantiæ crucis* par
» laquelle la plus grande probabilité du sys-
» tème de Copernic serait tout-à-fait prouvée.

» L'autre exemple que je rapporterai de
» l'*Instantiæ crucis*, est pris de la chimie et
» est certainement l'une des expériences les
» plus remarquables qui ait été faite dans cette
» science.

» C'est un fait généralement observé en
» chimie que la calcination rend les métaux
» plus lourds. Lorsqu'une masse d'étain ou
» de molybdène, par exemple, est calcinée au

» feu, bien qu'on ait pris ses précautions pour
» éviter toute addition résultant du contact
» des cendres ou du charbon, etc., on trouve
» toujours le poids absolu de la masse aug-
» menté. Il se passa un long temps avant que
» la cause de ce phénomène fut connue. Y
» aurait-il quelque substance grave ajoutée à
» la masse, bien qu'il fût difficile de l'imagi-
» ner? ou se serait-il dégagé quelque substance
» impondérable et ayant une tendance à se
» volatiliser? Un autre phénomène sur la
» nature duquel il est maintenant inutile d'in-
» sister, conduisit les chimistes à supposer
» que, dans le phénomène de la calcination,
» il se dégage une substance qui est présente
» dans le régule, mais non dans le métal
» calciné. Cette substance, à laquelle ils don-
» nèrent le nom de phlogistique, était proba-
» blement ce qui, par son dégagement, ren-
» dait le métal plus lourd, et devait par con-
» séquent être doué d'une extrême légèreté.

» *L'Instantiæ crucis*, qui débarrassa les
» philosophes de cette difficulté, est due à
» une expérience du célèbre Lavoisier. Cet
» excellent chimiste renferma une certaine
» quantité d'étain dans un tube de verre re-
» courbé qu'il ferma hermétiquement, ayant
» auparavant soigneusement pesé les sub-

» stances qui y étaient contenues, et l'ayant
» ainsi mise au feu, lorsque la calcination fut
» achevée, il trouva que le poids total était le
» même qu'auparavant. Ceci prouva qu'aucune
» substance, soit grave, soit légère, ne s'était
» fait jour à travers le verre. L'expérience fut
» poussée plus loin : lorsque la cornue fut
» réfroidie et ouverte, l'air s'y précipita de
» telle manière qu'il devint évident qu'une
» partie de l'air ambiant avait disparu ou
» perdu de son élasticité; en pesant tout l'ap-
» pareil, on trouva alors que son poids était
» augmenté de 10 grains; d'où il résulte que
» dix grains d'air étaient entrés dans la cornue
» au moment où elle fut ouverte. Le produit
» de la calcination ayant été extrait de la cor-
» nue et pesé séparément, on le trouva préci-
» ment plus pesant de 10 grains. Les 10 grains
» d'air qui avaient disparu, avaient fait place à
» ceux qui s'étant précipités dans la cornue, et
» s'étaient combinés avec le métal pendant le
» cours de la calcination. En poursuivant cette
» expérience décisive, on arriva à la connais-
» sance de cette espèce d'air qui se combine
» avec les métaux lorsqu'ils sont calcinés;
» la doctrine du phlogistique fut rejetée, et
» un être de raison fut remplacé par une exis-
» tence positive. Le principe qui conduit à la
» découverte d'un *experimentum crucis*, est

» facile à saisir : en partant de deux hypothèses,
» il faut voir quelles conséquences en décou-
» lent, en supposant qu'il soit nécessaire de
» faire une expérience différente. Alors on
» doit y recourir en ayant égard à l'autre hy-
» pothèse, et enfin il se présentera un cas où
» les deux hypothèses donneront des résultats
» différens : l'expérience faite dans ces circon-
» stances donnera l'*instantia crucis*.

» Ainsi, si l'expérience de la calcination
» était faite dans un vaisseau clos, et si le
» phlogistique était la cause de l'augmentation
» du poids, il devrait nécessairement ou s'é-
» chapper du vaisseau, ou y rester après que le
» produit de la calcination en a été enlevé.
» Dans le premier cas, l'appareil serait aug-
» menté en poids ; dans le second, le phlogis-
» tique doit s'être échappé au moment de l'ou-
» verture du vaisseau. Si ni l'un ni l'autre de
» ces cas ne se présente, il est clair que la
» théorie du phlogistique est insuffisante pour
» expliquer les faits.

» L'*experimentum crucis* est d'une telle im-
» portance en matière d'induction, que, dans
» les parties des connaissances humaines où
» il est difficile d'y recourir, (soit que nous
» ne puissions pas nous mettre dans les cir-

» constances favorables pour expérimenter,
» soit que nous ne puissions varier à plaisir
» les expériences), il devient souvent impos-
» sible d'arriver à une évidence concluante.

« C'est ce qui a lieu en agriculture, en mé-
» decine, en économie politique, etc. Lorsqu'on
» veut faire une expérience en tout semblable à
» une autre, c'est à *l'experimentum crucis* et en
» général à la méthode d'induction qu'il faut
» avoir recours, et c'est ce qu'il est bien difficile
» de faire dans les sciences proprement dites.
» De là vient la grande difficulté qu'on éprouve
» à remonter aux causes et à assigner leurs rap-
» ports précis avec les effets. Les hommes se
» trompent constamment dans les consé-
» quences qu'ils déduisent de ceux-ci, et
» croient raisonner d'après des faits et des
» expériences, lorsqu'en réalité ils ne raison-
» nent que sur un mélange de vrai et de faux.
» La seule conclusion à tirer de faits si im-
» parfaitement observés, c'est que l'erreur en
» devient plus incorrigible.

» Telles furent les spéculations de Bâcon,
» et tels sont les principes qu'il propose de
» suivre dans les recherches expérimentales
» avant de s'y livrer. La capacité et l'étendue

» d'un esprit qui peut former un tel plan à
» l'avance, et tracer non-seulement l'esquisse,
» mais encore jusqu'aux plus petits linéa-
» mens de sciences qui n'existaient pas encore,
» doivent être l'objet de l'admiration des siè-
» cles suivans. Il est destiné, si dans le monde
» il y a une destinée, à être parmi les hommes
» un *instantia singularis;* et comme il n'a
» point eu de rivaux dans les temps passés,
» très-certainement il n'en aura point dans
» l'avenir; car avant d'établir un parallèle avec
» lui, non-seulement il faut trouver un
» homme du même talent, mais il faut encore
» que ce dernier soit placé dans les mêmes
» circonstances; que le souvenir de son pré-
» décesseur soit entièrement perdu et que
» l'éclat de la science, après avoir été complè-
» tement détruit, soit sur le point de renaître.
» Si un second Bâcon doit survenir, il ne doit
» pas connaître le premier.

» Bâcon embrassa vraiment une étendue
» immense de spéculations; il jeta un œil
» pénétrant sur tout l'ensemble des sciences
» et les retira de leur état faible et languissant,
» pour les élever à cette force et à cette perfec-
» tion dont elles étaient alors si éloignées, et
» dont elles sont peut-être toujours destinées
» à s'approcher, sans jamais pouvoir l'attein-

» dre. Il serait plus facile de trouver quelqu'un
» qui remplaçât Galilée que Bâcon. On pour-
» rait mentionner plus d'un homme qui, à la
» place de Galilée, aurait fait ce qu'il a fait;
» mais l'histoire des connaissances humaines
» ne montre personne dont on puisse dire que
» placé dans les mêmes conditions que Bâcon,
» il eût fait ce que Bâcon a fait. Quel homme
» que celui dont le génie prophétique l'avait
» rendu capable d'esquisser un système scien-
» tifique qui n'a pas encore commencé à exis-
» ter! quel homme que celui qui avait déduit
» la connaissance de ce qui devait être de ce
» qui n'était pas encore, et qui était devenu
» si profond philosophe, quoiqu'il eût reçu
» de ses prédécesseurs, non leur héritage,
» mais leurs erreurs. J'incline donc à penser
» avec d'Alembert, que lorsqu'on considère
» les vues larges et profondes de cet homme
» illustre, la multitude des objets dont il s'est
» occupé, et la force de son style, qui unit les
» plus sublimes images à la plus rigoureuse
» précision, on est porté à le regarder comme
» le plus grand, le plus universel et le plus
» éloquent des philosophes. »

Il n'est aucun ouvrage sur l'histoire des sciences physiques et mathématiques, dans notre langue, qui puisse être comparé à celui de M. Playfair, sous le rapport de l'éloquence philosophique, si ce n'est le bel ouvrage de son illustre prédécesseur, M. Maclaurin, sur les découvertes de Newton qui, dans quelques endroits, s'élève à une véritable sublimité, sans pourtant rien perdre en précision et en clarté philosophique (1). Néanmoins, ces deux grands mathématiciens diffèrent beaucoup dans leur manière, ce qui prouve qu'ils envisagèrent la science sous un point de vue différent. M. Maclaurin paraît avoir admiré principalement la grandeur de la nature et découvert sa philosophie. M. Playfair a fixé son admiration sur l'énergie avec laquelle la raison humaine dévoile la nature à nos regards. La manière de raisonner du premier était beaucoup plus favorable à l'éloquence. Le second, à une époque où les sciences étaient plus avancées, et où l'on observait la nature extérieure d'un œil plus calme, trouva un nouveau sujet d'admiration dans ces victoires intellectuelles et dans ces conquêtes, qui, long-temps avant, ont inspiré le génie de Bâcon, son maître.

Il ne nous sera pas facile d'être rigoureuse-

---

(1) Voyez un passage du premier chapitre qui est d'une beauté remarquable.

ment fidèle à la méthode dans les observations que nous allons présenter. Le discours de M. Stewart est nécessairement une espèce de mélange, et nos observations devront s'en ressentir. Les limites dans lesquelles nous sommes renfermés sont beaucoup trop restreintes ; l'usage établi ne nous permet pas, bien que cela soit utile, de nous écarter de la division matérielle du journal, et quelqu'étendu que soit ce sujet, nous n'avons point la liberté d'entrer dans ces développemens au moyen desquels la digression trouve quelquefois un utile refuge. Parmi les sujets les plus importans, traités dans le discours de M. Stewart, celui sur lequel nous nous proposons de nous étendre davantage, se rapporte à l'esprit des écrits de Loke et de Leibnitz, et nous ferons connaître quelques-uns de leurs ouvrages, que, pour l'instant, M. Stewart a passés sous silence. Nous présenterons ensuite quelques remarques sur la tendance pratique que cet auteur et d'autres écrivains célèbres assignent à certaines opinions spéculatives, qui, nous devons le dire, ne sont point mentionnées dans la partie de ce discours que nous avons lu avec une entière satisfaction ; et nous terminerons probablement par de courtes observations sur les écrits de quelques métaphysiciens modernes de l'Angleterre et de l'Ecosse. Quant à la philosophie allemande, nous préférons n'en rien dire que d'en dire trop peu; l'espace nous manque pour en parler convenablement, et d'ailleurs nos lecteurs n'auraient pas la patience de nous suivre. Dans le cours de cette critique, nous ferons connaître, à l'occasion, quelques particularités inconnues ou peu connues, sur l'histoire de la philosophie. De temps en temps, nous suppléerons à quelques oublis et nous rectifierons quelques erreurs inévitables dans un ouvrage aussi étendu que l'est celui de M. Stewart; nous ne nous refuserons pas non plus la satisfaction de discuter quelques-unes de ses opinions et certains argumens dont notre principal devoir est de faire une revue historique; et pour un sujet sur lequel nous reviendrons aussi peu souvent que la métaphysique, nous tâcherons, ainsi que nous en avons le droit, si même nous n'y sommes obligés, de faire connaître en peu de mots plusieurs ouvrages qui ont paru récemment et qui ont quelques rapports avec notre sujet et quelques droits à l'attention du philosophe. Quant à cette partie de notre tâche que nous venons de mentionner et dont il serait toujours difficile de déterminer la place convenable dans la composition la plus méthodique, nous nous réservons le droit de suivre en cela notre goût, ou de nous abandonner à notre caprice.

Locke et Leibnitz se trouvent incontestablement à la tête des Métaphysiciens du dix-huitième siècle. Quelque opinion que l'on se forme de la vérité de leur doctrine et du rang qui doit être accordé à leur génie philosophique, on ne peut douter de l'immense influence qu'ils ont eue sur les opinions des âges suivans. Le fond des systèmes qui se sont élevés depuis eux, dérive directement ou indirectement de la doctrine professée par ces deux philosophes.

Il n'y eut peut-être jamais deux philosophes contemporains dont le génie fut plus différent que ceux de Locke et de Leibnitz, et dont les systèmes philosophiques offrirent plus de divergence non-seulement dans la doctrine particulière à chacun, mais encore dans leur esprit et leur tendance. On ne peut bien connaître le caractère des écrits de Locke, si l'on ne prend en considération les circonstances dans lesquelles il les a composés. Élevé parmi les dissidens anglais, pendant la courte période de leur puissance politique, il y puisa bientôt cette piété profonde et cet ardent amour de la liberté qui animait la corporation, et ce fut probablement aussi dans leur école qu'il prit ce goût pour les recherches métaphysiques, qui a toujours distingué la théologie calviniste. Les sectes fondées sur le droit qu'a tout homme de juger de la vérité des choses par lui-même, tendaient naturellement à s'affranchir de toute intolérance, et enseignaient en même temps à respecter chez les autres cette liberté de pensée à laquelle elles devaient leur propre existence. Aussi, ce fut à l'indépendance religieuse de ses instituteurs que notre philosophe dut d'avoir été élevé dans ces principes de liberté religieuse que l'on commençait à enseigner au monde (1). Lorsque, par ses études, il fut conduit à examiner les dogmes les plus élevés, il conserva toujours cette tolérance rigoureuse qui caractérisait si honorablement ses instituteurs, et distingue toujours leurs successeurs, de ces communions qui ont abandonné

---

(1) Mémoires du Docteur Owen par M. Orme, Londres, 1820, pp. 99-100. On démontre clairement, dans cet ouvrage, que les Indépendans furent les premiers partisans de la liberté religieuse. Cet habile, ingénieux et tolérant écrivain est injuste envers Jérémie Taylor qui n'a pris aucune part (ainsi que le suppose M. Orme) aux tyranniques conseils de Charles II. Un fait important dans l'histoire de la réformation, c'est que le Dr Owen l'Indépendant, était curé d'une église chrétienne en 1651, lorsque Locke fut admis comme membre de ce collége, *sous un fanatique tuteur*, comme dit Antoine Wood.

la sévérité de leurs opinions premières. Les études qu'exigèrent ensuite sa profession, le portèrent vers l'étude des sciences physiques au moment où l'esprit d'expérience et d'observation était dans sa première ferveur, et où la répugnance pour les subtilités scholastiques était devenue une passion furieuse dans le monde scientifique. Dans un âge plus mûr, il fut admis dans la société des esprits forts et des politiques ambitieux. Pendant le reste de sa vie, ce fut souvent un homme studieux, et toujours un homme du monde, ne jouissant d'aucun plaisir tranquille, et dégoûté des spéculations abstraites, résultat inévitable de la fréquentation du monde et de l'habitude des affaires : mais ses rapports politiques, qui étaient en tout conformes à ses opinions, en firent un avocat zélé de la liberté en matière politique et religieuse; et il employa successivement son zèle et son activité à développer quelques-uns de ces principes généraux qui sont la sauve-garde des grands intérêts de la société. Tous ses écrits (et même son *essai*), furent dus au hasard et conçus dans l'unique intention de combattre les ennemis de la raison et de la liberté qui vivaient à son époque. Sa première lettre sur la tolérance, qui est peut-être le plus original de ses écrits, fut composée en Hollande, dans une retraite qu'il fut obligé de cacher à la tyrannie qui le poursuivait sur une terre étrangère, et fut publiée en Angleterre dans l'année de la révolution, pour venger l'acte des non-conformistes dont il déplorait l'imperfection (1). Son Traité du gouvernement est divisé en trois parties composées de plusieurs chapitres, offrant un caractère et un mérite différens. Il commence par réfuter sir Robert Filmer, dont les opinions ont depuis long-temps perdu tout intérêt; réfutation qui maintenant doit être considérée comme un exemple de cette fatale destinée attachée à la condition des philosophes, et l'obligea à engager une lutte avec ces ignobles détracteurs

---

(1) Nous avons besoin, dit-il, de remèdes plus efficaces que ceux dont on a fait usage contre nos maux : il n'est aucune déclaration d'indulgence, aucun arrêt du parlement pareils à ceux qui jusqu'à présent ont été mis en pratique ou projetés parmi nous, qui puisse nous convenir. Nous avons besoin d'une liberté égale pour tous et impartiale. Maintenant, quoiqu'on ait beaucoup parlé de toutes ces choses, je doute qu'elles aient été bien comprises; je suis sûr que toutes n'ont pas été mises en pratique, soit par ceux qui nous gouvernent, envers le peuple en général, ou par chacun des partis qui divise le peuple, envers les autres. Que ne nous reste-t-il pas à faire aujourd'hui pour adopter ces admirables principes; et avec quelle absurde confiance les ennemis de la liberté religieuse en appellent à l'autorité de M. Locke pour proroger ces restrictions de conscience qu'il déplora si amèrement!

qui acquièrent une importance momentanée en soutenant des erreurs dangereuses.

Les mêmes absurdités ont en effet été reproduites à différentes époques, mais elles ne l'ont jamais été et ne le seront jamais de la même manière que Filmer les exposa. Il est probable que M. Locke embrassa les opinions politiques qu'il développa, sans y avoir beaucoup réfléchi, et par cela seul qu'elles formaient la doctrine qui, à cette époque, prévalait dans les écoles de l'Europe, et parce qu'elles justifiaient assez bien la résistance à un gouvernement tyrannique. Il les adopta telles qu'elles étaient généralement admises, sans se donner la peine de se les approprier en les modifiant. L'opinion que l'obéissance est due au magistrat se fonde sur ce que, dans le principe, le peuple a délégué la puissance au gouvernement, et est au moins aussi ancienne que les écrits de saint Thomas d'Aquin (1). Au commencement du 17ᵉ siècle, cette opinion fut regardée comme la doctrine commune des théologiens, des juristes, et des philosophes,

---

(1) Non cujuslibet ratio facit legem, sed multitudinis aut principis vicem multitudinis gerentis. — *Prima pars, sec. part. sum. Theolog. Thom. Aquinat. Quæst.* 90, *Art.* 3.

qui examinèrent alors les nouveaux fondemens de l'autorité politique (1).

Alors, ce principe prévalait si généralement, que Hobbes le prit pour base de son système d'esclavage universel. Le droit divin du gouvernement royal fut un principe très-peu connu, jusqu'à ce qu'il fut introduit dans les écrits des facultés théologiques d'Angleterre,

---

(1) Opinionem jam factam communem omnium scholasticorum. — *Ant. de Dom. De Repub. Ecclesias. Lib. vj. C.* 2.

Antonio de Dominis, archevêque de Spalato en Dalmatie, ayant puisé l'esprit d'indépendance du Père Paul, inclinait vers le protestantisme, ou au moins voulait qu'on fît réciproquement quelques concessions susceptibles de réunir les églises de l'ouest. Pendant l'ambassade remarquable de sir Henry Wolton à Venise, il eut l'intention d'aller en Angleterre où il avait été nommé curé de Windsor. Trouvant peut-être les protestans plus inflexibles qu'il ne s'y était attendu, il retourna à Rome, probablement dans l'espoir d'obtenir plus de succès dans ce pays. Mais quoiqu'il ait publiquement abjuré ses erreurs, il fut bientôt, *à la suite de quelques propos libres tenus dans la conversation*, enfermé dans un donjon où il mourut. Ses écrits sont oubliés; mais le genre humain lui est redevable pour l'admirable histoire du Concile de Trente écrite par le Père Paul, dont il apporta les manuscrits à Londres.

Quelque temps après Suarèz soutint le même principe de délégation populaire, comme étant l'opinion commune de

après l'avènement des Stuarts à la couronne. Le but de l'ouvrage de M. Locke ne le conduisit point à approfondir plus qu'on ne l'avait fait avant lui, ces principes universellement reçus, et l'état du pays n'offrait aucune circonstance à cette époque qui pût suggérer à son esprit la nécessité d'en préciser l'application : « Son » objet, comme il le dit lui-même, était d'af-» fermir le trône de notre grand restaurateur, » de Guillaume, notre roi actuel; de faire pré-» valoir ses titres, qui consistaient dans le

---

tous les juristes et de tous les théologiens du temps de S. Thomas d'Aquin : Dicendum ergo est potestatem condendi leges ex solâ rei naturâ in nullo singulari homine existere, in hominum collectione. Hæc conclusio est communis et certa sumitur ex D. Thomâ. Quatenus sensit principem habere potestatem condendi leges, quam in illum transtulit communitas. — *Suarez de leg. lib. III, c. 2.*

Dans la partie suivante du même chapitre, il va plus loin, et réfute en peu de mots le système absurde de Filmer, qui assigne un pouvoir absolu et un droit divin aux Rois comme ayant hérité d'Adam l'autorité souveraine. Il observe dans le quatrième chapitre, que bien que les hommes soient dans l'obligation morale d'établir un gouvernement civil, ils sont néanmoins libres d'en choisir la forme. Quoique ce savant Jésuite soit d'opinion que la monarchie est la plus belle forme de gouvernement, il ajoute cependant : Lege naturæ non coguntur homines habere hanc potestatem in uno, vel in pluribus, vel in collectione omnium ; ergo hæc determinatio necessaria fieri debet arbitrio humano. ***Lib. III, c. 4.***

» consentement du peuple, sans lequel il n'y
» a aucun gouvernement légitime, et de faire
» voir qu'aussi il l'était plus pleinement et plus
» positivement qu'aucun prince de la chré-
» tienté, et de justifier à la face du monde le
» peuple anglais, dont l'amour de ses droits
» naturels, ainsi que la ferme volonté de les
» conserver sauva la nation alors qu'elle était
» à la veille de l'esclavage et de la ruine. » Mais
il importait à son but d'être exact jusques dans
les plus petits détails. Cette partie de son ouvrage est surtout remarquable par la mesure
qui y règne, et surtout par les preuves qu'il y
donne de la précision de son esprit. En appelant Guillaume un restaurateur, il a clairement
indiqué la cause principale de notre révolution,
et démontré qu'il ne le considérait point
comme un innovateur, mais comme celui qui
avait protégé et rétabli les anciennes institutions et les libertés du royaume. En énumérant les faits qui justifient la résistance de la
part du peuple, il se renferme aussi prudem-
ment que *dans le Bill des droits*, dans la considération des maux endurés sous le règne
précédent; et lorsqu'il distingue la dissolution
du gouvernement de celle de la société, on
voit manifestement qu'il a pour objet de se
jouer de ces idées qui auraient transformé la
révolution en une source d'anarchie au lieu

d'en faire un principe d'ordre et de tranquillité. Mais dans une question relative aux taxations, se trouvant conduit à agiter des questions métaphysiques, subtiles et équivoques dans une matière purement pratique, son unique but fut de donner une base immuable à cet ancien principe, qui consiste à rendre le gouvernement dépendant des représentations populaires pour les demandes pécuniaires, principe établi par la constitution anglaise, qui s'affermit dans la suite des siècles, se perfectionna, et triompha à la révolution des menées de la maison des Stuarts. S'il s'est trompé dans ses principes, avouons au moins que, dans cette partie de son ouvrage, ses conclusions sont à la fois justes, généreuses et prudentes. Quoique taxé de légèreté et de précipitation, une fois arrivé à ses principes abstraits, il en examine avec calme et maturité les résultats pratiques. Ceux qui considèrent son plan de réforme parlementaire comme différent de sa théorie du gouvernement, verront aussi dans cette contradiction, soit réelle, soit apparente, une nouvelle preuve de cet esprit qui l'exposa plutôt au reproche de faible raisonneur qu'à celui de politique dangereux.

Dans ces ouvrages néanmoins, la nature du

sujet était telle, qu'elle força en quelque sorte beaucoup d'hommes de sens à les examiner, surtout par rapport à leurs conséquences, quoiqu'il y ait de mémorables et tristes exemples d'hommes qui en agirent autrement. L'objet métaphysique de l'Essai sur l'entendement humain, fait connaître la tendance naturelle du génie de l'auteur d'une manière plus prononcée que ses écrits, qui sont liés aux besoins et aux intérêts des hommes; et où l'on espérait trouver quelques préceptes sages et utiles de la part des plus fougueux spéculateurs. Les admirateurs raisonnables de Locke auraient pardonné à M. Stewart s'il avait dit d'une manière plus positive que le premier livre de cet ouvrage est inférieur aux autres. Nous avons suffisamment prouvé qu'il était ainsi considéré par l'auteur lui-même, qui, dans l'abrégé de l'Essai qu'il publia dans la revue de Leclerc, l'omit en entier comme n'ayant été composé que pour combattre les préjugés de quelques philosophes contre les idées les plus importantes de son livre (1).

Il faut avouer que les expressions d'*idées*

---

(1) J'ai tâché d'abord de prouver que notre esprit est au commencement ce qu'on appelle une *tabula rasa*, c'est-à-dire, sans idées et sans connaissances. Mais ce n'était que

innées et de *principes innés*, ainsi que les divisions du dernier livre en *spéculatif* et *pratique* non-seulement sont vagues, mais équivoques; qu'elles peuvent être prises en différens sens, et qu'elles ne sont pas toujours employées dans le même sens dans le cours de la discussion; et même après la lecture la plus attentive du premier livre de l'ouvrage de M. Locke, il serait très-difficile de préciser la question en litige avec clarté, de l'exprimer dans un langage philosophique rigoureux et dégagé de toute hypothèse. Et comme les adversaires que M. Locke avait principalement en vue étaient partisans de Descartes, il est probable que la seule proposition pour laquelle il fut porté à disputer, fut que l'intelligence n'a aucune idée qui ne vienne des sensations ou des réflexions que nous faisons sur nos pensées et sur nos sentimens. Il est de fait néanmoins qu'il semble vouloir contester bien plus que cette proposition; qu'elle a été généralement comprise dans un sens trop étendu, et que sa doctrine interprétée de cette manière, n'est pas tout-

---

pour détruire les préjugés de quelques philosophes. J'ai cru que dans ce petit abrégé de mes principes, je devais passer toutes les disputes préliminaires qui composent le livre premier. Biblioth. universelle. Janvier 1688.

à-fait inconciliable avec les systèmes philosophiques dont elle semble s'éloigner le plus.

Il est nécessaire de développer ces considérations générales, en les appliquant à des idées plus abstraites et par cela même plus importantes, qui, plus que toutes autres, paraissent obscures, par cela seul que nous cherchons en elles des notions qui ne peuvent être fournies par les élémens les plus simples des connaissances humaines.

La nature de notre notion de l'espace, et plus spécialement celle du temps, paraissent être un des mystères de notre intelligence. Ni l'une ni l'autre de ces notions ne peut être conçue séparément : sans espace nous ne pouvons rien concevoir d'extérieur à nous ; car c'est l'espace qui donne l'extériorité aux choses et les place en dehors de nous. Nous ne pouvons concevoir aucune existence sans y rattacher l'idée du temps dans lequel elle existe. Nous concevons nos pensées et nos sentimens, sans qu'il soit nécessaire d'y rattacher l'idée de l'espace; mais nous ne pouvons rappeler aucune opération de notre esprit sans avoir l'idée du temps dans lequel une semblable opération a eu lieu. Ces deux idées sont si claires qu'elles ne peuvent être commentées, et elles sont si simples qu'elles ne peuvent être définies. Il est impossible, en se servant de mots, de faire un seul pas pour les rendre plus intelligibles que ne l'ont fait les leçons de la nature. A cet égard, les métaphysiciens n'en savent pas plus que l'ignorant. Si nous nous bornons strictement aux faits que l'expérience nous fournit sur ces idées, nous trouvons qu'ils se réduisent, ainsi que nous l'avons indiqué, aux suivans; savoir : que ces idées sont simples; qu'aux idées de l'espace et du temps se rattachent toujours quelqu'autres conceptions; qu'à l'idée de l'espace se rattache toujours celle de quelqu'objet extérieur; et que l'idée de temps entre dans toutes les conceptions de l'esprit humain. Le temps ne peut être conçu séparément de quelqu'autre chose, et rien ne peut être conçu séparément du temps. Si nous demandons si l'idée de temps est innée, la seule réponse convenable à faire consiste à dire qu'il ne se fait aucune opération dans l'esprit humain, autrement que comme le concomitant de quelqu'autre perception; et qu'ainsi entendue, elle n'est point innée, puisqu'elle est toujours directement ou indirectement le résultat de quelqu'action sur les sens. Ces faits ont été diversement exprimés par les philosophes selon que leur phraséologie était différente. Kant dit : que l'espace est la forme de notre faculté perceptive appliquée aux objets extérieurs, tandis qu'il définit le temps la forme de la même faculté s'exerçant sur nos facultés mentales. M. Stewart considère ces idées comme étant (1) suggérées à l'entendement par la sensation ou la réflexion, quoique, selon lui, l'esprit ne soit point directement ou immédiatement familiarisé avec de telles idées, soit par la sensation, soit par la réflexion; et dernièrement un méthaphysicien célèbre les a considérées comme étant des perceptions de la même nature que celles qui dérivent des sens, dont l'une est la conséquence de l'idée de tout objet extérieur, et l'autre accompagne la conscience de toute opération intellectuelle (2). Chacune de ces ma-

---

(1) Philosophical Essays. Essay I, chap. 2.

(2) Nous avons osé dans cette seule occasion citer un philosophe qui n'est connu que dans le cercle de ses amis, le jeune M. Thomas Wedgwood, l'un des penseurs les plus ingénieux, les plus profonds, les plus originaux de notre époque, dont les longues souffrances et la mort prématurée ont privé la philosophie des services d'un de ces hommes toujours peu nombreux qui sont destinés à agrandir son domaine. Malheureusement nous avons perdu avec lui le fruit de ses méditations; et il serait maintenant inutile à tout autre homme de vouloir suivre ses traces, lui qui avait parcouru ces sentiers, où avec une délicatesse d'observation qui lui était particulière, et que probablement on n'atteindra pas; il parvint à saisir

nières d'exprimer le même fait a ses avantages. Le premier mode démontre l'universalité et la nécessité de ces deux notions; le second dénote d'une manière plus précise la différence qui existe entre ces idées et les perceptions variables que nous rapportons naturellement aux sens, tandis que la dernière a le mérite contraire de nous les présenter comme ne pouvant être analysées, et en cela elles ressemblent à toutes les autres idées simples : d'un autre côté (et cela tient peut-être à l'imperfection du langage), chacun d'eux fait plus qu'exprimer le simple résultat des faits. Les termes techniques introduits par Kant paraissent vouloir expliquer ce qui ne peut l'être par les seuls principes de sa doctrine. On peut accuser M. Wedgwood d'avoir imposé le même nom à des phénomènes intellectuels qui n'ont d'autres rapports que leur simplicité ; et M. Ste-

---

les circonstances les plus fines et les plus passagères des procédés les plus délicats de notre intelligence. Mais le souvenir de son amitié et de sa générosité qui constituaient la plus belle partie de son être et les principales occupations de sa vie seront toujours présents à l'esprit de ceux auxquels sa modestie ne put cacher son infatigable activité. On trouve dans la dernière édition de la Biographie littéraire de M. Coleridge *un très-beau et très-juste précis* de son caractère et de sa personne; mais l'éloquent auteur a, nous ne savons pourquoi, omis le nom de M. Wedgwood.

wart nous semble avoir opposé l'une à l'autre deux façons de s'exprimer qui, si on les analyse avec sévérité, représentent un seul et même fait.

Comme nous le verrons plus loin, Leibnitz pense que M. Locke, en admettant des idées réfléchies, fournit un moyen de concilier son système avec les opinions de ceux qui, dans le sens étymologique du mot, sont plus métaphysiciens que lui, et il regarde comme très-douteux que ces dernières diffèrent des idées innées de Descartes, surtout d'après la définition qu'en donna ce dernier philosophe, alors qu'il se trouvait pressé par de vives objections (1) : « Je n'ai jamais dit ni pensé, dit » Descartes, que l'esprit ait besoin d'idées in- » nées différentes en quelque sorte de sa pro- » pre faculté de penser; mais, comme j'ai » observé qu'il est dans mon esprit certaines » pensées qui ne viennent point des objets » extérieurs et qui ne dépendent point de ma

---

(1) Notæ in programma cui titulus explicatio mentis humanæ, 1647. Les deux propositions contre lesquelles ce passage est dirigé, sont les suivantes : Mens non indiget ideis innatis, sed sola ejus facultas cogitandi ipsi ad actiones suas peragendas sufficit. Atque ideo omnes communes notiones menti insculptæ ex rerum observatione originem ducunt.

» volonté, mais uniquement de ma seule faculté
» de penser, j'appelle ces idées innées afin de
» les distinguer de celles qui sont simples
» (c'est-à-dire qui existent sans aucune autre)
» ou qui sont le produit de notre imagination.
» Je les appelle innées dans le même sens que
» l'on dit que la générosité est innée dans quel-
» ques familles, et que la goutte et la pierre
» le sont dans d'autres ; parce que les enfans
» de pareilles familles viennent au monde avec
» une disposition pour cette vertu ou pour ces
» maladies (1). » Dans une lettre à Mersenne, il
ajoute (2) sur le mot idée : « J'entends toutes
» celles qui peuvent exister dans mes pensées,
» et je distingue trois sortes d'idées : *les idées*
» *simples*, comme serait l'idée commune du
» soleil ; *les idées composées* par l'esprit,
» comme sont celles que nous donnent nos

---

(1) Ce passage remarquable de Descartes se trouve dans une traduction française du programme et des notes, qui lui est probablement due. *Lettres de Descartes*, I, Lett. 99. Il a été observé avec juste raison par un des mordans critiques de Descartes que ce dernier n'attache pas un sens rigoureux au mot inné ; mais qu'il en change la détermination selon les exigences de la controverse, tellement, qu'à chaque instant il lui donne le sens qui paraît le mieux convenir à l'objection qu'il est appelé à résoudre. *Huet. Censur. phil. cartes.* 93.

(2) Lett. de Descartes, II, lett. 54.

» raisonnemens astronomiques sur le soleil, et
» *les idées innées,* telles sont l'idée de Dieu, de
» l'esprit, du corps, d'un triangle, et en géné-
» ral, toutes celles qui représentent une vé-
» rité immuable et une essence éternelle. » Il
faut avouer néanmoins que si la première de
ces catégories se rapproche beaucoup des
idées réfléchies de M. Locke, la seconde s'en
éloigne, et ne peut que difficilement être conciliée avec la première. La comparaison de ces
deux principes porte de profondes atteintes
aux points fondamentaux du système de
Descartes.

Dans les sciences, on entend par principe
toute proposition dont plusieurs autres propositions peuvent être déduites. Dire que les
principes pris dans le sens de propositions
font partie de la structure originelle ou des
acquisitions de l'esprit humain, est une assertion si déraisonnable, qu'aucun philosophe
ne l'a peut-être ouvertement adoptée ou au
moins soutenue avec chaleur : mais il ne faut
pas oublier qu'il est certaines lois générales de
perception ou certains faits généraux au-delà
desquels l'esprit humain ne peut plus rien
connaître. Ces faits limitent nos recherches
dans toutes les parties des connaissances, et
leur détermination est le plus haut point que

nous puissions atteindre dans la science; au-delà il n'y a plus rien, ou au moins rien que nous puissions découvrir. Quoique ces considérations aient été presque aussitôt admises que connues, les systématiques les ont souvent perdues de vue dans l'élévation de leur frêle édifice. On est communément assez disposé à affranchir la philosophie de l'esprit humain du joug de cette nécessité irrésistible qui renferme toutes les autres sciences dans les limites sacrées de l'expérience, ce qui tient probablement à cette idée vague dans laquelle on est que la science sans laquelle on ne peut comprendre les principes d'aucune autre, doit être à même d'atteindre jusqu'au sommet de ses propres principes. De là vient que les métaphysiciens allemands posèrent cette question : *Quelles sont les conditions qui rendent l'expérience possible ?* De là vient encore le dégoût qu'éprouvent généralement les philosophes à accepter tout fait simple comme dernier terme de leurs recherches, et leur penchant à s'épuiser en vains efforts pour arriver à une explication de ce fait, tandis qu'ils oublient que l'explication de celui-ci consiste toujours dans la découverte d'un autre fait qui, à son tour, doit exiger une explication ou en être complètement indépendant. Ils répugnent beaucoup à se contenter des faits simples qui ont pris leur racine dans la théorie de l'esprit humain, long-temps après que toute théorie a été bannie des autres sciences. A cet égard, les philosophes en sont souvent réduits à épuiser leurs forces en recherches inutiles, lorsqu'ils veulent trouver quelque chose au-delà des faits simples, et dans leurs efforts pour atteindre les causes premières, ils arrivent inévitablement à reconnaître que dans leur raisonnement se trouve la supposition que la chose qu'il s'agit de prouver existe, et qu'ainsi ils reviennent dans toutes leurs argumentations au point d'où ils étaient partis.

La philosophie de l'esprit humain ne peut se composer de rien autre chose que de faits, et il est tout aussi présomptueux de vouloir pénétrer la cause de la pensée, qu'il le serait de rechercher celle de l'attraction. Qu'il y ait un certain nombre de facultés intellectuelles, et que ces dernières soient d'une certaine nature, c'est là une question qu'il n'appartient qu'à l'expérience de résoudre; et il est de la plus haute importance de rejeter toute multiplication arbitraire des facultés de l'esprit humain à l'aide de laquelle certains individus ont été portés à nous imposer leurs propres erreurs ou leurs spéculations incertaines, et à nous les donner comme étant les principes fondamentaux des connaissances humaines. Jusqu'à présent, nous ne possédons aucun *criterium* général qui nous mette à même de distinguer les premiers principes de toutes les autres propositions. Un étendart pratique de quelque importance serait peut-être que tous les penseurs consentissent à admettre quelques principes dont le rejet rendrait l'argumentation impossible. Il suffirait pour cela que tout homme reconnût pour vrais, d'une manière générale, les principes dont il doit faire usage dans toute discussion particulière, et dont il s'est servi dans les raisonnemens qu'il a employés contre l'existence de la question en litige. En d'autres termes, il suffirait d'admettre que celui qui dispute ne peut se contredire lui-même; et c'est pourtant ce qui arrive dans toute discussion sur les lois fondamentales de l'esprit humain, lorsque dans les prémisses on admet leur existence absolue, tandis que dans la conclusion, on la nie complètement.

Si c'est un fait de la nature humaine que l'esprit soit disposé ou déterminé à donner son assentiment à certaines propositions et à en rejeter certaines autres aussitôt qu'on les soumet à son jugement, sans déduire leur vérité ou leur fausseté d'aucune méthode de raisonnement, la question se réduit manifestement à un fait tout aussi expérimental qu'aucun de ceux qui se rapportent à notre constitution intellectuelle. Il est certain que nous pouvons très-bien concevoir l'existence de tel ou tel penchant, sans qu'il soit nécessaire de supposer que les idées dont ces propositions sont composées soient en aucune manière innées, si toutefois on peut espérer de ramener cette malheureuse expression à quelque sens précis en la définissant. « Le mot *inné*, dit lord » Shaftesbury, est une expression avec laquelle » M. Locke plaisante maladroitement : l'ex- » pression convenable, quoiqu'elle soit moins » usitée, serait celle de co-née. En effet, la » question n'est pas de savoir dans quel temps » les idées entrent dans l'esprit, mais si la » *constitution intellectuelle de l'homme est* » *telle* que dans un temps ou dans un autre, » pourvu qu'il n'y ait point de matière, les » idées ne naîtront pas en lui nécessaire- » ment. » Telles sont les expressions employées par lord Shaftesbury dans ses lettres qui sont moins connues qu'elles ne devraient l'être, vu qu'elles ne sont imprimées dans aucune édition des *caractéristiques* ; quoique dans ces lettres le génie adroit et les principes généraux de l'auteur soient moins entachés de cette affectation de style que l'on rencontre dans tous ses autres écrits (1).

Les observations ci-dessus s'appliquent encore plus fortement à ce que Locke appelle *principes pratiques ;* c'est là qu'il se contredit lui-même, car ayant tiré un de ses principaux argumens contre l'existence de certains principes spéculatifs ou pratiques de ce qu'il pense que l'ignorance de la majorité du genre humain le rend incapable de concevoir ces idées abstraites, et que si elles étaient innées, elles se trouveraient dans l'intelligence de tous les hommes. Il admet ensuite très-légèrement un principe pratique inné qu'il définit *un désir de bonheur et une aversion pour le malheur* (2), sans considérer que le bonheur et le malheur sont des expressions tellement abstraites qu'elles ne font naître que de vagues conceptions

---

(1) Le Docteur Lee, antagoniste de M. Locke, a soutenu la question des idées innées d'une manière plus satisfaisante que Shaftesbury et même Leibnitz ; il a même employé quelques-uns des argumens de Buffier et de Reid. *Lee's Notes on Locke, folio, London,* 1702.

(2) Essai sur l'Entendement humain. Liv. I, c. 3, § 3.

dans l'esprit d'une grande partie du genre humain. Il nous serait facile de démontrer, si c'était ici le lieu, que le désir du bonheur loin d'être inné, n'est même pas une faculté primitive ; qu'il présuppose l'existence de tous les autres appétits et de tous les autres désirs dont la satisfaction est un plaisir, ainsi que l'exercice de la saine raison, qui, ordinairement, examine jusqu'à quel point les conséquences de chaque plaisir augmentent ou diminuent la somme de cette joie intérieure qui constitue le bonheur. Si maintenant nous traitions ce sujet à fond, on verrait que cette erreur de Locke et que cette autre également très-grande qui consiste à croire qu'il n'y a en nous qu'une seule faculté morale, le désir du plaisir, furent la cause de beaucoup de théories morales erronées, et qu'elles furent aussi la source d'une fausse théorie concernant les hautes questions de la politique et de l'éducation, qui divisent en ce moment les amis de la civilisation et aiguisent les armes de ses ennemis. Mais Locke ne s'occupa de morale qu'incidentellement, et les erreurs qu'il professa sur la première de toutes les sciences appartenaient à son époque, et ne peuvent être raisonnablement imputées aux principes de Hobbes, quoique cet homme remarquable ait eu parfois la témérité de les exposer dans leur rapport avec leurs conséquences logiques, conséquences qui sont à la fois odieuses et rigoureuses.

Néanmoins, les exagérations de ce premier livre sont une nouvelle preuve du constant amour de l'auteur pour les plus hauts intérêts de l'humanité. C'est à juste titre qu'il considéra le libre exercice de la raison comme étant le premier d'entr'eux, et celui de la sécurité duquel dépendent tous les autres. Les circonstances de sa vie firent de Locke l'ennemi le plus infatigable des adversaires de la liberté philosophique, de la liberté religieuse et de la liberté politique, dont il ne démontra pas suffisamment la nécessité. Dans sa noble ardeur pour la liberté de la pensée, il soutint la tendance d'une doctrine qui, graduellement, devait amener l'esprit humain à *recevoir pour un principe inné tout ce qui peut servir à ses propres fins* (1). On doit excuser Locke si dans l'ardeur de sa généreuse controverse, il est quelquefois emporté au-delà des bornes de la froide raison, lorsqu'il critique les doctrines qui étaient généralement admises de son temps, et qu'il regarde, à bon droit, comme susceptibles de voiler l'absurdité d'une fausse dé-

―――――――――

(1) Essai sur l'Entendement Humain. Liv. I, c. 3, § 24.

couverte et d'arrêter les études libérales en soumettant la raison de tous à l'autorité de quelques-uns. Chez Locke, toutes les erreurs de spéculation dépendent de l'influence d'une vertu quelconque, excepté cependant quelques opinions erronées qui étaient généralement reçues de son temps, et qu'il laissa pénétrer dans son esprit par une sorte d'acquiescement passif.

Ce n'est réellement qu'au second livre que commence l'essai sur l'entendement humain; et ce livre est le premier hommage rendu dans ces derniers temps à la philosophie de l'esprit humain (1). Bâcon avait indiqué le chemin, et on peut dire que Descartes, en rejetant les trompeuses analogies de la pensée avec le monde extérieur, avait tracé les véritables limites de nos recherches; mais avant Locke, la philosophie n'offrit aucun exemple d'une

---

(1) L'expression *experimental* a le défaut de ne pas comprendre les connaissances qui découlent de l'observation aussi bien que celles qui sont fournies par l'expérience. Le mot allemand *empyrique* s'applique à toutes les connaissances que fournit l'expérience; mais dans la langue anglaise il a été détourné de cette signification. Nous nous servons donc du mot *experimental* dans un sens plus étendu que ne le comporte sa signification étymologique.

longue énumération de faits rassemblés et groupés dans l'unique intention d'arriver à une généralisation rigoureuse. Il nous dit lui-même *qu'en suivant la marche historique, il n'avait d'autre but que d'indiquer les moyens à l'aide desquels notre entendement parvient à acquérir la connaissance des choses qui sont en lui;* ce qui veut dire, dans une phraséologie plus moderne, qu'il essaya de déterminer, à l'aide de l'observation, les faits généraux qui se rapportent à l'origine des connaissances humaines, ce qui signifie dans la simplicité et même la rudesse du langage de Locke, qu'il est fortement convaincu que l'expérience doit être son unique guide, et qu'il répugne à imiter l'exemple de ceux qui, en se servant du langage scholastique, ont l'air d'expliquer les faits, tandis qu'en réalité ils les rendent plus obscurs en se servant de mots qui n'ont point de sens. Il se contente de constater les lois de l'intelligence comme il aurait fait pour toute autre science physique, par la seule méthode d'observation. Quelquefois il s'embarrasse dans les hypothèses physiologiques ou consume ses forces à résoudre certains problèmes insolubles qui, à cette époque, portaient le nom de questions métaphysiques (1). Quoique dans

---

(1) On trouve une preuve convaincante de sa prédilection

l'exécution de son plan, il y ait de grands et nombreux défauts, l'idée n'en est pas moins

pour les préjugés physiologiques dans les maximes suivantes: « Comme nos idées ne sont rien autre chose que des percep- » tions qui sont actuellement dans l'esprit, et qui cessent » d'exister du moment où elles ne sont point actuellement » aperçues, dire qu'il y a des idées en réserve dans la mé- » moire, n'emporte dans le fond autre chose, si ce n'est que » l'ame a en plusieurs rencontres la puissance de réveiller » les perceptions qu'elle a déjà eues avec un sentiment qui » dans ce temps-là la convainc qu'elle a eu auparavant ces » sortes de perceptions. » Le même chapitre est surtout remarquable par la beauté exquise et poétique de quelques-uns de ses développmens.

« Les idées qui s'impriment dans l'ame se dissipent bien- » tôt et s'effacent pour toujours de l'entendement sans laisser » aucune trace non plus que l'ombre que le vol d'un oiseau fait » sur la terre; de sorte qu'elles ne sont pas plus dans l'esprit » que si elles n'y avaient jamais été » — « Les idées de notre » jeunesse, aussi bien que nos enfants, meurent souvent » avant nous. En cela notre esprit ressemble à ces tombeaux » dont la matière subsiste encore. On voit encore l'airain et » le marbre; mais le temps a effacé les inscriptions et réduit » en poudre tous les caractères. Les images tracées dans notre » esprit sont peintes avec des couleurs légères; si on ne les » rafraîchit quelquefois, elles passent et disparaissent entiè- » rement. » *Liv. II, ch.* 10.

Ce langage pathétique doit avoir été inspiré par l'expérience, et quoique Locke n'eût pas plus de 56 ans, lorsqu'il écrivit ces pensées, il n'en est pas moins certain que la première perte de mémoire doit avoir lieu long-temps avant qu'elle puisse être reconnue par le plus fin observateur.

en tout conforme à la méthode d'induction qui exige qu'après l'énumération complète de chaque cas individuel, nous nous livrions à un examen réfléchi de chaque classe de phénomènes, avant d'entrer dans une longue série de généralisations, pour saisir les lois. « La philosophie, dit M. Playfair, excellent » analyste de Bâcon, a fait beaucoup de peu » de chose ou trop peu de beaucoup; et, » dans l'un comme dans l'autre cas, elle a » trop rétréci une base qui devait être de » longue durée et de beaucoup d'utilité; » ou, pour nous servir des propres expressions du maître, « nous serons en droit de beaucoup » espérer des sciences lorsque nous nous élè- » verons par une gradation continue, des faits » particuliers aux axiômes inférieurs; de ceux ci » aux moyens, et enfin de ceux-là aux plus » généraux. » Nov., Org., lib. 1, §. civ. Ce n'est pas tant par leur appel à l'expérience (car cet appel est général à quelques diffé- rences près), que par la manière de la con- duire, que les disciples de Bâcon se sont dis- tingués des hommes à hypothèses. Autre chose est d'emprunter à l'expérience des données assez précises pour arriver à une supposition plausible, autre chose est d'en retirer tout ce qui est nécessaire pour fonder une théorie exacte.

A cet égard, plus qu'à aucun autre, les écrits philosophiques de Locke sont opposés à ceux de Hobbes. Cet homme extraordinaire vit avec une rapidité étonnante d'intuition quelques-uns des faits les plus simples et les plus généraux que l'on puisse observer dans les phénomènes intellectuels, et jamais peut-être aucun homme ne posséda à un plus haut degré la faculté de rendre ces spéculations abstraites dans un langage aussi clair, aussi précis et aussi énergique, et n'eut le don de les graver plus profondément dans l'esprit du lecteur; mais il ne s'arrêta pas à examiner s'il n'était pas possible qu'il existât d'autres faits également généraux et relatifs aux facultés intellectuelles. *Il fit donc trop peu de beaucoup de choses. Locke commit la double erreur d'appliquer trop promptement* ses lois générales aux procédés les plus compliqués de l'intelligence, sans considérer si ces mêmes lois n'étoient pas limitées par d'autres lois non moins étendues et sans chercher à découvrir les rapports qui les unissent aux phénomènes par une suite de lois intermédiaires et secondaires. Cette manière de philosopher était parfaitement appropriée au dogmatisme et au ton dictatorial qui caractérisèrent le philosophe de Malmesbury, et le portèrent à braver les basses critiques dont ses coupables opinions furent l'objet (1). D'un autre côté, la méthode historique adoptée par Locke porta ses fruits, c'est-à-dire qu'elle le rendit prudent et modeste; elle lui apprit à se défier des conclusions précipitées et trop hardies, le disposa à adopter en toute occasion un scepticisme bienveillant; et il y puisa le rare courage de faire l'aveu naïf de son ignorance. Ce contraste est une des raisons qui nous portent à douter que Locke soit redevable à Hobbes de ses principes, et certainement quelque parfaite que soit la coïncidence qui existe entre les opinions de ces deux métaphysiciens, c'est en

---

(1) « Si je ne me trompe pas, le caractère distinctif de
» Lucrèce (je veux dire de son esprit et de son cœur), est
» une sorte de noble orgueil et une confiance absolue dans
» ses opinions. Non seulement il a la plus haute confiance
» dans sa propre raison, il acquiert une grande autorité
» sur le commun de ses lecteurs, mais encore sur son
» patron Memmius. De Lucrèce jusqu'à nous, je ne vois
» personne qui se rapproche autant de lui que notre poète
» et notre philosophe de Malmesbury. » — Dryden, Préf.
to second Misc. wich contains translations from Lucretius.

Quoique Dryden, en appelant Hobbes poète, ait fait preuve de bonté, il faut avouer que les traductions de l'Iliade et de l'Odyssée sont peut-être les seuls ouvrages en vers, un peu longs, qu'un homme ait osé entreprendre à l'âge de 86 ans.

tout cas une faible preuve que l'un d'eux ait emprunté ses opinions à l'autre. Si les prémisses sont différentes et s'ils sont arrivés aux mêmes conclusions en suivant des chemins divers, une pareille coïncidence est loin de passer pour une évidence. Locke et Hobbes s'accordent principalement sur les points où s'accordaient tous les penseurs de leur époque excepté les Cartésiens. Ils diffèrent sur des questions de la plus haute importance, telles que l'origine des connaissances, la puissance d'abstraction, la nature de la volonté; et sur ces derniers sujets, à travers toutes ses erreurs, Locke montre la plus forte répugnance pour la doctrine de Hobbes. Ainsi, non-seulement ils diffèrent dans leurs prémisses et dans beaucoup de leurs conclusions, mais encore dans leur manière de philosopher. Locke n'a aucun de ces préjugés qui puisse pousser à adopter les principes des ennemis de la liberté et de la religion. Avec tous ses défauts, son style est celui d'un homme qui pense par lui-même et ordinairement un style original n'est point le véhicule d'idées empruntées.

Nous nous sommes beaucoup plus étendu que nous ne l'aurions voulu sur l'essai de Locke et sur les réflexions que cet ouvrage nous a suggérées. Peu de livres ont, plus que celui-ci, contribué à rectifier les préjugés, à sapper les erreurs reçues, à répandre le goût d'une logique sévère, à exciter l'amour des études et à contenir notre imagination dans les strictes bornes assignées par la nature à l'intelligence humaine. Il est aussi important pour la majeure partie des connaissances de réformer les méthodes que de découvrir des vérités nouvelles, quoique l'utilité des premières ne soit ni aussi généralement sentie, ni aussi susceptible d'être judicieusement appréciée par les observateurs superficiels. Dans le monde intellectuel et moral où il est à peine permis d'admettre qu'il existe quelque chose que l'on puisse appeler découverte, la réforme des méthodes est certainement le plus grand service qu'on puisse rendre à la science. Sous ce rapport, le mérite de Locke est incontestable, ses écrits ont répandu dans le monde civilisé l'amour de la liberté civile, introduit dans les controverses religieuses l'esprit de charité et de tolérance, ont porté à rejeter tout ce qui est obscur, bizarre ou hypothétique; ils nous ont habitué à réduire à leur juste valeur les disputes de mots, à abandonner les problèmes qui ne sont susceptibles d'aucune solution ; à se méfier de tout ce qui ne peut être clairement exprimé; à réduire la théorie à la simple expression des faits, et à préférer les sciences qui contribuent le plus directement au bonheur de l'humanité. Si Bâcon traça le premier les règles à suivre pour le perfectionnement des sciences, Locke a beaucoup contribué à les faire strictement observer par le genre humain. Il a beaucoup fait quoiqu'en usant souvent de remèdes cachés et d'une action presqu'insensible pour la guérison de ces désordres intellectuels qui s'opposaient à l'adoption de la méthode de Bâcon ; et ainsi il s'efforça de répandre les méthodes saines et rigoureuses qui sont la plus grande de toutes les améliorations, et la voie par laquelle on peut réaliser les autres. Locke a laissé à la postérité l'utile exemple d'un réformateur prudent et d'un philosophe aussi tolérant que libéral, qui sut goûter le sentiment du bon et rompre en visière avec des préjugés formidables et enracinés. A la vérité tous ces bienfaits se trouvent en partie balancés par quelques doctrines politiques peu susceptibles d'application et par le scepticisme de quelques-uns de ses disciples ; inconvénient auquel est exposée toute école philosophique qui ne borne pas strictement sa théorie à l'expression pure et simple de l'expérience. Si Locke fit peu de découvertes, Socrate n'en fit aucune ; cependant l'un et l'autre firent plus pour les progrès de l'esprit humain et l'avancement des sciences, que les auteurs des découvertes les plus brillantes. Locke sera toujours regardé comme l'une des plus grandes gloires de la nation anglaise, et la postérité la plus reculée lui adressera le même langage que les poètes.

O decus Angliacæ certè, o lux altera gentis!
GRAY. *De Princ. Cogitand.*

Le traité sur le droit de la guerre et de la paix, l'Essai sur l'entendement humain, l'Esprit des Lois et les Recherches sur les causes de la richesse des nations, sont les ouvrages qui ont le plus directement influé sur l'opinion générale de l'Europe pendant ces deux derniers siècles. Ils sont aussi les productions les plus remarquables qui aient eu lieu dans les sciences auxquelles ils se rapportent; et, chose digne d'attention, c'est que tous les défauts de ses grands ouvrages se ressemblent. On ne peut pas dire, rigoureusement parlant, que les idées générales d'aucun de ses ouvrages soient originales, quoique sous ce rapport Locke et Smith surpassent leurs illustres rivaux. Leur principale soin est de déterminer les lois qui se déduisent immédiatement de l'expérience ou qui sont directement applicables; mais l'un et l'autre appliquèrent leurs principes métaphysiques avec une inconcevable négligence. Aucun d'eux ne s'asservit à la méthode scientifique, qui consiste à commencer par les idées les plus simples et à s'élever graduellement aux conclusions les plus compliquées. Néanmoins la marche suivie par Locke offre peut-être moins de défauts que celle des autres. Tous s'abandonnent à des digressions qui, quoique souvent excellentes en elles-mêmes, détournent l'attention et rompent la chaîne des raisonnemens. Aucun d'eux n'est heureux dans le choix de ses termes techniques ni exact dans l'usage qu'il en fait, et dans aucun, nous n'avons trouvé cette précision rigoureuse qui est la première qualité du langage philosophique. Grotius et Montesquieu imitèrent Tacite. Le premier avec plus de gravité, le second avec plus de vivacité; mais tous deux s'efforcèrent d'abandonner la diction simple de la science pour viser à ce piquant laconisme que le grand historien porta à l'excès. Locke et Smith, au contraire, adoptèrent un style aisé, clair et juste, mais quelquefois lâche et verbeux. Locke a plus de concision et Smith plus d'élégance; tous deux sont exempts de pédantisme, mais entachés d'ambiguités et de répétitions. Tous ces défauts contribuèrent peut-être à rendre ces grands ouvrages plus utiles en les mettant à la portée de la majorité des lecteurs, et en adaptant les principes qu'ils contenaient aux opinions reçues dans la société.

Avant de passer à l'examen de Leibnitz, nous ne pouvons nous refuser au plaisir d'insérer ici (quoique ce soit nous écarter de l'ordre établi), deux lettres, l'une de sir Isaac Newton, et l'autre de Locke, qui toutes deux furent publiées pour la première fois dans le discours de M. Stewart, et qui prouvent à la fois la douceur et l'humilité de l'un de ces deux grands philosophes, et le généreux pardon de l'autre.

« Sir Isaac Newton lui-même, ami intime
» de Locke, semble, à en juger d'après une
» lettre de sa main, que j'ai lue, avoir été à
» cet égard du même avis que l'auteur des *Ca-*
» *ractères;* telles avaient été du moins ses pre-
» mières impressions; mais plus tard, avec
» une candeur et une humilité dignes de son
» beau caractère, il demanda excuse à Locke
» de l'injustice qu'il lui avait faite. » « Je vous
» demande pardon (ce sont les expressions
» d'une de ses lettres), d'avoir dit que vous
» aviez sapé toute morale dans sa base en émet-
» tant un principe que vous aviez avancé dans
» votre premier livre des Idées, et sur le dé-
» veloppement duquel vous annonciez devoir

» vous étendre dans un autre livre, ce qui
» m'avait engagé à vous prendre pour un Hob-
» biste. » « Dans la même lettre, Newton fait
» allusion à certains soupçons mal fondés qu'il
» avait conçus contre la conduite de Locke
» dans leur commerce intime, et il ajoute avec
» une simplicité ingénue et presque enfan-
» tine : J'avais été, lui dit-il, tellement affecté
» de vos procédés, que quand quelqu'un vint
» me rapporter que vous étiez fort malade et
» que vous aviez peu de temps à vivre, j'allai
» jusqu'à répondre qu'il faudrait mieux que
» vous fussiez mort. Pardonnez-moi, je vous
» prie, ce défaut de charité. » « La lettre est
» signée, votre très-humble et très-infortuné
» serviteur, Isaac Newton. »

« Le brouillon de la réponse de M. Locke à
» cette lettre d'excuse, m'a été obligeamment
» communiqué par un ami il y a quelques
» années. Cette réponse est écrite avec la ma-
» gnanimité d'un philosophe et avec la bien-
» veillance de bon ton d'un homme du monde.
» Elle respire partout la vénération la plus
» tendre et la plus franche pour les bonnes et
» les grandes qualités de l'excellent homme à
» qui elle est adressée, et prouve à la fois la
» conscience que Locke avait de son innocence
» et la supériorité avec laquelle son esprit sa-

» vait se préserver de l'irritation des petites
» passions. Je ne connais rien de lui qui fasse
» plus d'honneur à sa modération et à son
» caractère, et je la place ici avec d'autant plus
» de plaisir, qu'elle se lie avec tous les argu-
» mens que l'amour de la vérité exigeait de
» moi en défense de cette partie de son sys-
» tème, qui, aux yeux des moralistes, avait
» le plus besoin d'explication et d'apologie.

LETTRE DE LOCKE A NEWTON.

Oates, 5 octobre 1693.

Monsieur,

« Depuis que je vous connais, j'ai toujours
» été si fermement et si sincèrement votre
» ami, et je vous croyais si bien le mien, que
» si toute autre personne m'eût dit de vous ce
» que vous m'en dites vous-même, j'aurais re-
» fusé d'y ajouter foi ; et quoique je ne puisse
» voir sans beaucoup de peine que vous ayez
» conçu sur mon compte tant d'idées mau-
» vaises et injustes ; j'avouerai cependant que
» s'il m'eût été plus agréable de recevoir de
» vous un échange de bons offices que ma
» sincère affection pour vous m'a constam-

» ment porté à vous rendre, cet aveu que vous
» me faites de vos torts est le plus grand ser-
» vice que vous eussiez pu me rendre, puis-
» qu'il me donne la consolation de n'avoir
» pas perdu une amitié dont je faisais tant de
» cas. D'après ce que vous me dites dans votre
» lettre, je n'ai plus besoin de rien ajouter
» pour me justifier envers vous. Il suffira tou-
» jours à ma justification que vous réfléchis-
» siez sur ma conduite envers vous et envers
» tous les autres hommes ; mais d'ailleurs per-
» mettez-moi de vous dire que je mets plus
» d'intérêt à me rendre promptement à vos
» excuses que vous n'en pourriez mettre à les
» faire, et je m'y rends si sincèrement et si
» entièrement, que je ne désire rien autre
» chose qu'une occasion de vous convaincre
» de toute mon amitié et de toute mon estime,
» et de vous prouver que je suis le même
» à votre égard que si rien de ce que vous
» me dites ne fût arrivé. Afin même de vous
» en donner une preuve plus complète, je
» vous prierai de me fixer un lieu où je puisse
» vous voir ; je désire d'autant plus vivement
» une entrevue, que la conclusion de votre
» lettre me fait penser que je pourrais bien
» ne pas vous être tout-à-fait inutile. Je serai
» toujours prêt à vous servir de tous mes efforts,
» de la manière qui vous conviendra le mieux ;

» je n'attendrai là-dessus que vos ordres ou
» votre permission.

« La seconde édition de mon livre s'imprime
» en ce moment, et quoique je puisse répon-
» dre de la pureté d'intention avec laquelle je
» l'ai écrit, toutefois, puisque vous m'avez
» informé si à propos de ce que vous en avez
» dit, je regarderais comme une faveur ex-
» trême que vous voulussiez bien me désigner
» les endroits qui ont donné lieu à votre cen-
» sure, afin que je puisse m'expliquer plus
» clairement, et éviter ainsi d'être mal com-
» pris par d'autres ou de porter le moindre
» préjudice à la cause de la vérité et de la
» vertu. Je vous connais pour si attaché à
» toutes deux, que je sais que lors même que
» vous ne seriez pas d'ailleurs mon ami, vous
» n'hésiteriez pas à me rendre ce service. Mais
» je suis bien certain que vous feriez bien
» davantage encore pour un homme qui après
» tout vous porte comme moi tout l'intérêt
» d'un ami, vous souhaite toutes sortes de
» prospérités, et se dit sans complimens, etc.

« Le public doit la conservation de ce pré-
» cieux monument de Locke aux descendans
» de son ami et parent le chancelier King, au-
» quel il avait légué ses papiers et sa biblio-

» thèque. L'original est encore entre les mains
» du chef de cette famille, et je lui sais d'autant
» plus de gré de m'avoir si obligeamment
» permis d'enrichir mon ouvrage de ces inté-
» ressans extraits, que je n'ai pas l'honneur
» d'être personnellement connu de lui. »

Le génie et le caractère de la philosophie de Leibnitz étaient diamétralement opposés à ceux de Locke. Les noms de ces deux philosophes furent très-célèbres dans les deux écoles philosophiques qui, faute de meilleure dénomination, ont été appelées *expérimentale* et *spéculative*. Parmi leurs disciples, il en est quelques-uns qui ont été au-delà des idées des maîtres, tandis que d'autres se sont arrêtés à différens points de l'intervalle qui sépare ces deux philosophes. La tendance de l'esprit de Leibnitz était entièrement spéculative. Il appliqua toute la force de son génie à la connaissance des causes premières, et dédaigna surtout les lois secondaires qui régissent immédiatement les phénomènes. Quoique Leibnitz fut l'un des plus grands mathématiciens de son siècle, il ne s'adonna que fort peu à l'expérience, et, chose remarquable, c'est qu'il paraît qu'il dut à l'esprit profondément abstrait de sa doctrine de tolérer et même d'accepter un grand nombre d'opinions reçues.

Une de ses maximes favorites et qu'il répète souvent, c'est que *les doctrines les plus accréditées ont un grand fonds de bon sens*. Par-là il entend un sens qui permet de les concilier avec sa philosophie. Comme il n'avait point pour objet de combattre des opinions particulières, mais bien de faire des prosélites à ses principes, il est toujours disposé à vivre en paix avec les préjugés puissans. De plus, le système de Leibnitz est plein d'accommodemens et de transactions avec l'opinion populaire, tandis qu'il s'écarte entièrement des principes admis par les anciens philosophes, et cette particularité est en partie la cause de ce que souvent il expose son système en termes ambigus dont la précision aurait embarrassé les transactions qu'il méditait avec les préjugés du temps. Quoique Leibnitz ne manque pas de sincérité, les conséquences de sa manière de philosopher sont de faire naître dans l'esprit des idées vagues, et de porter à adopter un langage équivoque. D'un autre côté, comme la philosophie de Locke tendait à la pratique, elle n'admettait aucun accommodement avec les erreurs reçues ; aussi ne gagna-t-elle rien si ce n'est qu'elle réforma les idées populaires sur plusieurs points importans.

Un fait que nous ne croyons pas généralement connu, au moins dans ce pays, c'est que Leibnitz composa un ouvrage dans le but de réfuter l'Essai sur l'entendement humain. Cet ouvrage important n'est point compris dans l'édition que Duten donna des œuvres de ce philosophe, et c'est probablement pour cela que M. Stewart paraît ne pas l'avoir connu. Il fut publié à Amsterdam en 1765 par Raspe, d'après un manuscrit de Leibnitz, déposé à la bibliothèque de Hanovre, et porte pour titre *Nouveaux Essais sur l'entendement humain.*

Cet ouvrage consiste dans une suite de critiques sur Locke, qu'il examine chapitre par chapitre. Il fut écrit, ainsi que nous l'avons appris, ou dans le cours de ses voyages ou à Herenhausen, où il séjourna quelque temps avec la cour de Hanovre. Il nous dit lui-même qu'une des raisons de son opposition à Locke était que ce dernier « dépréciait la généreuse » philosophie des platoniciens rétablie en par- » tie par Descartes, et qu'il lui substitua des » opinions qui obscurcissaient l'esprit hu- » main, blessaient la morale et étaient con- » traires aux intentions de l'auteur qui étaient » pures (1). » Une autre observation générale

---

(1) Nouvel Essai sur l'Entendement Humain, Amster-

de Leibnitz se rapporte admirablement avec les critiques contenues dans le discours de M. Stewart, et qui ont trait à la différence qui existe entre la philosophie de Locke et celle de Gassendi. « Peut-être les opinions de notre
» habile auteur ne s'éloignent-elles pas autant
» des miennes qu'elles le paraissent; car après
» avoir consacré tout son premier livre à la
» réfutation des idées innées, prises dans un
» certain sens, il reconnaît au commencement
» du second qu'il est des idées qui ne vien-
» nent pas des sens, mais bien de la réflexion.
» Or, la réflexion n'est autre chose que l'at-
» tention s'exerçant sur ce qui se passe en
» nous, et les sens ne nous transmettent point
» ce que nous avons déjà en nous-mêmes.
» Maintenant peut-on nier qu'il y ait beau-
» coup de choses innées dans l'esprit ? L'esprit
» lui-même est inné, et en lui se trouve con-
» tenues les idées de substance, de durée, de

---

dam, 1765, préface, p. XII. Leibnitz fait mention de cet ouvrage dans sa seconde lettre à Remond, qui se trouve dans le vol. II de l'édition de Duten. Précédemment il avait adressé quelques observations de même nature à M. Burnet de Kemnay. *V. Ed. de Duten, vol. VI*, 232. Locke vit ces dernières critiques et les méprisa. Voy. ses lettres à M. Molineux, 10 avril 1697. Elles sont imprimées dans ses œuvres complètes et offrent beaucoup d'intérêt.

» changement, d'action ; la perception, le plai-
» sir et mille autres objets de nos idées intel-
» lectuelles. Ces objets étant toujours présents
» à notre esprit (quoique nos distractions et
» nos occupations ne nous permettent pas
» toujours d'en avoir la conscience), pour-
» quoi serait-on étonné que nous appelassions
» *innées* les idées ainsi que tout ce qui dépend
» d'elles? (*p* 7.) Les idées d'existence, de pos-
» sibilité, d'intensité sont si évidemment in-
» nées, qu'elles font partie de toutes nos pen-
» sées et de tous nos raisonnemens, et je les
» considère comme essentielles à notre enten-
» dement (p. 58). On m'objectera sans doute
» cet axiôme reçu parmi les philosophes, *qu'il*
» *n'y a rien dans l'intelligence qui ne vienne*
» *des sens*. Mais nous devons en excepter l'en-
» tendement lui-même et ses affections (c'est-
» à-dire ses facultés). Mais l'esprit contient
» les idées d'existence, d'unité, de substance,
» d'identité, de causalité; la perception, le
» raisonnement et beaucoup d'autres notions
» que les sens ne peuvent fournir. *Ceci s'ac-*
» *corde assez bien avec l'auteur de l'Essai,*
» *qui admet la réflexion de l'esprit sur lui-*
» *même comme cause d'un grand nombre de*
» *nos idées* (p. 67). *Toutes les vérités pre-*
» *mières soit rationnelles, soit de fait, ont*
» *ceci de commun qu'elles ne peuvent être dé-*

» *montrées que par elles-mêmes* (p. 331). (1)»

L'analogie de la plupart de ces remarques avec celles de M. Stewart, qui sont relatives à l'Essai sur l'entendement humain, et le rapport qui existe entre quelques autres observations et les doctrines soutenues par les antagonistes modernes de Locke, ne peuvent manquer de fixer l'attention de ceux qui sont familiers avec les controverses métaphysiques. Le langage est différent, car les auteurs furent élevés dans des écoles diverses et sont arrivés à leurs conclusions en suivant des routes opposées. On ne peut donc les soupçonner de plagiat; mais il faut avouer qu'il y a beaucoup d'analogie entre les idées et les raisonnemens de ces deux écrivains. En preuve de ce que nous avançons, nous nous hasarderons à rapporter un ou deux passages au plus d'un livre qui est aussi rare qu'important pour l'histoire de la philosophie.

« La réalité des objets sensibles est suffi-
» samment établie par une suite d'observa-
» tions constantes. Comme la raison et l'ob-
» servation nous donnent les moyens de juger

---

(1) Dans le système de Leibnitz, les vérités premières sont des propositions identiques.

» de l'avenir dans ses rapports avec notre
» bonheur, et que les évènemens correspon-
» dent à nos jugemens lorsqu'ils sont raison-
» nables, nous ne pouvons demander ni avoir
» plus de certitude sur ces points. *Douter sé-*
» *rieusement, c'est douter en présence de l'évi-*
» *dence* (p. 412). Il n'est pas impossible, mé-
» taphysiquement parlant, qu'il y ait un songe
» aussi long et aussi bien lié que la vie de
» l'homme; mais cette supposition est aussi
» contraire à la raison qu'il le serait de pré-
» tendre qu'un livre a été composé en jetant
» des caractères d'imprimerie dans un cor-
» net (1); *et il est vrai que, pourvu que les*
» *phénomènes soient en rapport, il importe*
» *peu qu'on les appelle songe ou non, si l'ex-*
» *périence démontre que nous ne nous sommes*
» *pas trompés dans l'appréciation que nous*
» *en avons faite, lorsque cette appréciation est*
» *fondée sur les principes de la raison* (p. 389). »
Chose remarquable c'est que dans ce dernier
passage, Leibnitz va au-devant d'une objection
en tout semblable à celle de Berkeley contre
l'existence de la matière, et qu'il fait peu de
cas de ses conséquences pratiques. Il ne sup-

---

(1) Cette observation montre plutôt l'esprit accommodant
de Leibnitz que sa véritable opinion.

pose point avec le docteur Johnson qu'il suffise de frapper le pied contre une pierre pour réfuter l'idéalisme; et il ne croit point avec le docteur Béattie, que les idéalistes, s'ils étaient conséquens, ne devraient pas craindre de tomber dans un précipice. Mais il dit que dans la théorie idéaliste, la distinction entre la réalité et l'illusion est aussi claire que dans aucune manière d'expliquer l'origine de nos perceptions, bien qu'il y ait quelque différence dans les termes employés pour établir cette distinction. En effet, l'idéaliste ne doit pas être plus taxé d'inconséquence lorsqu'il se conforme au langage reçu, que le partisan de Copernic lorsqu'il dit que le soleil se lève et se couche. La plupart des expressions de Leibnitz sur ce sujet, offrent une analogie frappante avec les admirables déductions de Turgot, contenues dans l'article *existence* de l'Encyclopédie.

L'extrême difficulté qu'a éprouvée M. Stewart dans l'explication qu'il a donnée des *monades*, nous paraît tout-à-fait extraordinaire, surtout en nous reportant à la manière dont il parle des points ou centres indivisibles d'attraction et de répulsion qui, selon le système de Boscovich, constituent le monde matériel (1). Il n'est pas facile d'établir une pareille distinction entre ces deux manières de concevoir et d'exprimer les faits, ainsi que nous le prouverons en démontrant ce que le système de Boscovich a d'admissible et ce que celui de Leibnitz offre d'inconcevable. Selon ce dernier philosophe, le monde extérieur consiste dans une *serie de phénomènes réguliers et liés les uns aux autres*. L'action et la réaction des parties de ce qu'on a appelé matière, les unes sur les autres, constituent les phénomènes. Chaque partie agit sur toutes les autres; chaque action affecte le tout ; en d'autres termes, l'état d'aucune partie ne reste le même lorsque celui de toutes les autres est modifié. Leibnitz rapporte ces actions réciproques à certains agens analogues au principe pensant de

---

(1) V. les supplémens de Boscovich à l'ingénieux poëme du *Jour*, 1755. C'est une preuve honorable des progrès qu'a faits l'esprit de tolérance en Italie, depuis le temps de Galilée, de voir que ces deux philosophes Jésuites possédaient des chaires à Rome, et que les *Principia* de Newton furent publiés avec autorisation du pape. Il a paru à Rome dans le cours de ces deux dernières années un système de morale basé sur les principes des philosophes anglais. Sebastiani, éditeur de Lycophron, en est l'auteur, et on lui doit des éloges non seulement pour son mérite et son originalité, mais encore on doit le citer en preuve de l'administration libérale des états romains.

l'homme pour leur simplicité et doué de ce qu'il appelle *perception;* mais qui semblent, ainsi qu'il nous le dit lui-même, ne posséder que la faculté d'être réactionnés par d'autres agens, ainsi que le prouvent les phénomènes matériels. Il dit même qu'ils représentent tout l'univers, ou que chacun d'eux est un miroir du tout; mais ces phrases se réduisent à ceci, que tout se tient dans l'univers, et qu'une intelligence qui serait assez puissante pourrait découvrir dans chaque monade la manière dont elle est affectée, par les changemens qui surviennent dans toutes les autres (1). « Cha-
» que monade, dit Kaestner, représente le
» monde de la même manière qu'un thermo-
» mètre représente la chaleur, ou qu'un ba-
» romètre représente la pesanteur de l'atmos-
» phère. » Nous ne prétendons pas soutenir la vérité ni l'utilité de ces comparaisons; mais elles nous semblent intelligibles, et la manière dont elles sont exprimées n'est pas plus déraisonnable que le langage de Boscovich, qui nous dit que les *molécules sont douées de la*

---

(1) Nouvel Essai, préface, p. VI. Abraham Kaestner, qui écrivit cette préface remarquable, était mathématicien distingué et professeur de mathématiques, il y a à-peu-près un demi-siècle, à Goettingue. Il mourut en 1800, à l'âge de 81 ans, et fut probablement le dernier Leibnitzien d'Europe.

double puissance d'attraction et de répulsion.
La vérité est que la philosophie de Leibnitz est un système d'immatérialisme analogue à celui de Berkeley, quoique différent dans la forme et déduit d'autres principes. Si l'on peut reprocher à M. Stewart quelques défauts qui influent d'une manière fâcheuse sur son esprit comme historien de la philosophie, c'est peut-être cette confiance probe et inébranlable en ses propres principes qui le rend incapable de s'approprier momentanément les opinions d'autrui, chose souvent nécessaire pour les reproduire avec fidélité et même pour les comprendre parfaitement.

Nous n'avons pas l'intention de nous arrêter au système athée ou panthéiste de Spinoza, mais nous signalerons deux erreurs dans lesquelles M. Stewart est tombé en rendant compte de la doctrine de ce célèbre juif. Il suppose que les écrivains qui assignent au spinozisme une origine hébraïque tendent, par cela même, à imputer sa naissance à l'immoralité de quelques artisans d'Amsterdam. Le fait est qu'on suppose généralement et à juste titre, que la philosophie rabinique la plus ancienne qui, de même que la plupart des spéculations orientales, se rapproche beaucoup du panthéisme, avait influé sur les idées de Spinoza. Il n'est point vrai, ainsi que l'affirme M. Stewart, que les opinions politiques de ce Philosophe coïncident avec celles de Hobbes, car Spinoza est plutôt ennemi de la monarchie (1). Il observe en effet que, puisqu'un homme ne peut en réalité gouverner une multitude, la monarchie la plus absolue n'est autre chose qu'une aristocratie pratique placée dans les mains des ministres et des conseillers du Roi, et que cette dernière est en parfaite sécurité toutes les fois qu'elle est constituée de façon que son administration soit dirigée vers le bien public. La plupart de ces restrictions apportées au pouvoir monarchique sont certainement fantasques; les argumens qu'il propose en faveur d'une vaste aristocratie, forme de gouvernement qu'il vante comme étant la plus favorable à la liberté, sont fort ingénieux (2) et parfaitement justes si on compare cet état à la monarchie absolue. Son chapitre sur la démocratie est incomplet et n'offre rien de remarquable, si ce

---

(1) Servitutis igitur non pacis interest omnem potestatem ad unum transferre; nam pax, ut jam diximus, non in belli privatione, sed in animorum unione consistit. Tract. Pol. Cap. VI, § 4.

(2) Cap. VIII. Cap. XI.

n'est un argument formel sur l'exclusion des femmes de tous priviléges politiques. Il est une autre question sur laquelle Spinoza se trouve en opposition formelle avec Hobbes. Aux yeux du philosophe de Malmesbury, la religion de tout pays doit être sous la dépendance absolue du souverain. Non content de considérer l'église reconnue comme une création de l'état, il envisage encore la foi aux doctrines et la divine autorité de la religion elle-même, comme une preuve de l'obéissance due au pouvoir suprême. On voit par-là qu'il est ennemi de toute rébellion (1). Spinoza, au contraire, non content de combattre pour la tolérance dont le séjour de la Hollande lui avait fait apprécier les bienfaits, s'élève contre l'établissement d'une église reconnue, et chose qu'il importe de ne pas perdre de vue, c'est que nous croyons qu'il fut le premier écrivain qui s'opposa à ce que les établissemens religieux fissent partie de la politique générale (2), ce qui est parfaitement conforme à ses opinions anti-religieuses.

---

(1) Leviathan, part. III.

(2) Ad religionem quod attinet, nulla planè templa urbium sumptibus ædificanda, nec jura de opinionibus statuenda, nisi seditiosæ sint et civitatis fundamenta evertant. Ii igitur

Il serait impardonnable à nous de revenir
ici sur la controverse qui s'est élevée relativement à la liberté et à la nécessité, si notre
but n'était pas d'inculquer dans l'esprit de nos
lecteurs une bienveillance réciproque et de
frapper de ridicule de misérables lieux communs. Le meilleur moyen d'en terminer avec
cette stérile et inépuisable dispute, serait que
les philosophes des deux partis consentissent
à bannir les mots techniques qu'ils ont employés jusqu'ici, et qu'ils se bornassent strictement à constater ces faits que tous les hommes acceptent et à les exprimer dans un langage exempt de toute apparence systématique.
On verrait alors que la conformité dans les faits
s'étend bien au-delà du terme que les deux
partis soupçonnent. L'expérience est et doit
être invoquée par tous les deux. En effet, tous
les hommes sentent et croient que leurs actions sont puissamment modifiées par leurs
positions, leurs opinions, leurs sentimens et
leurs habitudes, et même il ne mériterait pas

---

quibus religionem publicè exercere conceditur, templum,
si velint, suis sumptibus ædificent. Tract. politic., cap. VI,
§ 40. Dans le chapitre suivant, il donne la raison de sa manière de voir. Cæterùm religionis sive Deum colendi jus nemo
in alium transferre potest. Id. cap. VII, § 26. Il se fonde sur
la sainteté de la religion.

l'honneur d'une réfutation, celui qui douterait sérieusement de la différence qu'il y a entre le droit et le gauche, la justice de l'approbation ou de l'improbation morales, le pouvoir d'applaudir ou de censurer les actions volontaires, et la justice qu'il y a à les récompenser ou à les punir, en ayant égard toutefois à l'intention qui les dirige et aux conséquences qui en résultent. Aucun homme raisonnable, dans quelques termes qu'il s'exprime sur la volonté, n'a jamais songé à nier que l'homme ait en lui le pouvoir et la faculté d'apprécier les jugemens moraux de l'espèce humaine. Tout ami de la vérité admettra le fait de l'influence des motifs d'où le partisan de la nécessité déduit la vérité de ses opinions; mais tout partisan de la nécessité doit admettre à son tour les conditions de la moralité et de la responsabilité de nos actions, pour l'amour desquelles l'ami de la liberté considère sa propre doctrine comme étant d'une très-haute importance. Les deux partis croiront également que le point en litige se réduit à une question de fait relative à l'esprit humain et qui, en dernière analyse, vient se résoudre dans la conscience. Le partisan de la nécessité sera forcé d'admettre qu'aucune spéculation sur ce point n'est soutenable qu'autant qu'elle se concilie avec les opinions de l'humanité, et qu'elle donne une explication satisfaisante de cette partie du langage commun qui, d'abord, semble beaucoup s'en éloigner.

Du moment où l'un des partis aura adopté tout ce qui précède touchant la volonté, et que l'autre aura admis ces conséquences morales, le sujet en contestation se réduira à cette question : Quel est l'état de l'esprit dans l'intervalle qui s'écoule entre l'intention et l'action ? où pour nous exprimer avec plus de rigueur, par quel mot cet état de l'esprit peut-il être défini ? Si cette habitude de raisonner était rigoureusement observée, on verrait s'évanouir peu-à-peu un sujet de dispute qui plus tard finirait peut-être par disparaître, et les parties contendantes s'apercevraient enfin que chacune d'elles n'a fait qu'envisager un point différent de la même vérité. Mais les mots de liberté et de nécessité compliquent la controverse et échauffent l'esprit de ceux qui disputent, et les enveloppent dans un nuage d'animosité qui les rend non-seulement incapables d'apercevoir les nombreux et importans rapports qui existent entre eux, mais encore de saisir nettement le point précis où ils diffèrent. A toutes les époques, on a vu les sentimens les plus généreux et les passions les plus hostiles dont la nature humaine soit susceptible, venir se ranger sous ces deux bannières. Elles furent le sujet des guerres les plus anciennes, les plus fortes et les plus opiniâtres qui se soient élevées parmi les métaphysiciens. Quiconque refuse d'essayer à renoncer à ces disputes, au moins pour un temps, ne peut jamais être regardé comme un pacificateur ou un ami des discussions philosophiques; et s'il ne dispute que sur des mots, il doit, avec juste raison, redouter d'être considéré comme ne disputant que pour cela.

Mais si les projets de paix perpétuelle ne sont que des utopies dans les écoles comme dans le monde, il devient indispensable de bannir l'emploi d'armes offensives qui excitent l'animosité sans contribuer à décider la querelle. Telles sont, selon nous, ces imputations d'irréligion et d'immoralité qui, à diverses époques, ont été lancées contre les ecclésiastiques et les philosophes qui ont soutenu l'opinion de la nécessité. Quoique M. Steward ait peine à absoudre ces individus du côté de l'intention, néanmoins il a beaucoup trop prêté l'appui de son opinion respectable à ces inutiles et véhémentes contestations. Nous avons peine à concevoir qu'il puisse croire qu'il existe un rapport si intime entre la doctrine de la nécessité et le système de

Spinoza, que le monde soit gouverné par un être suprême qui est constamment influencé par les lois qui découlent de sa sagesse et de sa bonté. Telle paraît être la véritable essence du théisme, et tout homme qui s'écarte de cette proposition ne peut mériter le nom de pur théiste. Mais c'est précisément là l'inverse de la doctrine de Spinoza, qui, en dépit de tous ses ingénieux déguisements, nie formellement la suprématie de l'intelligence. Néanmoins cette objection a toujours été repoussée non-seulement par le pieux et profond Jonathan Edwards, partisan de la nécessité, mais encore par Locke, dont les opinions sont très-vagues sur ce point, ainsi que par le Docteur Clarke lui-même, qui est le plus habile et le plus célèbre des avocats du système de la liberté (1). Nous nous contentons de renvoyer nos lecteurs à ces philosophes religieux, où ils trouveront à cet égard une complète justification des partisans de la nécessité (2).

---

(1) Demon. Of the being and attributes.

(2) L'autorité la plus concluante est celle de Butler, qui, quoiqu'antagoniste de la nécessité, la justifie formellement d'être incompatible avec la morale et la religion. Le sixième chapitre de la première partie de son ouvrage sur *l'Analogie*, est intitulé *de l'opinion de la nécessité considérée dans ses rapports avec la pratique*, et il conclut ainsi. « Ceci nous explique

Néanmoins comme M. Stewart a soutenu à plusieurs reprises l'imputation de tendance immorale, et que le Docteur Copplestone, qui est le seul écrivain de notre époque qui se soit

---

» comment on doit entendre cette assertion générale que l'o-
« pinion de la nécessité est essentiellement destructive de
» toute religion, et d'abord nous dirons que, sous le rap-
» port moral, la qualification d'athée tend à encourager les
» hommes à s'abandonner au vice et à faire qu'ils s'y com-
» plaisent; et secondement, nous dirons que l'athéisme est en
» contradiction avec l'organisation de la nature, avec ce que
» l'expérience nous démontre à chaque instant, et est con-
» traire à l'ordre des choses; mais il est impossible de donner
» son assentiment à cette assertion, que si la nécessité peut
» être conciliée avec l'ordre des choses, elle soit en même
» temps inconciliable avec la raison; car cette proposition·
» n'est nullement susceptible de démonstration. »

Il est évident que de ce qui précède découlent trois choses:

1°. Que la nécessité est destructive de la religion et de la morale, lorsque certains hommes pervers en abusent en pratique, dans l'intention de faire preuve d'irréligion. On en peut dire autant de la liberté ou de toute autre opinion.

2°. Que si l'opinion de la nécessité offre certains points qui prouvent sa fausseté, c'est précisément dans le cas où elle serait destructive de la religion, ce qui n'est point dans la question.

3°. Que si l'opinion de la nécessité est vraie, elle ne peut être inconciliable avec la morale et la religion, et que ce sont là les seules conditions que l'on soit en droit d'imposer à un partisan de la nécessité.

distingué par-dessus tous les autres dans la littérature classique, l'économie domestique et la métaphysique, l'a également émise; elle mérite qu'on y fasse une sérieuse attention (1). La candeur et la tolérance du Docteur Copplestone donnent un grand poids à son accusation, et le nom de cet homme illustre doit être immortalisé par l'ouvrage qu'il a publié, et qui est un des plus beaux modèles de style philosophique que notre siècle ait produit (2).

Les sermons du Docteur Copplestone n'ont pour objet que la théologie. Mais il est impossible de séparer complètement cette science de la philosophie. La nécessité est une opinion

---

(1) Discours prononcé devant l'Université d'Oxford. Londres, 1821.

(2) Voyez un sermon de l'archevêque King, dont M. Whately, savant et ingénieux membre du Collége d'Oriel, société distinguée, et qui, entr'autres mérites, est aujourd'hui la seule école de philosophie spéculative d'Angleterre, a donné une édition. La note placée par cet ingénieux gentilhomme à la page 100, et le chapitre de Tucker auquel elle se rapporte, ont été singulièrement goûtés par un grand nombre de partisans de la nécessité, ce que nous concevons facilement. Et cette approbation est le résultat de l'excessive propension qu'avait Tucker à plier ses idées aux opinions populaires et aux idées reçues, disposition qui ne fut pas sans influence sur l'esprit de son disciple Paley.

philosophique qui se rattache à la volonté humaine. D'un autre côté la prédestination est une doctrine théologique, qui s'applique à la marche morale de la société. Mais depuis Leibnitz et Jonathan Edwards, tous les partisans de la prédestination se servirent des argumens des partisans de la nécessité pour démontrer la vérité de leur opinion. Il est possible et même assez ordinaire d'adopter la doctrine de la nécessité, sans donner son assentiment à la plupart des dogmes que les calvinistes y rattachent. Mais il est impossible de soutenir le calvinisme sans s'appuyer sur le principe de la nécessité. Dans ces deux cas les conséquences morales sont les mêmes; et les antagonistes de ces deux opinions s'accordent pour les représenter comme tendant de la même manière à détruire les motifs des actions vertueuses.

Ce n'est point ici le lieu de décider une question si importante que celle des conséquences morales, car outre son invincible tendance à enflammer les passions et exciter les médisances contre les individus qui en font une arme pour s'opposer aux idées libérales, toutes les fois que cette question se présente dans ces discussions, elle suggère des craintes qui sont au-dessous de la dignité de la morale, et qui ne s'accordent ni avec les lois de la raison ni avec les leçons de l'expérience. Les sentimens moraux sont trop profondément enracinés dans le cœur humain pour être ébranlés par la frêle existence des théories métaphysiques. Ils sont indépendants de toute théorie, ils sont aussi universels qu'aucune autre partie de notre nature; et les causes qui les engendrent, les développent et les entretiennent, dépendent des intérêts les pus chers de la société et des sentimens primitifs de la vie humaine, qu'aucune circonstance ne peut déraciner. L'expérience de tous les siècles nous apprend que ces principes éternels sont beaucoup moins influencés qu'on ne le suppose communément par les modifications que subissent les opinions philosophiques, qui pénètrent à peine au-delà de la surface de la nature humaine. Il y a certainement des exceptions, et nous ne prétendons point que ces opinions spéculatives soint absolument indifférentes dans leur tendance morale; et nous croyons qu'il convient surtout d'excepter celles qui se rapportent directement à la vie pratique, et qui ont par conséquent un immense résultat moral. Mais en thèse générale, l'histoire de l'humanité offre deux phénomènes très-saillants, qui sont la puissance des sentimens moraux et la foiblesse des opinions spéculatives. Quel sectateur philosophe ou religieux a jamais professé ces doctrines avec succès, sans les concilier avec nos sentimens moraux, et sans appuyer ses principes sur ce qu'il prétendoit qu'ils conduisaient à une pratique plus pure et plus sévère? Quoi qu'il en soit, il y a une opposition, qu'elle soit réelle ou apparente, entre les idées spéculatives et les obligations morales. Tout philosophe a été constamment forcé d'imaginer entre son système et la morale une liaison quelconque, et de faire quelques sacrifices aux convenances, afin d'appaiser la conscience allarmée du genre humain. Il est facile d'acquérir la faveur du petit nombre, en flattant ses odieuses passions; mais un système immoral n'obtint jamais de popularité. Pour peu que le doute existe, les théories fléchissent et les principes prévalent. La victoire est toujours certaine, soit qu'on abandonne la doctrine dangereuse, ou qu'on la modifie à tel point qu'elle ne puisse lutter plus long-temps avec la légitime autorité de la conscience.

La nature a encore garanti la vertu contre la rebellion du sophisme et l'inconstance de l'opinion. Tout système de morale a une grande extension, et embrasse une grande variété de principes et de sentimens, de devoirs et de vertus. On avait cependant cru d'abord, qu'un système nouveau et extraordinaire tendait à ralentir l'activité morale; mais une plus longue expérience a généralement démontré que tout dans les systèmes se compense, et qu'eux-mêmes fournissent de nouveaux moyens pour se bien conduire. Ainsi les opinions et les conditions humaines offrent un principe de compensation qui, quoiqu'insuffisant à applanir les difficultés et à exclure toute préférence, a néanmoins un tel pouvoir qu'il doit appaiser nos alarmes et adoucir nos controverses. Notre nature morale s'assimile toutes les idées spéculatives qu'elle ne condamne pas. Si toutes ces considérations sont vraies, elles acquièrent une nouvelle force parce qu'elles prouvent l'innocuité de l'erreur, du moment où il n'est plus possible de différer que sur les faits, l'erreur des deux parties se réduit à des disputes de mots.

Nous en savons beaucoup plus sur la tendance pratique des opinions religieuses, que sur celle des systèmes philosophiques. Ces derniers ne franchirent jamais le seuil des écoles, et ne s'adressent qu'aux hommes qui ont reçu quelqu'éducation. En général on s'en occupe, sans tenir aucun compte de nos sentimens et de nos besoins, et plutôt, comme dit Cicéron à propos des paradoxes des Stoïciens, comme d'un sujet de dispute, que comme d'une règle de conduite. Les doctrines religieuses au contraire, s'adressent à tous les siècles et à tous les peuples, la masse du genre humain les apprécie mieux que les systèmes de philosophie, elle leur accorde sincèrement sa foi, et par cela même on doit les ranger au nombre des premiers besoins de l'humanité. Souvent, il faut en convenir, elles s'allient aux passions les plus violentes, dont le cœur humain soit susceptible, et comme de leur nature, elles sont éminemment sympathiques, elles deviennent le plus puissant mobile de l'humanité. Demandons donc à l'histoire quelle fût l'influence morale des opinions religieuses. Car ce n'est qu'en nous plaçant dans ce point de vue, que nous pourrons apprécier toute la puissance de ce principe, le suivre pendant un long temps dans son action sur les masses.

La prédestination et les doctrines qui s'en rapprochent le plus, ont surtout prévalu dans les Eglises chrétiennes de l'occident, depuis Saint Augustin et Saint Thomas d'Aquin. Quels furent les ennemis les plus redoutables de ces doctrines dans l'Eglise de Rome? Les Jésuites qui inventèrent le casuisme des cours, et prônèrent une morale relâchée. Qui dans la même Eglise inclina vers l'austère théologie de Saint Augustin? les Jansénistes, qui professèrent la morale la plus austère, et la mirent en pratique. Que devons-nous penser de la moralité des nations protestantes, et en particulier de celles des classes les plus nombreuses d'entre elles, qui, parmi tous les autres hommes, semblent être le plus sincèrement attachées à leur religion et le plus profondément imbues de son esprit? Dans quelque lieu que nous nous transportions, nous trouverons une preuve irrécusable de l'influence morale que peut avoir une foi religieuse. Chez les protestants de Suisse, de Hollande, d'Ecosse, parmi les Non-conformistes protestants du nord de l'Irlande, dans les Etats de la Nouvelle-Angleterre, le calvinisme fut la religion dominante, et est encore la croyance du plus grand nombre. Ce fut à l'époque où les opinions calvinistes prédominaient, que l'éducation morale de ces peuples se fit, et que leur caractère national se forma. Et cependant est-il un peuple où l'on rencontre une vertu plus pure et plus active que chez ceux que nous venons de citer? Ces considérations et d'autres faits également frappants pourraient légitimer quelques opinions étranges, et nous autoriseraient à récriminer contre nos respectables antagonistes. Mais tel n'est point notre but. Pour nous, il suffit de parvenir à calmer l'aigreur de la controverse, d'apprendre à ceux qui disputent à respecter la neutralité sacrée de la morale, et de leur prouver que la Providence, par ses soins prévoyants et paternels, a pourvu suffisamment à la conservation des principes de la vertu.

Si maintenant nous voulions nous occuper des conséquences politiques des croyances religieuses, il nous serait facile de prouver qu'elles tendent à éloigner les esprits du *Torysme*. En Angleterre surtout, nous en appellerons à l'exemple de Hobbes, Bolingbroke, Hume et Gibbon; et à l'exemple contraire de Milton, Locke, Addisson, Clarke et Newton lui-même; car ce grand homme était aussi un *Whig*. Le Dr Johnson est le seul, à notre connaissance, qui ait été à la fois zélé croyant et fanatique Tory. Nous pourrions lui opposer la vie entière ou tout au moins la plus belle partie de la vie de son illustre ami, M. Burke. Cependant n'accordons pas à des faits aussi peu nombreux que ceux-ci, et qui sont totalement indépendants de l'opinion politique, plus d'importance qu'ils ne méritent. D'ailleurs il est un autre rapport, inconnu jusqu'ici, que nous devons signaler, et qui servira d'introduction aux observations que nous avons à faire sur le scepticisme du 18ᵉ siècle.

Les trois plus célèbres sceptiques des temps modernes, furent d'ardens zélateurs du pouvoir absolu. De ce que ce rapport se rencontre dans Montaigne, Bayle et Hume, il n'en faudrait pas conclure qu'il y a un rapport nécessaire entre le scepticisme et le Torysme ; et même s'il y a une liaison nécessaire entre ces deux faits, il ne faut pas croire que les circonstances ne puissent singulièrement la modifier. Il est donc plus sage d'examiner comment ces trois hommes célèbres ont été conduits à adopter cette opinion.

Montaigne n'était méthodique en rien ; aussi il ne professa point un scepticisme méthodique. Ce fut un libre penseur qui s'écarta de la voie des opinions reçues, et prit à tâche de présenter sur la plupart des questions qu'il examina, des solutions diamétralement opposées. Ses écrits sont évidemment empreints de scepticisme, et il est impossible de trouver ailleurs une attaque plus vigoureuse contre les opinions populaires, que dans le 22ᵉ Essai de son premier livre. Mais il n'est pas nécessaire d'entrer dans de bien grands développemens pour s'expliquer la répugnance qu'éprouvait pour le changement un homme qui avait été fatigué et exaspéré par les horreurs inséparables de 40 ans de guerre civile.

La position de Bayle est plus digne d'attention. Quoique banni de France en qualité de protestant, il publia, en l'an 1690, sans nom d'auteur, un traité intitulé : *Avis aux Réfugiés*, ouvrage qui doit être considéré comme une apologie de Louis XIV, une attaque contre les protestans, et une diatribe injurieuse dirigée contre ses compagnons d'exil. Dans cet ouvrage, que Bayle n'osa pas avouer, il se déclare pour le pouvoir absolu et l'obéissance passive; et se déchaîne avec une fureur dont ses autres écrits n'offrent point d'exemple, contre l'exécrable doctrine de Buchanan et la prétendue souveraineté du peuple ; sans épargner la juste et glorieuse révolution, qui dans un temps, préserva la constitution anglaise, la religion protestante et la liberté européenne. Il n'est donc pas douteux que de son temps, on le considéra comme partisan de la France, et traître à la cause protestante; et il serait difficile de blâmer le roi Guillaume de l'avoir regardé comme l'objet d'une politique jalouse. Quelques années après, on le représenta à Lord Sunderland comme l'ennemi des alliés et le détracteur de leur grand capitaine, le duc de Marlborough. Le généreux ami de l'illustre auteur des *Caractères*, antagoniste de Bayle, surtout dans toutes les questions relatives à la philosophie, la politique, et nous devons le dire, à la religion, l'affranchit, en cette occasion, de la dure nécessité de chercher un nouvel asile, dans l'année même de sa mort (1). Les vexations que les ministres protestans de Hollande lui firent endurer, et sa longue dispute avec *Jurieu*, leur chef, qui était un zélé protecteur des opinions populaires, durent nécessairement le faire pencher du côté du pouvoir absolu, et le disposer à *débarrasser le trône de misérables petits tyrans*. Tel dut être le résultat de son goût pour les opinions paradoxales; car dans les écoles et les sociétés calvinistes, qui étaient alors persécutées, on considérait l'obéissance passive comme l'erreur la plus dangereuse. Cependant ses ennemis eux-mêmes ne purent attribuer sa conduite à l'intention de faire sa cour à Louis XIV, et à l'espoir d'être reçu en France à bras ouverts, motifs qui sembleraient être en opposition complète avec la pureté de

---

(1) V. le supplément de Chauffepied, art. Bayle; et les lettres de Bayle lui-même.

sa vie et sa passion pour la liberté absolue de toute opinion philosophique.

Cependant il ne faut pas confondre le scepticisme de Bayle avec celui de Hume. Le premier de ces écrivains célèbres examina beaucoup de questions l'une après l'autre, et eut pour objet de prouver que de l'examen auquel il se livrait, il résultait que tout est douteux. C'est donc là une sorte de scepticisme inductif, dans lequel le doute général ne se présente que comme conclusion définitive résultant de l'examen d'une grande quantité de faits particuliers. C'est une sorte d'appel fait à l'expérience, bien qu'il ne suffise pas d'avoir omis quelques points dans la recherche du vrai, pour que l'homme sage cesse d'en continuer la recherche. Satisfait d'avoir prouvé ou de s'être prouvé à lui-même que l'humanité n'a atteint à aucune certitude, Bayle n'essaie pas de démontrer qu'il soit impossible d'y arriver.

La doctrine de M. Hume ne consiste pas à nier que nous ayons atteint la vérité; mais que nous puissions jamais l'atteindre. C'est un système de scepticisme absolu et universel, que son auteur prétend déduire de la connaissance de l'entendement humain, et qui est tel que si quelqu'un lui accordait une entière croyance, il lui serait impossible de se former une opinion sur un sujet quelconque; de donner son assentiment à aucune proposition; d'assigner aucune valeur précise à ces mots, *vérité* et *erreur*; de jamais rien chercher ni croire; et, par les mêmes motifs, de ne pas croire, de discuter et de douter; d'adhérer à ses propres principes de doute universel; enfin, s'il est conséquent avec lui-même, de penser. Il est impossible de croire que d'aussi ténébreuses spéculations puissent jamais prétendre à autre chose qu'à amuser les loisirs d'un esprit oisif; et il est certain qu'elles ne peuvent en rien influencer les opinions des hommes de génie relativement aux graves intérêts de la vie humaine. D'un autre côté, il serait peut-être juste de reconnaître que la même cause qui porte les hommes à douter de tout, les expose plutôt à adopter de grossières erreurs, qu'à rectifier leurs opinions. Ceux qui sont doués d'un pareil caractère, ont douté en toute occasion; ils ont exercé leur sagacité à chercher des objections, découvrir des difficultés, prévoir des obstacles; ils ont peu espéré de la sagesse et de la vertu humaines, et inclinèrent beaucoup vers cette indolence et cette indifférence qui empêchait le sage épicurien de hasarder son repos pour les intérêts douteux d'une race méprisable. Ils ne prêtent pas une oreille attentive aux discours de ceux qu'ils appellent des faiseurs d'Utopie. Ils doutent si les maux qui accompagnent les révolutions, sont aussi petits, et les bienfaits qui les suivent, sont aussi grands que le prétend tout réformateur. Le caractère sceptique de M. Hume doit avoir insensiblement modifié ses opinions politiques; mais d'autres causes non moins évidentes et beaucoup plus puissantes ont encore plus contribué à le rendre partisan décidé du pouvoir absolu. Dans sa jeunesse (1), il fut en butte à l'inimitié des Presbytériens, à cause de ses opinions. Ces derniers étaient les seuls vrais amis de la liberté civile en Ecosse; et ce secret rapport qui existe entre la liberté et le calvinisme, les rendit encore plus odieux à M. Hume. A cette époque, la plupart des gens bien nés de l'Ecosse, à l'ex-

---

(1) Nous nous rappelons d'avoir été frappés par quelques remarques sur ce sujet, placées dans la préface de la nouvelle édition de l'*Edimburg Review* de 1755, qui parut à Londres, il y a 3 ou 4 ans. Cette nouvelle publication ne peut qu'être agréable aux amis des nouveautés littéraires, vu qu'on y publie, pour la première fois, les noms de ceux qui ont écrit chaque article, parmi lesquels se trouvent ceux du Dr Smith, du Dr Robertson, de Lord Roslin, etc. Il est également curieux de pouvoir se rappeler dans quel état étaient la littérature et la philosophie en Écosse, au milieu du dix-huitième siècle.

ception de ceux de l'ouest, étaient Jacobites, et ce fut dans ce parti qu'il puisa ses idées. Les préjugés qu'il rapporta de France contre la littérature anglaise, s'étendirent aux institutions de ce pays; et s'il crut atteindre à la réputation à force de paradoxes, à l'époque où il publia son histoire, on peut dire que c'est moins par la bizarrerie de ses dogmes métaphysiques qu'il parvint à son but, que par les doutes qu'il éleva sur le génie de Shakespeare et la vertu de Hampden.

Nous ne suivrons point M. Stewart dans les observations qu'il présente sur les philosophes du continent. Nous pensons avec lui que la théorie de Condillac sur l'origine des connaissances humaines, n'est point un perfectionnement, mais une exagération de la théorie de Locke; et qu'on doit la considérer comme étant la dernière conséquence de la partie la moins estimable de l'Essai sur l'Entendement humain. Après tout, il n'est pas plus extraordinaire que parmi les partisans de Locke il y ait eu des matérialistes, des idéalistes et de décidés sceptiques, que d'avoir vu Antisthène et Aristippe, Xénophon et Platon sortir de l'école de Socrate. La ressemblance est surtout frappante en ce que l'impulsion qui ordinairement est donnée à l'esprit humain par les fanatiques et les partisans des révolutions, fut communiquée dans ces deux cas par les deux plus sages et les deux plus modestes philosophes des temps anciens et modernes. Il n'est peut-être aucun nom dans l'histoire de la philosophie, qui ait été aussi injustement oublié que celui de Buffier. Son traité sur les *vérités premières*, seul ouvrage de lui qui soit connu dans ce pays (1), n'est qu'une partie d'un système général sur les connaissances humaines, et ne peut être justement apprécié qu'autant qu'on l'examine dans ses rapports avec les autres parties du système. Cet ouvrage a le mérite d'être une ébauche de ce fragment immortel où le génie de Pascal a rassemblé dans l'espace de deux pages, tout ce qui a jamais été dit, et tout ce qu'on pourra dire pour ou contre le scepticisme universel (2). Ce philosophe jésuite considère le sens commun comme une faculté

---

(1) Cours de sciences sur des principes nouveaux et simples, pour former le langage, l'esprit et le cœur, dans l'usage ordinaire de la vie; par le père Buffier de la compagnie de Jésus, folio, Paris, 1732. Cette collection de ses ouvrages est tellement rare que nous n'en avons jamais vu d'autre exemplaire que celui qui est actuellement en notre possession.

(2) Pensées de Pascal, partie IIe, art. 1er. V. *Edimburgh Review*, vol. XXII, pp. 235-236.

donnée à tous les hommes pour ajouter foi à certaines propositions qui se rapportent à des objets qui dépassent la sphère de nos connaissances, et qui ne sont déduites d'aucune autre proposition antérieure. Ce principe, ainsi que l'observe le P. Buffier, n'a rien de commun avec les idées innées, qui se rapportent à des objets pris dans la nature extérieure, et sont parconséquent toujours présens à l'esprit. Les vérités premières, envisagées comme le fait l'auteur, se reconnaissent à cette condition, qu'aucune vérité plus claire qu'elles-mêmes, ne peut les expliquer ni les contredire. De même que Condillac, il appliqua la philosophie aux arts dont le langage est l'objet ou l'instrument; c'est-à-dire, à l'éloquence, à la poésie, à la grammaire. Il qualifie l'éloquence de poésie vive et animée (1), il la considère comme une erreur grossière que quelques passages de Voltaire et de Corneille peuvent excuser; mais que tout homme qui a senti Phèdre et Athalie, ne doit pas chercher à imiter. Son excellent ouvrage sur la grammaire fut peut-être le premier traité de grammaire

---

(1) Il dit en effet « que le poète emploie la versification » au lieu du langage ordinaire, et la fiction au lieu du rai- » sonnement. » Mais cette explication ne corrige pas le vice radical de sa pensée.

philosophique écrit en langue française. La plus grande partie de cet ouvrage contient un traité de morale, dans lequel tous les devoirs de la vie sont déduits de ce que leur rigoureuse observation tend à assurer le bonheur de l'individu et celui de l'espèce. « Je désire
» être heureux, dit le P. Buffier, mais je vis
» en société avec d'autres hommes qui désirent
» l'être également : essayons donc de trouver
» les moyens qui doivent accroître ma pro-
» pre félicité, tout en augmentant, ou au
» moins en ne diminuant pas celle des autres.
» C'est là le fondement de toute sagesse hu-
» maine, la source d'où découlent toutes les
» vertus naturelles, le principe général de
» toute morale et de toute société humaine. »
C'est là ce principe d'utilité, qui, sous des formes différentes, a été considéré depuis Cicéron, comme la base de la morale, et fut représenté par ce philosophe comme le premier objet de cette science, *ut eadem sit utilitas uniuscujusque et universorum,* jusqu'au poète qui nous enseigne que le véritable amour de soi et l'amour social sont une seule et même chose. Nous devons dire encore que les écrits de Buffier sont remarquables par leur lucidité, qualité qui, depuis Descartes et Pascal (1),

---

(1) Il est peu de passages plus utiles à celui qui se livre à

se rencontre presque constamment chez les écrivains français, et que nous devons considérer comme une des qualités que nous ayons à leur envier (1).

Nous avons déjà dit que l'ouvrage de

---

l'étude de la philosophie, que le second et le troisième article de la première partie des pensées de Pascal; principalement les huit principes qui se rapportent aux définitions, aux axiômes, et aux définitions tirées des principes de géométrie, qui, jusqu'à un certain point, s'appliquent à toute espèce de raisonnement. Elles nous semblent admirables de sagacité et de simplicité; et sont d'une utilité générale, genre de mérite que l'on rencontre rarement chez un métaphysicien.

(1) Une publication qui a eu lieu récemment à Paris, paraît indiquer que les philosophes français sont disposés à considérer l'Essai de Condillac sur l'origine des connaissances humaines comme incomplet et peu satisfaisant. *Voy. Leçons de Philosophie par M. Laromiguière, Paris*, 1820, 2e *édition*. Jusqu'à présent, nous ne connaissons de cet ouvrage que la critique remarquable qui en a été faite dans le *Journal des Savans* (1). Nous croyons, d'après ce que nous avons lu, que les opinions de l'auteur ont beaucoup d'analogie avec celles de l'ingénieux Dr Brown, que nous nous proposons d'examiner à l'occasion avec tout le soin que mérite leur importance.

(1) La critique dont parle ici M. Mac-intosh est le morceau que publia M. Cousin, et qu'il a reproduit en tête des fragmens philosophiques.
(*Note du Trad.*)

M. Stewart ne nous entraînerait pas dans le vaste champ de la philosophie allemande. Nous eussions préféré qu'il gardât le silence sur ce sujet, plutôt que de le voir porter un jugement, sans avoir assez de matériaux pour l'établir. En tout cas, il eût été plus conforme aux principes généreux qui ordinairement président à sa critique, d'avoir porté un jugement favorable, ou au moins d'avoir parlé avec la plus grande circonspection de ces philosophes, qu'il ne peut entendre dans leur propre défense, au lieu d'avoir donné libre carrière aux préjugés de son école et de son pays; et d'avoir ainsi donné de la consistance aux préjugés du vulgaire contre les opinions et le talent des philosophes allemands.

Cependant la fièvre métaphysique d'Allemagne a cessé. Kant et ses successeurs, ainsi que leurs antagonistes, n'occupent plus l'attention publique au point d'entraver le cours des affaires humaines, que les écrivains de cet ordre n'ont jamais su apprécier. Ce furent de pareilles vicissitudes, qui, dans ces derniers temps, suggérèrent à M. Hume l'observation suivante : « Une comédie agréable, qui retrace » les mœurs d'une époque, et représente fidè- » lement la nature, est une œuvre durable

» qui passe à la postérité la plus reculée. Mais
» tout système physique ou métaphysique
» doit ordinairement ses succès à sa nou-
» veauté, et n'est pas plus tôt devenu le sujet
» d'un examen impartial, qu'on en découvre
» la faiblesse. » Bien qu'en y réfléchissant davantage, nous ne devions pas abandonner complètement cette belle et judicieuse observation, nous ne croyons pas devoir adopter l'opinion que tout système philosophique est de nulle valeur. En effet, il semblerait, d'après l'opinion de Hume, que ces systèmes passent sans laisser aucune trace de leur influence passagère. Mais on sait au contraire que la succession des opinions et des écoles est précisément ce qui fait l'éducation du genre humain. Et même, pour peu qu'on y réfléchisse, on verra que chaque système est conforme à l'état de développement de l'esprit humain à l'époque de son apparition, et tous, il faut en convenir, ont jeté une vive lumière sur quelques parties de l'édifice des connaissances. Chacun d'eux a su mettre en évidence quelques vérités jusque-là dédaignées, ou incomplètement examinées par les autres; et le plus défectueux des systèmes, en même temps qu'il guérit certains désordres intellectuels, en produit d'autres ou les aggrave. L'empire d'une secte philosophique prouve que, pour le temps,

celle-là est plus propre qu'aucune autre, à à réveiller, fortifier et stimuler les facultés de l'esprit. Dans ce grand procès, des erreurs opposées se corrigent insensiblement l'une l'autre, et chaque point d'une question est complètement et scrupuleusement examiné. Peu-à-peu le torrent s'apaise et disparaît ; mais chaque système, dans sa course, dépose quelques particules d'un or pur, et apporte un certain nombre de faits et d'observations propres à construire cet édifice de vérité, qui s'élève lentement, mais d'une manière continue, et accepte même les erreurs qui semblent le plus s'opposer à ses progrès.

Dans ces derniers temps, les méditations des Allemands se sont portées sur d'autres objets, qui nous permettent d'acquiescer aux courtes observations que M. Stewart a présentées sur la philosophie du langage (1), sur l'ancienne ci-

---

(1) Cette partie des connaissances ne peut en aucune manière être confondue avec la philosophie du langage. Cette dernière science ne s'occupe que des choses communes à toutes les langues. La première au contraire s'occupe des différentes catégories auxquelles on peut ramener les langues, selon leur origine et leur contexture, et nous fait connaître l'histoire des modifications qu'elles ont subies, et leur dépendance réciproque. Cette science est encore si nouvelle qu'elle n'a point encore de nom.

vilisation de l'orient, et sur les progrès de l'A-
mérique ; questions qu'il considère comme
n'étant pas liées les unes aux autres, et qu'il
pense à bon droit n'être pas étrangères à l'histoire de la philosophie.

Sur le premier de ces points, les penseurs
d'Allemagne reçurent la première impulsion
de Leibnitz, dont les opinions les plus hardies se rapportent aux combinaisons et aux
analogies du langage, vues dans leurs rapports avec les premiers temps de la civilisation de notre espèce. Le célèbre M. Schlegel
(1), qui a fait connaître à ses compatriotes
Caldéron et Shakespeare, avec une fidélité qui a étonné les penseurs d'Espagne et
d'Angleterre, et qui tout récemment a aidé
M. Raynouard à retrouver la grammaire et
l'histoire de ce célèbre dialecte Roman, que
l'on appelle communément Provençal, a enfin
porté ses recherches philologiques sur le Sanscrit, et avec l'aide de son frère aîné et du savant M. Rapp, a déjà jeté une vive lumière sur
les analogies des mots et de la structure gram-
maticale de la langue Sanscrite, avec l'ancien

---

(1) V. le Journal de M. Schlegel intitulé *Indisch Bibliotek*,
Benn, 1820.

Persan, le Grec et la langue Teutonique. Il se livre à ces nouvelles études, d'après les mêmes principes et avec les mêmes habitudes qui formèrent trois cents critiques sur les anciens écrivains d'Europe, et il se propose dans une suite d'éditions d'ouvrages Sanscrits, de se faire connaître comme le premier critique et le premier commentateur des classiques de l'Inde ancienne.

Nous aurions encore à admirer le même talent à saisir les analogies des langues dans les ouvrages de M. Al. de Humboldt; si, chez cet auteur, les recherches de cette nature n'étaient, pour ainsi dire, perdues au milieu d'une grande quantité d'autres découvertes admirables. En même temps que ce savant a emporté d'Europe une grande masse de savoir, il a plus ajouté à nos connaissances qu'aucun autre voyageur, et ses ouvrages nous apparaissent comme la preuve la plus frappante du lien secret qui existe entre toutes les sciences, de la lumière que les sciences physiques et morales les plus diverses, se prêtent réciproquement, et de la facilité que trouve un grand maître à donner de la dignité à ses acquisitions scientifiques en les ramenant à une philosophie générale et compréhensive. D'après quelques indices contenus dans son grand ouvrage, nous voyons qu'il projette encore de visiter les montagnes centrales de l'Asie, dessein qui originairement lui fut inspiré par l'examen qu'il fit de l'Amérique. En effet, dans un esprit philosophique, ces contrées se lient entr'elles tant par la différence de leurs institutions, que par la ressemblance de quelques-uns de leurs sites. Ce fut ce rapport singulier et bizarre, qui, plus qu'aucun autre, dirigea M. Stewart dans l'opinion qu'il se fit de ces pays; et ce fut encore à cela probablement que nous devons de les voir réunis dans l'esprit de M. de Humboldt comme objets dignes d'intérêt. Il semble, en effet, que ces peuples occupent les deux extrémités de la chaîne de la civilisation humaine. L'ensemble de la civilisation, autant que nous en pouvons juger, et que nous pouvons raisonnablement le conjecturer, semble être renfermé entre le Gange et le Mississipi. Les temps antérieurs au système social de l'Inde, et l'origine de ce système lui-même, sont couverts d'un voile impénétrable. Nous apercevons obscurément cet ancien état; mais, avant lui, nous ne voyons plus rien. Et, de nos jours, il nous offre le mélange des débris des lois primitives et des œuvres de l'homme civilisé.

D'un autre côté, l'Amérique du Nord nous

offre le spectacle extraordinaire d'une société politique marchant rapidement à la grandeur impériale, à l'aide d'institutions qu'osent à peine essayer quelques États puissans. Par un singulier hasard, il est arrivé que le même peuple européen qui conquit, dans l'orient, le premier siége de la civilisation, fut celui qui fonda dans l'occident un nouvel ordre politique. Nous apprenons à l'instant qu'on vient de retrouver la position de Méroë, et que les ruines de Babylone ont été aperçues dans un coin du globe, tandis que, sur un autre point, nous voyons un désert se peupler de républiques populeuses et florissantes, et l'industrie s'y développer avec une rapidité supérieure à celle des conquérans les plus fameux. Sous la domination, et parmi les descendans de la nation anglaise, nous apercevons l'antiquité la plus vénérable dont on puisse conserver le souvenir ; et nous entrevoyons dans l'avenir les progrès les plus remarquables que puisse désirer l'enthousiasme le plus hardi. C'est une position digne d'un grand peuple où aucun autre ne fut jamais placé avant nous. Mais il en est beaucoup parmi nous, qui semblent disposés à repousser la plus belle partie de cette haute destinée. Tous ceux qui par un motif ou de jalousie politique, ou d'étroite cabale, regardent l'Amérique d'un œil ennemi, sont

étrangement oublieux de l'honneur que réflète sur leur pays ce monument du génie et du courage de la nation anglaise. Cette question fut autrement envisagée par les hommes les plus sages qui nous précédèrent dans le chemin de la vie. « Nous pensons, dit M. Burke,
» que l'établissement des colonies anglaises,
» d'après les principes de la liberté, est ce qui
» doit faire respecter ce royaume des siècles
» futurs. Mais aussi nous regardons les vic-
» toires et les conquêtes de nos belliqueux an-
» cêtres, et celles de notre époque, comme de
» barbares et vulgaires exceptions, dans les-
» quelles plusieurs nations que nous respec-
» tons et que nous estimons, nous ont sur-
» passés. C'est là la gloire particulière et appar-
» tenant en propre à l'Angleterre. Nous con-
» sidérons comme les vrais et les seuls vrais
» Anglais, ceux qui jouissent du même fond
» de liberté que nous, quel que soit le côté de
» l'Océan qu'ils habitent. Ceux qui s'en écar-
» tent, en quelque lieu qu'ils soient, sont cor-
» rompus, couverts d'opprobre, et déchus de
» tout rang et de toute estime. Ceux-là seuls
» sont les vrais rebelles à la belle constitution
» et à la juste suprématie de l'Angleterre (1). »

---

(1) Adresse aux Colonies Anglaises de l'Amérique du nord. V. Burke 147, édition in-4°.

Ces paroles furent adressées au peuple Américain en janvier 1777, époque de guerre civile, par un ami zélé de la suprématie anglaise, c'est-à-dire peu après la déclaration de l'indépendance de l'Amérique. Les deux États anglais de l'un et de l'autre côté de l'Atlantique, sont actuellement exposés à ces alternatives de paix et de guerre, auxquelles les intérêts et les passions populaires exposent tous les pays indépendans ; mais les animosités populaires altèrent encore davantage leurs rapports, et leur persistance dépend, jusqu'à un certain point, de leur tempérament et de leurs sentimens les uns envers les autres.

La gloire de l'Angleterre est d'avoir fondé la liberté dans un grand empire. Ce qui lui appartient, ce sont les grandes institutions morales de l'*habeas corpus*, du jugement par jury, de la représentation nationale et de la liberté de la presse. Ces institutions précédèrent ses colonies américaines, et c'est à elles qu'elles doivent d'être devenues des nations puissantes. Plus elles s'étendront et se multiplieront, et plus le nom de la nation qui a fait au monde des présens si estimables, deviendra remarquable. Les lois anglaises, basées sur les principes de la liberté, forment encore la substance du code d'Amérique. Dans chaque cour de justice, depuis Saint-Laurent jusqu'au Mississipi, on cite nos auteurs, nos lois, les décisions les plus récentes de nos juges. La loi, aussi bien que la liberté anglaise, sont les fondemens sur lesquels la législation américaine est assise. L'autorité de notre jurisprudence survivra au pouvoir de notre gouvernement, pendant plusieurs siècles, de même que les lois romaines commandèrent le respect de l'Europe, après la destruction de l'empire romain.

Notre langue appartient autant à l'Amérique qu'à l'Angleterre. Lorsque l'Amérique s'élève, avec elle grandit la gloire des écrivains distingués d'Angleterre. Par elle, les admirateurs de Milton et de Shakespeare se sont multipliés; et nous lui devons de voir s'étendre au loin la célébrité de tout Anglais de génie. Dèslors, il est raisonnable d'espérer que ces rapports de naissance, de liberté, de lois, de langage et de littérature, doivent, avec le temps, l'emporter sur des préjugés vulgaires, ignobles et ruineux. Les ancêtres des Américains furent aussi bien les compatriotes de Bâcon et de Newton, de Hampden et de Sidney, que les nôtres. Ils sont appelés à partager la gloire que nous ont léguée nos communs ayeux. Ni la liberté de l'Angleterre, ni son génie, ni le noble langage que ce génie a consacré, ne méritent leur mépris. Tous ces honneurs leur appartiennent, s'ils tiennent à les conserver. L'histoire d'Angleterre est leur histoire, jusqu'au moment où on adopta des mesures contre leur liberté. Il importe que nous entretenions ou que nous fassions revivre entr'eux et nous les sentimens de parenté. Ils peuvent se réclamer de nos nobles aïeux, de même que nous pouvons regarder en face leurs illustres descendans, à moins que de funestes préjugés ne les portent à rejeter ces honneurs qu'ils ont légitimement acquis. Qu'ils sachent d'ailleurs que nous envions la grandeur qui ressort de nos institutions, et doit perpétuer notre mémoire (1).

---

(1) Des circonstances indépendantes de notre volonté nous obligent à finir ici cet article. Il est probable que nous trouverons l'occasion de présenter à nos lecteurs les observations que nous a suggérées cette partie du discours de M. Stewart, qui se rapporte aux Philosophes Anglais et Écossais du dix-huitième siècle, depuis Berkeley jusqu'à Brown (*).

(*) L'auteur n'a jamais réalisé ce projet. (*Note du Trad.*)

EXAMEN CRITIQUE

DE L'OUVRAGE

DE

MME LA B^{ONNE} DE STAEL HOLSTEIN,

INTITULÉ

DE L'ALLEMAGNE (1).

La majeure partie de nos lecteurs sait que l'ouvrage de madame de Staël fut prohibé à Paris, il y a à-peu-près trois ans, après avoir subi un rigoureux examen de la part des censeurs. Le récit de la suppression de ce livre et des causes qui l'ont amenée, ainsi que la lettre du Ministre de la Police, qui se trouvent dans la préface, sont extrêmement curieuses. Elles caractérisent le gouvernement de Napoléon, et deviennent de précieux documents pour l'histoire générale du honteux esclavage auquel les despotes ont toujours soumis la litté-

---

(1) Inséré dans l'Edinburgh Rewiew, n° XLIII, octo-ber 1813. (*Note du Trad.*)

rature. Cependant le moindre mérite de cet ouvrage, est d'être le premier des livres prohibés. Dans d'autres circonstances, les entraves apportées à sa publication formeraient la partie la plus intéressante du livre, mais le mérite réel des ouvrages de madame de Staël nous ramène immédiatement à l'examen du sujet.

Jusqu'au milieu du dix-huitième siècle, l'Allemagne a joui d'un profond respect parmi les grandes nations de la chrétienté. Ses découvertes et ses inventions dans les sciences, la philosophie, ainsi que dans les connaissances positives; son génie et son habileté dans l'art de la guerre, et surtout la révolution théologique qui affranchit les esprits d'une partie de l'Europe, et allégea les chaînes de l'autre partie, lui avaient acquis ce haut rang en Europe; mais elle n'avait point de littérature nationale. La patrie de *Guttemberg*, de *Copernic*, de *Luther*, de *Kepler* et de *Leibnitz*, ne possédait pas un écrivain dans sa propre langue, dont le nom fût connu des nations voisines. Les généraux et les hommes d'état d'Allemagne, les philosophes et les érudits, jouissaient d'une grande célébrité; mais les auteurs allemands étaient tout-à-fait inconnus. Pendant ce temps, les peuples du midi paraissaient endormis. Ceux de la péninsule espagnole formaient avec l'Allemagne un contraste parfait: les Allemands avaient bien quelque lueur de culture intellectuelle, mais ils n'avaient point de littérature; tandis que, depuis la réformation, les Espagnols avaient cessé de cultiver leur intelligence, et se contentaient d'étudier et d'admirer leurs poètes, sans oser marcher sur leurs traces.

En Italie, Métastase était le seul poète renommé; mais l'amour des beaux-arts fit oublier son génie. Les monumens que renferme ce pays, y entretenaient le goût des recherches sur l'antiquité et la philologie; et d'un autre côté, la rivalité des petits états et la gloire des siècles précédens, portaient ces peuples à étudier l'histoire littéraire. L'Italie conserva aussi une certaine tendance vers les sciences expérimentales, dont elle fut probablement redevable au génie de Galilée. Ce fut à cette époque, qu'elle commença à s'occuper des moyens d'améliorer le sort des hommes, en se livrant à quelques recherches sur les principes de la législation et de l'économie politique, recherches qui font la véritable gloire du dix-huitième siècle. Pendant ce temps, la France et l'Angleterre ne perdirent rien de leur ancienne activité: car quelque opinion que l'on ait de la pureté de goût et de la solidité de jugement de *Montesquieu*, et de *Voltaire*, de *Buffon* et de *Rousseau*, il n'est personne qui conteste la force de leur génie. Chez nous, cette époque ne fut signalée par la perte d'aucun de nos anciens titres à la gloire; car nous nous distinguions honorablement par le nouvel essor que prirent l'histoire, l'éloquence, et (pourquoi ne le dirai-je pas?) l'art de la peinture.

L'Allemagne offrait donc l'exemple unique d'une nation civilisée et savante privée de littérature. Les ballades chevaleresques du moyen âge, et les essais des poètes Silésiens au commencement du dix-septième siècle, faisaient encore ressortir ce vide. Le français était la langue usitée dans toutes les cours, et le grand nombre de principautés qui existaient dans ce pays, équivalaient à-peu-près à l'exclusion de la langue allemande de toute société de distinction. Les philosophes employaient un latin barbare, ainsi que l'avait fait toute l'Europe, jusqu'à ce que la réforme eût rendu de la dignité aux langues nationales par l'usage qu'on en fit dans l'exercice du culte; et jusqu'à ce que *Montaigne*, *Galilée* et *Bâcon* eussent renversé la barrière qui existait entre les savans et le peuple, en se servant de la langue vulgaire.

Cependant la langue allemande continua à n'être que l'instrument des communications les plus ordinaires de la vie. L'Allemagne ne possédait donc aucune propriété intellectuelle, puisque la science, étant le patrimoine commun des hommes civilisés, n'appartient à aucun peuple, et que par conséquent, il n'y a que la poésie et l'éloquence, qui, jusqu'à un certain point, puissent et doivent être nationales. Enfin il s'opéra une grande révolution qui se termina dans le cours d'un demi-siècle, et dont le résultat fut de donner à l'Allemagne une littérature qui est peut-être la plus originale de toutes celles de l'Europe, et ce qu'il y a de remarquable, c'est qu'elle fut la première qui prit naissance dans un siècle éclairé. Les idées et les sentimens d'une poésie naissante s'alliaient d'une manière tout-à-fait neuve avec les subtilités de la philosophie. Ce peuple studieux et savant, familiarisé avec la littérature des autres nations, ayant encore toute la simplicité de la nature, était trop souvent porté à tomber dans le bizarre et le monstrueux. Les défauts et les vices de notre nature morale avaient beaucoup d'attraits pour son imagination, et il alliait la grossièreté d'une littérature encore dans l'enfance aux spéculations hardies d'une époque philosophique. Enfin la littérature allemande, quoique variée, riche, et par un renversement de la marche ordinaire des choses, s'acheminant vers l'originalité, était entachée de l'exagération naturelle à tout imitateur et à tous ceux qui connaissent les passions, plutôt pour les avoir étudiées, que pour en avoir ressenti les effets.

Une autre cause concourut à creuser l'abîme qui séparait les auteurs allemands de ceux des nations les plus policées de l'Europe. C'est qu'à cette époque, l'Angleterre et la France avaient enfin abandonné ces spéculations abstraites qui les avaient occupées au tems de *Gassendi* et de *Hobbes*; et par un mélange confus de mépris et de dépit, elles avaient abandonné les questions métaphysiques parce qu'elles leur semblaient tout à la fois insaisissables et inutiles. Ce fut alors que s'alluma en Allemagne une fièvre philosophique plus intense et plus générale qu'aucune de celles qui avaient été connues en Europe, depuis la chute de la philosophie scolastique. Le système métaphysique qui apparut, outre les prétentions naturelles à cette science, aspira à dicter des lois à toutes les branches des connaissances humaines. A ce système qui régna pendant long-tems, il en succéda d'autres, dérivés de celui-là, mais qui n'eurent qu'une courte durée : les ouvrages métaphysiques se multiplièrent presqu'autant que les traités politiques, aux époques les plus chaudes de tout gouvernement populaire. La matière fut bientôt épuisée, et la fièvre métaphysique semble à présent être près de s'éteindre ; car le cercle étroit des questions relatives aux premiers principes est toujours rapidement décrit, et le philosophe qui pense que sa course doit être infinie, se trouve presqu'aussitôt ramené au point d'où il était parti. Mais les formes métaphysiques avaient envahi le style allemand. Des allusions aux idées spéculatives les plus subtiles, devinrent communes dans les écrits les plus vulgaires, et presque toujours les considérations relatives, à la littérature et aux mœurs étaient entachées de métaphores empruntées aux systèmes philosophiques en faveur. Enfin le style allemand différait plus de celui de la France, et surtout de celui de l'Angleterre, que la littérature de l'Orient ne diffère de celle de l'Occident.

De là vient que les étrangers connurent assez bien l'Allemagne sous les rapports géographique et politique; mais que sa littérature et son esprit continuèrent à être à peu près ignorés d'eux. Il n'y a pas plus de trente ans qu'il existait à Londres un plus grand nombre d'élèves se livrant à l'étude du persan, qu'à celle de l'allemand. Ni Goëthe, ni Schiller ne purent vaincre cette répugnance. En France, les changemens politiques, des opinions exclusives, et le dédain de ce peuple pour l'étude des langues étrangères, firent exclure la littérature allemande. D'autres causes passagères contribuèrent à la bannir d'Angleterre, où pendant un tems elle avait obtenu quelques succès. Certains drames plus remarquables par l'effet théâtral, que par le génie dramatique, contenaient des scènes et des caractères d'une moralité équivoque (observation qu'aucun auteur n'a faite avec plus de philosophie et d'éloquence que madame de Staël); qui, si elle était dangereuse dans le calme de l'étude, l'était encore bien davantage au théâtre, où se trouvant en contact avec les passions vives d'une multitude ignorante, elle devait alarmer ceux qui, avec juste raison, considèrent les vertus domestiques comme un des avantages et une des sauvegardes de la nation anglaise. Ces paradoxes moraux, qui se rencontraient principalement dans les poètes inférieurs de l'Allemagne, furent connus au moment où éclata la révolution française, et subirent le même sort. La littérature allemande fut signalée comme la complice de la politique révolutionnaire et de la philosophie matérialiste; et, chose bizarre, il arriva que nous commençâmes à adresser à d'autres nations les mêmes reproches que la France avait dirigés contre nous au commencement du XVIIIe siècle. Alors nos aimables voisins nous imputaient la grossièreté et la violence de rebelles parvenus, pour qui nulle religion n'est sacrée, aucune forme de gouvernement durable; qu'aucun monarque ne pouvait gouverner, qu'aucun dieu ne pouvait contenter, et dont la littérature grossière et barbare n'était propre qu'à exciter le ridicule des peuples civilisés. Nous renvoyâmes à l'Amérique, qui s'appropria, autant qu'elle le put, et nos lois et notre forme de gouvernement, la partie politique de ces déclamations ; réservant pour l'Allemagne, dont la littérature avait été calquée sur nos modèles, quoique revêtue de formes différentes, tout ce qui a trait à la littérature. Les mêmes personnes qui applaudirent à l'esprit de la comédie anglaise et excusèrent ses railleries licencieuses, furent celles qui s'élevèrent avec le plus de force contre l'immoralité du théâtre allemand; et dans notre indignation contre quelques scènes, dangereuses seulement par leur excès de rafinement, nous semblâmes avoir oublié l'indécence grossière qui souilla toute la brillante période comprise depuis *Fletcher* jusqu'à *Congrève*. C'est ainsi que nous oubliions que les combinaisons les plus hardies et les plus fantasques du théâtre allemand n'approchent pas de ce mélange de goût et de bon sens dans la pensée et l'expression, de bizarrerie et d'extravagance dans la création de caractères monstrueux et d'incidens horribles, qui se trouvent dans quelques-uns de nos premiers drames, que le public a dernièrement, et à juste titre, retirés de l'oubli, à cause de leur énergie et de leur beauté. Les principaux motifs du peu de progrès de la littérature allemande en France et en Angleterre, sont philosophiquement développés dans deux admirables chapitres de l'ouvrage de madame de Staël. Il est aussi difficile de rendre les formes du style allemand dans une langue aussi différente dans sa structure et son origine que l'est la langue française, qu'il le serait d'exécuter sur un instrument quelconque un morceau de musique composé pour un autre. En Allemagne, la langue et le style ne sont point encore fixés. En France, au contraire, les règles sont despotiques. Le lecteur ne consent point à être amusé aux dépens de sa conscience littéraire, c'est la seule chose pour laquelle les français soient scrupuleux. L'Allemand domine son public et se l'approprie; le Français redoute un public éclairé et sévère. Constamment il vise au trait; il est dans la société, même pendant qu'il écrit, et ne perd jamais de vue l'effet qu'il doit produire sur ceux dont il a l'habitude de craindre les opinions et les sarcasmes. Les auteurs allemands possèdent à un plus haut degré la qualité essentielle pour bien écrire, je veux dire la capacité de sentir vivement et fortement. En France, un livre se lit afin d'être à même d'en parler, et doit par conséquent être imbu de l'esprit de la société; en Allemagne, au contraire, il est lu par ceux qui, dans leurs études solitaires, recherchent ou l'instruction, ou de profondes émotions; et dans la solitude, rien ne paraît plus triste que l'esprit du monde. Les Français veulent une clarté qui va quelquefois jusqu'à rendre les auteurs superficiels; et les Allemands, par leur prétention à l'originalité et à la profondeur, rendent quelquefois des pensées communes dans un style obscur. Dans l'art dramatique, partie la plus nationale d'une littérature, les Français excellent dans tout ce qui a rapport à l'action, à l'intrigue et à l'intérêt des évènemens; l'Allemand les surpasse dans l'art de peindre et de mettre en scène les impressions de l'âme et les secrets orages des passions.

Les passages suivans sont extraits du chapitre qui se rapporte à la manière dont la littérature allemande fut reçue dans la Grande-Bretagne; passages que le défaut de goût pourrait seul tenter d'abréger, et qu'il serait très-difficile de traduire :

« Les Anglais veulent à tout des résultats
» immédiatement applicables, et de-là naissent
» leurs préventions pour une philosophie qui
» a pour objet le beau plutôt que l'utile. »

« Les Anglais ne séparent pas, il est vrai, la
» dignité de l'utilité, et toujours ils sont prêts,
» quand il le faut, à sacrifier ce qui est utile
» à ce qui est honorable ; mais ils ne se prêtent
» pas volontiers, comme il est dit dans *Hamlet*,
» à ces *conversations avec l'air*, dont les Alle-
» mands sont très-épris. La philosophie des
» Anglais est dirigée vers les résultats avanta-
» geux au bien-être de l'humanité. Les Alle-
» mands s'occupent de la vérité pour elle-
» même, sans penser au parti que les hommes
» peuvent en tirer. La nature de leurs gou-
» vernemens ne leur ayant point offert des
» occasions grandes et belles de mériter la
» gloire et de servir la patrie, ils s'attachent
» en tout genre à la contemplation, et cher-
» chent dans le ciel l'espace que leur étroite
» destinée leur refuse sur la terre. Ils se
» plaisent dans l'idéal, parce qu'il n'y a rien
» dans l'état actuel des choses qui parle à leur
» imagination. Les Anglais s'honorent avec

» raison de tout ce qu'ils possèdent, de tout
» ce qu'ils sont, de tout ce qu'ils peuvent être ;
» ils placent leur admiration et leur amour
» sur leurs lois, leurs mœurs et leur culte. »

« Ces nobles sentimens donnent à l'âme
» plus de force et d'énergie ; mais la pensée
» va peut-être encore plus loin, quand elle
» n'a point de bornes, ni même de but dé-
» terminé, et que, sans cesse en rapport avec
» l'immense et l'infini, aucun intérêt ne la
» ramène aux choses de ce monde. »

« Les Anglais, qui ont tant d'originalité
» dans le caractère, redoutent néanmoins
» assez généralement les nouveaux systèmes.
» La sagesse d'esprit leur a fait tant de bien
» dans les affaires de la vie, qu'ils aiment à la
» retrouver dans les études intellectuelles, et
» c'est là cependant que l'audace est insépa-
» rable du génie. Le génie, pourvu qu'il
» respecte la religion et la morale, doit aller
» aussi loin qu'il veut : c'est l'empire de la
» pensée qu'il aggrandit. »

« Les affections domestiques exerçant un
» grand empire sur le cœur des Anglais,
» leur poésie se sent de la délicatesse et de la
» fixité de ces affections : les Allemands, plus

» indépendans en tout, parce qu'ils ne portent
» l'empreinte d'aucune institution politique,
» peignent les sentimens comme les idées, à
» travers des nuages : on dirait que l'univers
» vacille devant leurs yeux, et l'incertitude
» même de leurs regards multiplie les objets
» dont leur talent peut se servir. »

« Le principe de la terreur, qui est un des
» grands moyens de la poésie allemande, a
» moins d'ascendant sur l'imagination des
» Anglais de nos jours. Ils décrivent la nature
» avec charme ; mais elle n'agit plus sur eux
» comme une puissance redoutable qui ren-
» ferme dans son sein les fantômes, les pré-
» sages, et tient chez les modernes la même
» place que la destinée parmi les anciens.
» L'imagination, en Angleterre, est presque
» toujours inspirée par la sensibilité; l'ima-
» gination des Allemands est quelquefois rude
» et bizarre : la religion de l'Angleterre est
» plus sévère, celle de l'Allemagne est plus
» vague; et la poésie des nations doit néces-
» sairement porter l'empreinte de leurs senti-
» mens religieux. La convenance ne règne
» point dans les arts en Angleterre comme
» en France; cependant l'opinion publique
» y a plus d'empire qu'en Allemagne; l'unité
» nationale en est la cause. Les Anglais veulent

» mettre d'accord en toutes choses les actions
» et les principes; c'est un peuple sage et bien
» ordonné, qui a compris dans la sagesse la
» gloire, et dans l'ordre la liberté : les Alle-
» mands, n'ayant fait que rêver l'une et l'autre,
» ont examiné les idées indépendamment de
» leur application, et se sont ainsi nécessai-
» rement élevés plus haut en théorie. »

Ces passages introduisent naturellement le lecteur anglais à cet ouvrage, dont l'objet est de faire connaître l'Allemagne aux nations étrangères. Il fera également connaître aux âges futurs l'état de ce pays arrivé au plus haut degré de son développement philosophique et poétique, quelque temps avant que la fierté de son génie ne fût contrainte à s'abaisser sous un joug étranger et que l'esprit national ne fût détourné de son goût pour les lettres, pour s'engager dans les débats qui rétablirent son indépendance. Dans un pareil moment, il était difficile de bien observer, et cependant cela a été fait avec bonheur par une de ces personnes qui sont tout à la fois capables de saisir et de peindre les mœurs, d'apprécier et d'exposer les systèmes philosophiques, de goûter les beautés et les formes variables de la littérature, et de remonter par l'observation du caractère national à la cause générale d'où dérivent les particularités des mœurs, des arts ou de la philosophie, et de les placer dans leur ordre naturel, comme autant de traits dans le portrait d'un peuple.

Les qualités nécessaires à un voyageur du second ordre, sont de nos jours assez communes. En effet, beaucoup de gens sont propres à observer exactement les choses qui peuvent être connues d'une manière positive. Mais les objets les plus importans d'un pays ne peuvent être ni comptés ni mesurés. En effet, ce n'est point par un catalogue des productions végétales ou minérales, quelqu'exact qu'il puisse être, que le naturaliste parvient à nous retracer l'ordre de l'univers, et quoi que l'économiste puisse nous apprendre sur la production ou la population d'un pays, nous n'en continuons pas moins à ignorer les principes qui le gouvernent, et les habitudes nationales qui en modifient l'application.

Le talent d'un voyageur politique et poète est d'un ordre plus élevé ; il se fonde sur la faculté de saisir d'un coup-d'œil rapide la physionomie de l'homme et de la nature, et consiste aussi dans cette haute sagacité qui démêle le caractère d'un individu dans ses traits, son expression, ses gestes, ses manières, et surtout dans les formes dont il revêt ses pensées et ses sentimens. C'est alors qu'il faut que l'esprit et l'œil de l'observateur agissent de concert et avec une rapidité inconcevable, afin que l'état présent d'une nation, lui révèle ce qu'elle fut dans le passé; qu'il s'identifie avec les passions et les sentimens qui agitent actuellement le peuple qu'il observe; et que les usages, les institutions, les opinions, et jusqu'aux plaisirs des peuples soient pour lui autant de moyens d'arriver à la connaissance du caractère national. Il semble que pour cela il faille être doué de la faculté de généraliser promptement ses idées, pour être à même de saisir de prime-abord l'aspect d'un pays dans lequel tout est nouveau pour nous, et dont les traits divers viendraient se confondre dans l'esprit, si on ne les rapportait aussitôt à certains principes, et si on ne les réduisait en système. Pour rendre cette conception, il faut être doué du talent de peindre avec force les beautés propres au pays, et le caractère des hommes qui l'habitent; il faut être à même de combiner la vivacité d'une première impression, à l'exactitude d'une observation minutieuse; et après avoir observé les monumens anciens qui se trouvent chez cette nation, ses penchans moraux, et même son organisation physique; il faut encore nous la représenter revêtue du costume qui lui est propre, la suivre dans ses occupations, dans ses plaisirs, et jusque dans ses habitudes domestiques ; de même qu'on représente dans un tableau historique des costumes et des monumens d'architecture, ou des paysages, qui servent autant à caractériser le sujet qu'à l'embellir.

La voix de l'Europe a déjà reconnu dans l'auteur de Corine le génie du peintre des nations ; mais alors, elle était aidée par la puissance d'une fiction pathétique, par la variété et le contraste du caractère national, et par le charme d'un pays qui réunit la beauté à l'illustration. Mais dans l'ouvrage que nous avons sous les yeux, elle abandonne les fictions, et retrace un caractère moins poétique, et un pays plus intéressant par ses espérances que par ses souvenirs. Quoi qu'il en soit, cet ouvrage est la production la plus vigoureuse de son génie, et peut-être l'écrit le plus mâle et le mieux élaboré qui soit sorti des mains d'une femme. En effet, quelle femme, et nous pourrions dire quels hommes, auraient pu, en conservant la grâce et l'élégance de la société parisienne, décrire le caractère du peuple allemand, exposer avec exactitude et cependant avec clarté et élégance, les théories métaphysiques les plus abstraites de cette nation, et allier cette éloquence qu'inspirent les sentimens de la vertu la plus fervente, au talent digne d'envie, de retracer les défauts des hommes et des nations, en les représentant sous les traits adoucis d'une raillerie à la fois polie et retenue.

Dans une courte introduction, l'auteur établit que les principales nations de l'Europe sont issues des trois races esclavone, latine, et germanique. Les peuples esclavons se distinguent des deux autres grandes races, par une littérature faible et imitée, et par une civilisation moderne prématurée, et par conséquent ébauchée. Les peuples latins qui habitent le midi de l'Europe, sont les plus anciennement civilisés. Des institutions sociales dérivées de la religion païenne, précédèrent chez eux l'établissement du christianisme ; ils ont moins de penchant pour les idées abstraites que les nations germaniques, mais s'entendent mieux qu'elles aux plaisirs et aux intérêts terrestres ; ils ont hérité de la sagacité des Romains dans le maniement des affaires civiles, et eux seuls, de même que les anciens maîtres du monde, savent manier l'art de la domination.

Les nations germaniques qui habitent le

nord de l'Europe, et les îles Britanniques reçurent en même temps la civilisation et le christianisme. Leurs traditions orales ou écrites consistent principalement dans les souvenirs de la chevalerie du moyen âge. Leur génie naturel est d'une couleur ancienne plutôt qu'antique. L'indépendance et la loyauté signalèrent de tout temps ces peuples, qui se distinguaient des autres nations par la gravité de leur esprit et de leur caractère, plutôt que par leur adresse et leur vivacité. La dignité sociale que les Anglais doivent à leur constitution, leur assure une supériorité décidée sur les autres peuples d'origine germanique, sans toutefois leur ôter les traits qui décèlent leur commune origine.

La littérature des peuples d'origine latine est imitée des anciens, et a reçu du paganisme sa couleur originale. Celle des nations d'origine germanique dut sa naissance à l'esprit du moyen âge, et fut modifiée par une religion essentiellement spiritualiste. Les Français et les Allemands peuvent être considérés comme étant aux deux extrémités de la chaîne morale; les uns, en considérant les objets extérieurs, comme les premiers mobiles du monde moral; et les autres, en pensant que ce sont les idées et les impressions. La nation française qui est la plus éclairée des peuples d'origine latine, incline pour la poésie classique, tandis que la nation anglaise, qui est la plus illustre parmi les peuples d'origine germanique, aime davantage la poésie romantique et chevaleresque.

La théorie que nous venons d'exposer est très-ingénieuse, et présente, sous la forme la plus frappante les différences qui existent entre les mœurs des nations et les divers systèmes de littérature, et elle est, en partie, juste ; car le principe de la diversité des races est indubitablement un des points les plus importants de l'histoire de l'humanité ; puisque les premières modifications apportées au caractère mobile de tribus grossières, se retrouvent dans les habitudes de leurs descendans les plus reculés. Mais considérée comme doctrine exclusive et générale, cette théorie ne résiste point aux attaques d'un doute philosophique, parce qu'elle n'est pas suffisamment justifiée par les faits. C'est ainsi que chez les peuples méridionaux d'origine latine, on vit d'abord fleurir la chevalerie et la Romance ; que la Provence fut le premier théâtre de la poésie romantique. que pendant la plus brillante période du génie italien, la littérature chevaleresque régna en Italie ; que les poésies Espagnole et Portugaise paraissent avoir été plus tôt romantiques, et moins soumises que celle d'aucune partie de l'Europe à la servitude du classicisme, qui était un raffinement de l'esprit du moyen âge, et ne pénétra que plus tard dans les contrées septentrionales. Dans ces régions moins policées, la poésie demeura plus grossière et plus obscure; elle n'y a point acquis, comme dans le midi, cette splendeur et cette renommée qui ont enflammé l'imagination des siècles suivans. En général, le genre de littérature propre à chaque nation européenne paraît se rattacher à l'époque où elle fut le plus cultivée. C'est ainsi que les poésies espagnole et italienne brillèrent, pendant que l'Europe était toute chevaleresque, que la littérature française atteignit son plus haut degré de splendeur, après que les auteurs grecs et latins furent devenus pour l'Europe un sujet de vénération universelle; que les Allemands s'adonnèrent à la poésie, environ cent ans après, au moment où l'étude de l'antiquité ranima l'amour des sentimens gothiques. Chez eux, la nature produisit une poésie chevaleresque au 16e siècle et une littérature scientifique au 18e. Peut-être l'histoire de la poésie anglaise porte-t-elle plus distinctement que celle d'aucune autre nation, l'empreinte des changemens que subit le goût en Europe; car nous avons eu successivement, une poésie romantique due à la culture de notre esprit; puis une poésie classique, résultat de l'imitation, et enfin l'étude de nos poètes anciens nous a ramenés à la poésie romantique.

A ces considérations, il faut ajouter que les nations protestantes et les nations catholiques durent différer dans leur système poétique. Les cérémonies religieuses et les légendes polythéistes du catholicisme ont produit une espèce de christianisme payen ; tandis que la poésie protestante fut spiritualisée par l'esprit de son culte, et indubitablement inspirée par la lecture journalière des versions des poèmes sublimes des Hébreux, ainsi que par une discipline sans laquelle il est à croire que jamais les nations occidentales n'eussent été à portée de goûter la poésie orientale. La religion vainquit d'abord cette répugnance, et l'habitude lui donna le pouvoir que l'on reconnaît encore aujourd'hui dans cette tendance aux émotions profondes et aux sublimes images qui caractérisent, bien que sous des formes différentes, les poésies anglaise et allemande.

Néanmoins, ce serait être injuste envers l'ingénieuse théorie de madame de Staël, que de ne point observer que le caractère particulier qu'elle assigne aux peuples du nord, doit les avoir disposés à adopter la foi et le culte protestant, tandis qu'un goût ancien pour les cérémonies splendides, et une mythologie à la fois flexible et variée doit avoir conservé le catholicisme chez les peuples méridionaux.

Cet ouvrage est divisé en quatre parties : la première traite de l'Allemagne et des mœurs allemandes; la seconde, de la littérature et des arts; la troisième, de la philosophie et de la morale; la quatrième, de la religion et de l'enthousiasme.

La première partie est ce qu'il y a de plus parfait dans ce genre ; elle est entièrement propre au génie de l'auteur, et est une preuve remarquable de son talent dans l'art de peindre les nations. Il paraît aussi, autant qu'un critique étranger peut se hasarder à décider cette question, que le style de cet ouvrage est de beaucoup supérieur à celui des autres productions de l'auteur; ce qui nous permet d'écarter cette critique minutieuse que, pour ses autres ouvrages, madame de Staël a plutôt dédaignée qu'accueillie favorablement. Le peuple allemand est juste, constant et sincère ; doué de beaucoup d'imagination et de réflexion, il est dépourvu de ce talent qui brille dans la société, et d'adresse dans les affaires ; il est lent et se laisse facilement intimider ; vif et hardi dans la spéculation, il unit souvent le plus vif enthousiasme pour les beaux-arts à peu d'élégance dans les mœurs et de goût pour les avantages de la vie sociale. Plus susceptible de se passionner pour ses opinions que pour ses intérêts, il obéit à l'autorité plutôt par esprit d'ordre et par routine, que par servilité ; n'ayant appris à apprécier la liberté, ni en jouissant de ses bienfaits, ni en gémissant sous le poids de l'oppression, il est dépourvu de tout orgueil national, et par la nature de son gouvernement et par la division de son territoire. Le peuple allemand est toujours enclin, dans ses relations domestiques, à substituer l'imagination et un vague sentimentalisme au devoir positif ; il allie souvent à son caractère naturel des mœurs artificielles, et beaucoup de sensibilité réelle à un enthousiasme affecté. Il est divisé, par l'absurdité des démarcations féodales, en une noblesse illettrée, des savans sans politesse, et un peuple asservi, et s'expose, de lui-même au ridicule, lorsqu'avec sa franchise sérieuse et gauche, il cherche à copier l'immoralité légère et spirituelle des Français.

Dans les fertiles provinces du midi de l'Allemagne, où la religion ainsi que le gouvernement enchaînèrent l'activité de l'esprit, le peuple est plongé dans une espèce de bien-être léthargique et de stupide jouissance. C'est un triste et monotone pays, qui ne cultive point les arts, si ce n'est celui de la musique instrumentale qui y est généralement répandu. Il n'a point de littérature, mais un langage grossier; il n'y existe aucune société, mais seulement de nombreuses assemblées, où on a l'air de se réunir plutôt par étiquette que pour son plaisir, et où l'on accable de politesse obséquieuse une aristocratie dépourvue de bon ton. En Autriche plus particulièrement, on observe dans la société une tiédeur languissante dans les sensations et les désirs. Même dans ses plaisirs, le peuple est tout habitude. Le crime ou la vertu, l'intolérance ou l'enthousiasme, n'irritent ni n'échauffent son esprit. On y trouve une administration phlegmatique, invariablement attachée à ses anciennes coutumes, et repoussant les lumières qui aujourd'hui font la force des états; on y voit de nombreuses assemblées composées de personnes respectables, dont la présence vous suggère cette réflexion : que dans la solitude la monotonie tranquillise l'âme; mais que dans le monde elle fatigue l'esprit. Ce n'est que dans le climat rigoureux et dans les tristes villes de l'Allemagne protestante, que l'esprit national se fait jour. C'est là que se trouvent rassemblés tous les littérateurs et les philosophes. Berlin devint peu à peu la capitale de l'Allemagne éclairée. La duchesse de Weimar, qui força Napoléon à la respecter au moment de l'enivrement de ses victoires, fit, sous les auspices de Goëthe, Wiéland et Schiller, de sa petite capitale, le centre des connaissances et du goût. Depuis les petites cours italiennes du XVIe siècle, aucune cour européenne n'avait réuni une société aussi choisie; et ce n'est que par les provinces protestantes du nord que l'Allemagne est réputée pays lettré et savant.

Nous ferons maintenant quelques citations qui feront mieux apprécier l'excellence des tableaux de madame de Staël, que ne le pourrait faire un résumé toujours sec et froid de sa nature; et nous commencerons par ses belles observations sur le caractère et la destinée des femmes.

» La nature et la société donnent aux fem-
» mes une grande habitude de souffrir, et l'on
» ne saurait nier, ce me semble, que de nos
» jours elles ne vaillent, en général, mieux
» que les hommes. Dans une époque où le mal
» universel est l'égoïsme, les hommes, aux-

» quels tous les intérêts positifs se rapportent,
» doivent avoir moins de générosité, moins
» de sensibilité que les femmes; elles ne tien-
» nent à la vie que par les liens du cœur; et
» lorsqu'elles s'égarent, c'est encore par un
» sentiment qu'elles sont entraînées : leur per-
» sonnalité est toujours à deux, tandis que
» celle de l'homme n'a que lui-même pour
» but. On leur rend hommage par les affec-
» tions qu'elles inspirent, mais celles qu'elles
» accordent sont presque toujours des sacri-
» fices. La plus belle des vertus, le dévoue-
» ment, est leur jouissance et leur destinée :
» nul bonheur ne peut exister pour elles que
» par le reflet de la gloire et des prospérités
» d'un autre ; enfin, vivre hors de soi-même,
» soit par les idées, soit par les sentimens,
» soit surtout par les vertus, donne à l'âme
» un sentiment habituel d'élévation.

» Dans les pays où les hommes sont appelés
» par les institutions politiques à exercer toutes
» les vertus militaires et civiles qu'inspire
» l'amour de la patrie, ils reprennent la supé-
» riorité qui leur appartient; ils rentrent avec
» éclat dans leurs droits de maîtres du monde :
» mais lorsqu'ils sont condamnés de quelque
» manière à l'oisiveté, ou à la servitude, ils
» tombent d'autant plus bas qu'ils devaient

» s'élever plus haut. La destinée des femmes
» reste toujours la même, c'est leur âme seule
» qui la fait, les circonstances politiques n'y
» influent en rien. Lorsque les hommes ne
» savent pas ou ne peuvent pas employer di-
» gnement et noblement leur vie, la nature
» se venge sur eux des dons mêmes qu'ils ont
» reçus; l'activité du corps ne sert plus qu'à
» la paresse de l'esprit; la force de l'âme devient
» de la rudesse, et le jour se passe dans des
» exercices et des amusemens vulgaires; les
» chevaux, la chasse, les festins, qui convien-
» draient comme délassement, mais qui abru-
» tissent comme occupations. Pendant ce temps,
» les femmes cultivent leur esprit, et le sen-
» timent et la rêverie conservent dans leur
» âme l'image de tout ce qui est noble et beau.

» Les femmes allemandes ont un charme qui
» leur est tout-à-fait particulier, un son de voix
» touchant, des cheveux blonds, un teint
» éblouissant; elles sont modestes, mais moins
» timides que les anglaises; on voit qu'elles ont
» rencontré moins souvent des hommes qui
» leur fussent supérieurs, et qu'elles ont d'ail-
» leurs moins à craindre des jugemens sévères
» du public. Elles cherchent à plaire par la sen-
» sibilité, à intéresser par l'imagination; la
» langue de la poésie et des beaux-arts leur est

» connue; elles font de la coquetterie avec de
» l'enthousiasme, comme on en fait en France
» avec de l'esprit et de la plaisanterie. »

Les moralistes et les philosophes ont souvent remarqué que la galanterie licencieuse est fatale à l'amour, et détruit l'influence des femmes. » J'oserai affirmer contre l'opinion reçue, dit » madame de Staël, que la France a peut-être » été de tous les pays du monde celui où les » femmes ont été le moins heureuses par le » cœur. On appelait la France le paradis des » femmes, parce qu'elles y jouissaient d'une » grande liberté; mais cette liberté même venait de la facilité avec laquelle on se détachait » d'elles. » Les observations qui suivent ce passage remarquable sont si fortes et si belles, qu'elles doivent rester gravées dans l'esprit de toute femme disposée à murmurer contre la contrainte que les bienséances lui imposent, vû qu'elle ne tend qu'à conserver la dignité de sa condition.

A toutes les grandes époques de leur histoire, dit madame de Staël, les peuples ont eu pour principe universel d'action, un sentiment, ou une passion quelconques. Quatre périodes sont principalement remarquables dans le développement de l'esprit humain en Europe : les temps héroïques, qui fondèrent la civilisation; le patriotisme, qui fut la gloire de l'antiquité; la chevalerie, qui fut la religion guerrière de l'Europe; et l'amour de la liberté, dont l'histoire a commencé vers l'époque de la réformation. L'esprit de chevalerie est passé chez les Allemands, et désormais, dit notre généreux et illustre auteur, rien de grand ne s'y fera que par l'impulsion libérale qui, en Europe, a fait place à la chevalerie.

La société et les mœurs allemandes sont continuellement relevées par la comparaison que l'auteur établit entr'elles et la société et les mœurs de la France. Quelques morceaux et quelques chapitres sur ce sujet, joints à la brillante préface de l'auteur et aux pensées du Prince de Ligne, doivent être considérées comme le premier hommage rendu à l'art de la conversation, qui constitue, en grande partie, le plus noble plaisir des hommes d'une condition élevée. En vérité, ceux qui affectent une sévérité spartiate ou monastique, dans les jugemens qu'ils portent sur les sociétés des capitales, doivent condamner l'esprit de la conversation, puisque, dans leur opinion, il ne sert qu'à orner le vice. Cependant on ne peut nier que tout ce qui tend à élever la société au dessus de la médisance et des penchans bas, pour l'engager dans des luttes et des rivalités intellectuelles, a nécessairement une tendance morale. En effet, les grâces de l'esprit suffiraient peut-être pour attirer les indifférens vers la réflexion, et leur inspirer quelque respect pour les supériorités intellectuelles. Car la société est la seule école, où la paresse des grands consente à se soumettre à apprendre, et l'on sait que la bonne conversation offre au moins quelque mélange de littérature, et se dirige, plus souvent que les entretiens du vulgaire, vers des objets d'un intérêt général. Il n'est donc pas frivole ce talent qui consiste à insinuer dans les esprits incapables de travail, dans les esprits de ceux dont les goûts influent si puissamment sur la masse des peuples, quelques connaissances, ou même quelque respect pour les connaissances. La peinture satyrique des vices d'une grande ville discrédite, dans l'esprit du vulgaire, ses plaisirs les plus honnêtes et les plus vertueux. Mais quels que soient les vices des classes supérieures des habitans de Londres ou de Paris, il faut avouer que la culture d'un talent agréable, comme l'est celui de la conversation, qui occupe nos plaisirs d'une manière innocente, et tend à nous éloigner de la médisance et de la sensualité, loin d'augmenter la somme totale des vices, doit contribuer à la diminuer ; et, sous ce rapport, les provinces tombent dans une erreur grave, lorsqu'elles jugent de l'immoralité des capitales avec une si grande sévérité. La corruption qui y règne devient publique à cause du rang qu'occupent les individus, et la célébrité de quelques-uns d'entre eux les fait remarquer davantage. Les gens de lettres et les femmes d'esprit peignent avec éloquence leurs chagrins, retracent avec énergie les défauts des autres, et quelquefois les leurs propres. Ces peintures attachent le lecteur et parcourent toute l'Europe. Mais il ne doit pas s'ensuivre que ces malheurs ou ces vices soient plus grands ou plus fréquens que ceux de personnes obscures, dont les chagrins ou les défauts sont inconnus et n'offriraient aucun intérêt, quand bien même on les connaîtrait.

Quoique les autres parties de l'ouvrage de madame de Staël roulent sur des objets plus sérieux et sur des matières plus élevées, il n'en est point d'aussi parfaite et dont l'uniforme beauté rende le choix aussi difficile, que les chapitres où elle traite de la société et de la conversation ; et il n'en est point où elle ait su allier d'une manière plus heureuse la vivacité et la grâce à une très-grande simplicité philosophique.

» Néanmoins on trouve très-rarement chez
» les Allemands la rapidité d'esprit qui anime
» l'entretien et met en mouvement toutes les
» idées; ce genre de plaisir ne se rencontre
» guère que dans les sociétés de Paris, les plus
» piquantes et les plus spirituelles : il faut
» l'élite d'une capitale française pour donner
» ce rare amusement. Partout ailleurs, on ne
» trouve d'ordinaire que de l'éloquence en pu-
» blic, ou du charme dans l'intimité. La con-
» versation, comme talent, n'existe qu'en
» France; dans les autres pays, elle ne sert
» qu'à la politesse, à des discussions, ou à
» l'amitié; en France, c'est un art auquel l'ima-
» gination et l'ame sont sans doute fort néces-
» saires, mais qui a pourtant aussi, quand on
» le veut, des secrets pour suppléer à l'absence
» de l'une et de l'autre.

» Un entretien aimable, alors même qu'il
» porte sur des riens, et que la grâce seule des
» expressions en fait le charme, cause encore
» beaucoup de plaisir. On peut l'affirmer sans
» impertinence, les Français sont presque seuls
» capables de ce genre d'entretien. C'est un
» exercice dangereux, mais piquant, dans le-
» quel il faut se jouer de tous les sujets, com-
» me d'une balle lancée qui doit revenir à
» temps dans la main du joueur.

» Les étrangers, quand ils veulent imiter les Français, affectent plus d'immoralité et sont plus frivoles qu'eux, de peur que le sérieux ne manque de grâce, et que les sentimens ou les pensées n'aient pas l'accent parisien. »

» Le genre de bien-être que fait éprouver une conversation animée, ne consiste pas précisément dans le sujet de cette conversation; les idées ni les connaissances qu'on peut y développer n'en sont pas le principal intérêt; c'est une certaine manière d'agir les uns sur les autres, de se faire plaisir réciproquement et avec rapidité, de parler aussitôt qu'on pense, de jouir à l'instant de soi-même, d'être applaudi sans travail, de manifester son esprit dans toutes les nuances par l'accent, le geste, le regard, enfin de produire à volonté, comme une sorte d'électricité qui fait jaillir des étincelles, soulage les uns de l'excès même de leur vivacité, et réveille les autres d'une apathie pénible. »

» Rien n'est plus étranger à ce talent que le caractère et le genre d'esprit des Allemands; ils veulent un résultat sérieux en tout. Bâcon a dit que *la conversation n'était*

» *pas un chemin qui conduisait à la maison,*
» *mais un sentier où l'on se promenait au*
» *hasard avec plaisir.* Les Allemands donnent
» à chaque chose le temps nécessaire; mais le
» nécessaire en fait de conversation, c'est l'a-
» musement; si l'on dépasse cette mesure,
» l'on tombe dans la discussion, dans l'entre-
» tien sérieux, qui est plutôt une occupation
» utile qu'un art agréable. »

» Les bons mots des Français ont été cités
» d'un bout de l'Europe à l'autre : de tout
» temps ils ont montré leur brillante valeur,
» et soulagé leurs chagrins d'une façon vive
» et piquante : de tout temps ils ont eu besoin
» les uns des autres, comme d'auditeurs alter-
» natifs, qui s'encourageaient mutuellement :
» de tout temps il ont excellé dans l'art de
» ce qu'il faut dire, et même de ce qu'il faut
» taire, quand un grand intérêt l'emporte sur
» leur vivacité naturelle ; de tout temps ils
» ont eu le talent de vivre vîte, d'abréger les
» longs discours, de faire place aux succes-
» seurs avides de parler à leur tour ; de tout
» temps enfin, ils ont su ne prendre du sen-
» timent et de la pensée que ce qu'il en faut
» pour animer l'entretien, sans lasser le fri-
» vole intérêt qu'on a d'ordinaire les uns pour
» les autres. »

» Les Français parlent toujours légèrement
» de leurs malheurs, dans la crainte d'ennuyer
» leurs amis ; ils devinent la fatigue qu'ils
» pourraient causer, par celle dont ils seraient
» susceptibles : ils se hatent de montrer élé-
» gamment de l'insouciance pour leur propre
» sort, afin d'en avoir l'honneur, au lieu d'en
» recevoir l'exemple. Le désir de paraître
» aimable conseille de prendre une expres-
» sion de gaîté, quelle que soit la disposition
» intérieure de l'ame ; la physionomie influe
» par degrés sur ce qu'on éprouve, et ce qu'on
» fait pour plaire aux autres émousse bientôt
» en soi-même ce qu'on ressent. »

» Une femme d'esprit a dit que Paris *était*
» *le lieu du monde où l'on pouvait le mieux*
» *se passer de bonheur* : c'est sous ce rapport
» qu'il convient si bien à la pauvre espèce
» humaine (1).

» Le talent et l'habitude de la société servent
» beaucoup à faire connaître les hommes. Pour
» réussir en parlant, il faut observer avec

---

(1) Supprimé par la censure, sous prétexte qu'il y avait tant de bonheur à Paris maintenant, qu'on n'avait pas besoin de s'en passer.

» perspicacité l'impresion qu'on produit à
» chaque instant sur eux, celle qu'ils veulent
» nous cacher, celle qu'ils cherchent à nous
» exagérer, la satisfaction continue des uns,
» le sourire forcé des autres ; on voit passer
» sur le front de ceux qui nous écoutent, des
» blâmes à demi formés, qu'on peut éviter en
» se hâtant de les dissiper, avant que l'amour-
» propre y soit engagé. L'on y voit naître aussi
» l'approbation qu'il faut fortifier, sans cepen-
» dant exiger d'elle plus qu'elle ne veut donner.
» Il n'est point d'arène où la vanité se montre
» sous des formes plus variées que dans la
» conversation.

» Les Français sont les plus habiles diplo-
» mates de l'Europe ; et ces hommes, qu'on ac-
» cuse d'indiscrétion et d'impertinence, savent
» mieux que personne cacher un secret, et cap-
» tiver ceux dont ils ont besoin. Ils ne déplaisent
» jamais que quand ils le veulent, c'est-à-dire,
» quand leur vanité croit trouver mieux son
» compte dans le dédain que dans l'obligeance.
» L'esprit de conversation a singulièrement dé-
» veloppé chez les Français l'esprit plus sérieux
» des négociations politiques.

» Une puissance aristocratique, le bon ton
» et l'élégance, l'emportaient sur l'énergie, la

» profondeur, la sensibilité, l'esprit même. Elle
» disait à l'énergie : — Vous mettez trop d'in-
» térêt aux personnes et aux choses ; — à la pro-
» fondeur : — Vous me prenez trop de temps ;
» — à la sensibilité : — Vous êtes trop exclu-
» sive ; — à l'esprit enfin : — Vous êtes une
» distinction trop individuelle. — Il fallait des
» avantages qui tinssent plus aux manières
» qu'aux idées, et il importait de reconnaître
» dans un homme plutôt la classe dont il était,
» que le mérite qu'il possédait. Cette espèce
» d'égalité dans l'inégalité est très-favorable
» aux gens médiocres, car elle doit nécessai-
» rement détruire toute originalité dans la façon
» de voir et de s'exprimer. Le modèle choisi
» est noble, agréable et de bon goût, mais il
» est le même pour tous. C'est un point de réu-
» nion que ce modèle ; chacun, en s'y confor-
» mant, se croit plus en société avec ses sem-
» blables. Un Français s'ennuierait d'être seul
» de son avis, comme d'être seul dans sa
» chambre.

» La plaisanterie allége pour un moment le
» poids de la vie : vous aimez à voir un homme,
» votre semblable, se jouer ainsi du fardeau
» qui vous accable, et bientôt, animé par lui,
» vous le soulevez à votre tour ; mais quand
» vous sentez de l'effort ou de la langueur dans

» ce qui devrait être un amusement, vous en
» êtes plus fatigué que du sérieux même, dont
» les résultats au moins vous intéressent.

» La bonne foi du caractère allemand est
» aussi peut-être un obstacle à l'art de conter;
» les Allemands ont plutôt la gaîté du carac-
» tère que celle de l'esprit; ils sont gais comme
» ils sont honnêtes, pour la satisfaction de leur
» propre conscience, et rient de ce qu'ils di-
» sent, long-temps avant même d'avoir songé
» à en faire rire les autres.

» Rien ne saurait égaler, au contraire, le
» charme d'un récit fait par un Français spiri-
» tuel et de bon goût. Il prévoit tout, il mé-
» nage tout, et cependant il ne sacrifie point
» ce qui pourrait exciter l'intérêt. Sa physio-
» nomie, moins prononcée que celle des italiens,
» indique la gaîté, sans rien faire perdre à la
» dignité du maintien et des manières; il s'ar-
» rête quand il le faut, et jamais il n'épuise
» même l'amusement; il s'anime, et néanmoins
» il tient toujours en main les rênes de son
» esprit, pour le conduire sûrement et rapi-
» dement; bientôt aussi les auditeurs se mêlent
» de l'entretien, il fait valoir alors à son tour
» ceux qui viennent de l'applaudir; il ne laisse
» pas passer une expression heureuse sans la

» relever, une plaisanterie piquante sans la
» sentir, et pour un moment du moins, l'on se
» plaît et l'on jouit les uns des autres, comme
» si tout était concorde, union et sympathie
» dans le monde. »

La seconde partie de cet ouvrage, qui est la plus agréable et celle qui intéressera le plus nos lecteurs, contient une esquisse rapide et animée de l'histoire littéraire de l'Allemagne, que l'auteur a accompagnée de critiques sur les poèmes et les poètes allemands, et à laquelle il a joint des réflexions aussi neuves que belles, qui tendent à répandre le goût des beaux-arts et à enter l'amour de la vertu sur le sentiment du beau.

Parmi les poèmes critiqués, il en est quelques-uns de parfaitement connus par la plupart de nos lecteurs. C'est ainsi que les premières pièces de Schiller sont généralement lues dans des traductions de mérite différent, quoiqu'excepté la tragédie des Brigands, le goût allemand ne leur accorde pas la première place dans ses œuvres. Les traductions d'Eléonore, d'Oberon, de Wallenstein, de Nathan et d'Iphigénie en Tauride, sont au nombre de celles qui font le plus d'honneur à la littérature anglaise.

Goetz de Berlichenzen a été parfaitement traduit par un auteur, dont l'esprit chevaleresque s'exerça sur quelques évènemens semblables de l'histoire d'Angleterre, et qui depuis est devenu le poète le plus populaire de son siècle.

On a dernièrement découvert en Allemagne un poème épique, ou plutôt une romance poétique, intitulée Niebelungen, dont le sujet est la destruction des Bourguignons par Attila, et l'on croit qu'une partie au moins de ce poème fut composée peu après l'évènement, bien que le tout n'ait pu revêtir les formes du style actuel que depuis que la langue allemande a été fixée, ce qui eut lieu au commencement du XVIIIe siècle (1). La traduction des saintes écritures, par Luther, fit époque dans la littérature allemande. En effet, un des innombrables bienfaits de la réforme, fut de rendre populaire la lecture des écritures saintes, et d'habituer le peuple à raisonner et à parler sa propre langue au moins une fois par semaine. Le grand génie du réformateur donna à ces traductions une énergie et une concision qui en firent un modèle de style aussi bien qu'une

---

(1) Un écrivain ingénieux et célèbre a promis de faire connaître ce monument curieux. (Sismondi, littérature du midi, *vol.* 1, *p.* 30.)

autorité pour sa langue. Hagedorn, Weis et Gellert copièrent les Français, mais sans vivacité (1); tandis que Bodmer imita les anglais, mais sans esprit. Enfin Klopstock, imitateur de Milton, créa la poésie allemande, et Wiéland perfectionna la langue et la versification. Cependant la haine récente des allemands contre l'imitation de toute école étrangère, et surtout de l'école française, abaissa un peu la réputation de cet auteur remarquable.

» Il faut, pour imiter Voltaire, une insou-
» ciance moqueuse et philosophique qui rende
» indifférent à tout, excepté à la manière pi-
» quante d'exprimer cette insouciance. Jamais
» un Allemand ne peut arriver à cette brillante
» liberté de plaisanterie; la vanité l'attache
» trop, il veut savoir et expliquer ce que les
« choses sont. » — Le génie de Klopstock s'enflamma à la lecture de Milton et de Young. Cette combinaison de noms est faite pour étonner une oreille anglaise. Elle fait naître une fâcheuse prévention contre la sensibilité poétique de Klopstock, qui paraît avoir cherché à combiner deux poètes placés à une aussi

---

(1) Leurs ouvrages n'étaient que du français bien appesanti, dit madame de Staël.

grande distance l'un de l'autre, et dont toute l'apparente ressemblance consiste dans la similitude des sujets qu'ils ont traité, et la doctrine théologique professée par eux, bien plus que dans l'esprit de leur religion. Quoique tous les ouvrages de Young soient écrits avec une grande variété de style et de pensée, ils sont surtout remarquables par un esprit inépuisable; mais on y rencontre un jugement peu solide et une sensibilité peu profonde. Sa mélancolie est affectée, et ses combinaisons sont aussi grotesques et aussi fantasques dans ses Nuits que dans ses Satyres. Young ne donne-t-il pas de son esprit une idée caractéristique, alors qu'il commence une série de méditations poétiques sur la mort et l'immortalité par une épigramme contre l'amour-propre du monde? La grâce et la simplicité sont les seules qualités que Milton ait dédaignées. Il est simple dans ses conceptions, même lorsque son style est surchargé d'une brillante érudition. Jamais il n'est sombre que lorsqu'il est sublime; il peint aussi bien l'amour que la terreur; il ne rit point, mais il est d'une gaîté calme, toutes les fois qu'il abandonne les idées élevées, et rien ne contribue davantage à donner à l'ame une douce et parfaite satisfaction, que de s'élever à cette pureté et à cette sublimité idéale où Milton surpassait tous les autres poètes, et dont il sut, mieux que tout autre, revêtir chaque forme du monde moral.

L'ode de Klopstock, sur la rivalité des muses germaniques et des muses d'Albion, a été traduite avec élégance par madame de Staël, et nous approuvons son goût à préférer la prose aux vers, lorsqu'il s'agit de traduire en français les poèmes allemands. Après avoir parlé de Winkelmann et de Lessing, qui sont les deux prosateurs de l'Allemagne les plus clairs, les plus concis et les plus agréables, l'auteur arrive à Schiller et à Goëthe, qui passent pour les premiers poètes allemands. Schiller offre à la fois le génie d'un grand poète et le caractère d'un homme de bien. La première entrevue qu'il eut avec madame de Staël fournit à celle-ci une anecdote vraiment plaisante.

« La première fois que j'ai vu Schiller, c'était » dans le salon du duc et de la duchesse de « Weimar, en présence d'une société aussi » éclairée qu'imposante; il lisait très-bien le » français, mais il ne l'avait jamais parlé. Je « soutins avec chaleur la supériorité de notre » système dramatique sur tous les autres; il ne » se refusa point à me combattre, et sans s'in- » quiéter des difficultés et des lenteurs qu'il » éprouvait en s'exprimant en français, sans

» redouter non plus l'opinion des auditeurs,
» qui était contraire à la sienne, sa conviction
» intime le fit parler. Je me servis d'abord,
» pour le réfuter, des armes françaises, la vi-
» vacité et la plaisanterie ; mais bientôt je dé-
» mêlai, dans ce que disait Schiller, tant d'idées
» à travers l'obstacle des mots, je fus si frappée
» de cette simplicité de caractère, qui portait
» un homme de génie à s'engager ainsi dans
» une lutte où ses paroles manquaient à ses pen-
» sées, je le trouvai si modeste et si insouciant
» dans ce qui ne concernait que ses propres
» succès, si fier et si animé dans la défense de
» ce qu'il croyait la vérité, que je lui vouai,
» dès cet instant, une amitié pleine d'admi-
» ration. »

L'auteur peint avec une rare habileté le caractère original, bizarre et plutôt admirable, qu'aimable, de Goëthe, son pouvoir dictatorial sur la littérature allemande, l'inégalité, le caprice, l'originalité et la chaleur de sa conversation ; le mélange d'une vive imagination et d'une sensibilité usée, et l'impartialité d'une perspicacité profonde, que ne peuvent altérer ni ses goûts ni sa manière de voir. Parmi les tragédies de Schiller, qui ont paru depuis que nous avons cessé de traduire les drames allemands, les plus remarquables sont : Marie

Stuart, Jeanne d'Arc et Guillaume Tell. Ce sujet de Marie fait naître généralement un espoir qui ne peut être satisfait. Nous tombons d'accord avec madame de Staël, qu'il est plusieurs scènes de la Marie Stuart de Schiller, qui sont admirables, surtout celle de ses généreux adieux à Leicester. Mais elle déplairait probablement aux lecteurs anglais, pour ne rien dire des spectateurs. Nos différends politiques ont donné aux évènemens du règne d'Elisabeth un degré de réalité plus positif que, dans d'autres circonstances, l'histoire ne l'aurait fait pour des faits aussi récens. Aucun de nos partis ne souffrirait une Marie qui se confesse, une Marie meurtrière de son époux, ou une Elisabeth qui exige l'assassinat de sa prisonnière. Dans Guillaume Tell, Schiller a évité les lieux communs d'une conspiration républicaine, et a peint avec vérité le courroux d'un montagnard helvétique opprimé.

Egmont est considéré par madame de Staël comme la plus belle tragédie de Goëthe, qui composa cette pièce, ainsi que son roman de Werther, dans le feu de sa jeunesse. Il est assez singulier que les poètes se soient si peu prévalus du caractère chevaleresque, de l'amour illustre et de la terrible maladie du Tasse. Le Torquato Tasso de Goëthe est le seul essai qui ait été tenté pour plier ce sujet aux formes du drame. Dans ces derniers temps, deux hommes de génie ont enduré les mêmes tourmens que le Tasse; mais les circonstances de la vie de Rousseau n'offrent rien que d'ordinaire, tandis que les malheurs de Cowper sont plus récens et plus sacrés.

Les scènes traduites du Faust de Goëthe nous représentent la terrible énergie de la plus odieuse des productions d'un homme de génie, où toute la puissance de l'imagination s'évertue à détruire le charme que verse la poésie sur les choses d'ici-bas. Dans ce drame, où la punition du crime provient d'une cruauté sans justice, le repentir appartient autant à l'enfer que le crime.

Depuis que Schiller est mort et que Goëthe a déserté le drame, on a vu paraître plusieurs grands auteurs tragiques, dont les principaux sont : Werner, auteur de Luther et d'Attila, Gerstenberg, Illinger, Tieck, Collin et OEchlenschlagen, danois, qui a introduit dans sa poésie la terrible mythologie des Scandinaves. Il semble résulter du chapitre sur la comédie, qu'il n'y a point encore de muse comique en Allemagne. On a traduit en anglais plus de romans allemands que d'autres ouvrages de littérature, et le roman de Tieck, intitulé *Sternbald*, mériterait de passer dans notre langue. J. P. Richter, romancier populaire, mais trop national pour pouvoir être traduit, disait : *Que les Français ont l'empire de la terre, les Anglais celui de la mer, et les Allemands celui de l'air.* Quoique Schiller ait écrit l'histoire de la révolution des Pays-Bas et celle de la guerre de 30 ans, avec éloquence et un grand amour de la liberté, le seul écrivain classique en ce genre que possède l'Allemagne, est J. de Muller, qui a écrit l'histoire de la Suisse. Quoique né dans un âge spéculatif, de Muller adopta la manière pittoresque et dramatique des anciens historiens; et sa profonde connaissance des annales du moyen âge familiarisa son esprit avec certains détails qui, seuls permettent d'apprécier à leur juste valeur les hommes et les choses. Souvent il abusa de l'étendue de ses connaissances et de sa facilité à retracer les faits de détail; quelquefois il affecta la concision de Tacite, et son amour pour la phraséologie antique dégénère parfois en affectation. Mais, en général, sa diction est grave et sévère, et dans son abrégé posthume de l'Histoire universelle, il a fait preuve d'un grand talent pour ce genre de composition, qui, il faut en convenir, a ses difficultés. Il y présente de longs aperçus; il est concis sans obscurité; il peint les caractères à grands traits, et dispose les évènemens d'une manière si savante, qu'on saisit les causes et leurs effets, sans qu'ils aient été indiqués. De même que Salluste, il affecta une grande austérité, et déclama contre son époque; mais on dit que sa vie politique et privée ne fut pas toujours d'accord avec sa moralité historique. Le lecteur de Muller désirerait qu'il lui fût possible de croire qu'il posséda au moins quelques-unes des vertus qu'il a si bien exprimées dans ses ouvrages.

Ce serait mal apprécier la littérature allemande, que de ne pas reconnaître que ce pays possède un plus grand nombre d'hommes laborieux et de livres utiles qu'aucun autre. La possession de plusieurs langues doit singulièrement féconder le champ de la littérature, et la langue allemande donne assurément la clef de beaucoup de connaissances. Les ouvrages de Fulleborn, Buhle, Tiedemann et Tennemann, sont les premiers linéamens d'une histoire philosophique de la philosophie, dont le savant compilateur Brucker ne conçut pas une plus haute idée que ne l'aurait fait un moine annaliste, rival de Hume. La philosophie de l'histoire littéraire est un des champs les plus féconds de la spéculation. On en trouve quelques fragmens remarquables dans les plus belles parties des essais de Hume. Le grand ouvrage de madame de Staël, sur la littérature, est le premier essai qui ait été conçu sur une grande échelle. En France, deux écrivains de mérite, quoique de caractère différent, et probablement influencés par l'esprit de cette femme célèbre, M. Sismondi, dans son Histoire de la littérature du Midi, et M. de Barante, dans son Tableau de la littérature française au dix-huitième siècle, ont tout récemment traité différentes parties de ce vaste sujet. M. Sismondi, guidé par Bonterweke et Schlegel, a des vues plus larges, s'abandonne sans réserve à son talent pour la spéculation, et semble avoir peine à réprimer en lui cette hardiesse de conception et ces principes libéraux qui brillent avec tant d'éclat dans son *Histoire des républiques d'Italie*. M. de Barante, plus familier avec l'élégance et les préjugés de la littérature de son pays, sent avec plus de délicatesse les beautés propres aux grands écrivains, et retrace avec plus de sagacité les effets immédiats de leurs écrits. Mais son ouvrage, sous l'ingénieuse apparence d'une simple critique littéraire, est une attaque contre les opinions du dix-huitième siècle, et ne sera jamais honoré de la persécution de Napoléon, ou de celle d'aucun de ses successeurs au pouvoir absolu.

Madame de Staël consacre un chapitre entier aux ouvrages et aux systêmes de Guillaume et de Frédéric Schlegel. La célébrité de Guillaume lui fut acquise par ses cours sur la poésie dramatique, ses admirables traductions de Shakespeare et des poètes dramatiques d'Espagne, qui passent pour égaler en beauté les originaux. Après les titres honorables de Frédéric, nous signalerons la gloire qu'il s'est acquise pour avoir appris le sanscrit en Europe, et s'être familiarisé avec les connaissances de l'Inde, à l'aide d'un orientaliste anglais, retenu long-temps à Paris, comme prisonnier. Le systême littéraire de ces savans critiques se rattache principalement aux mœurs, à la poésie et à la religion du moyen âge. Ils ont très-bien indiqué le sentier dans lequel furent engagées les opinions générales de l'Europe, à la suite des malheurs occasionnés par une révolution philosophique, et par les accidens divers qu'entraînèrent trente années de guerre générale. Ils sont surtout ennemis de la littérature française, qui, depuis le siècle de Louis XIV, a, selon eux, altéré les principes qui primitivement étaient communs à toute la chrétienté, et dépouillé la poésie de tous les peuples de son caractère et de son originalité. Leur systême est faux et exagéré. Dans leur amour pour l'originalité nationale, ils perdent de vue les beautés générales de l'art. L'imitation trop servile de nos auteurs anciens est tout aussi artificielle que la copie d'une littérature étrangère. Rien n'est moins naturel qu'un moderne revêtu des formes antiques.

Tout système général de littérature doit embrasser à la fois et les ouvrages parfois irréguliers de l'homme de génie, et les parfaits modèles du goût classique. De siècle en siècle, nous voyons la multitude flotter entre des systèmes littéraires divers, quelquefois même opposés. Tous cependant n'ont pas une égale valeur. Mais dans chacun d'eux la critique philosophique sait trouver et admirer ce qu'ils contiennent de beau, d'où résulte leur influence sur la nature humaine.

Nous ne pouvons mieux faire, en terminant sur ce point, que de donner quelques extraits de l'admirable chapitre de madame de Staël, sur le goût, dans lequel elle discute avec une adresse savante et judicieuse, les différentes opinions littéraires des nations.

« Ceux qui se croient du goût en sont plus
» orgueilleux que ceux qui se croient du génie.
» Le goût en littérature est comme le bon ton

» en société; on le considère comme une preuve
» de la fortune, de la naissance, ou du moins
» des habitudes qui tiennent à toutes les deux :
» tandis que le génie peut naître dans la tête
» d'un artisan qui n'aurait jamais eu de rapport
» avec la bonne compagnie. Dans tout pays où
» il y aura de la vanité, le goût sera mis au
» premier rang, parce qu'il sépare les classes,
» et qu'il est un signe de ralliement entre tous
» les individus de la première. Dans tous les
» pays où s'exercera la puissance du ridicule, le
» goût sera compté comme l'un des premiers
» avantages, car il sert surtout à connaître ce
» qu'il faut éviter. Le tact des convenances est
» une partie du goût, et c'est une arme excel-
» lente pour parer les coups entre les divers
» amours-propres; enfin il peut arriver qu'une
» nation entière se place, en aristocratie du bon
» goût, vis-à-vis des autres, et qu'elle soit ou
» qu'elle se croie la seule bonne compagnie de
» l'Europe; et c'est ce qui peut s'appliquer à
» la France, où l'esprit de société régnait si
» éminemment, qu'elle avait quelque excuse
» pour cette prétention. Mais le goût, dans son
» application aux beaux-arts, diffère singuliè-
» rement du goût, dans son application aux
» convenances sociales. Lorsqu'il s'agit de for-
» cer les hommes à nous accorder une consi-
» dération éphémère comme notre vie, ce qu'on

» ne fait pas est au moins aussi nécessaire que
» ce qu'on fait; car le grand monde est si faci-
» lement hostile, qu'il faut des agrémens bien
» extraordinaires pour qu'ils compensent l'a-
» vantage de ne donner prise sur soi à per-
» sonne; mais le goût, en poésie, tient à la
» nature, et doit être créature comme elle : les
» principes de ce goût sont donc tout autres
» que ceux qui dépendent des relations de la
» société.

» C'est la confusion de ces deux genres qui
» est la cause des jugemens si opposés en lit-
» térature. Les Français jugent les beaux-arts
» comme des convenances, et les Allemands
» les convenances comme des beaux-arts; dans
» les rapports avec la société, il faut se défen-
» dre; dans les rapports avec la poésie, il faut
» se livrer.

» On pourrait proposer un traité de paix
» entre les façons de juger, artistes et mondaines,
» des Allemands et des Français. Les Français
» devraient s'abstenir de condamner même une
» faute de convenance, si elle avait pour ex-
» cuse une pensée forte ou un sentiment vrai.
» Les Allemands devraient s'interdire tout ce
» qui offense le goût naturel, tout ce qui re-
» trace des images que les sensations repoussent:

» aucune théorie philosophique, quelque in-
» génieuse qu'elle soit, ne peut aller contre les
» répugnances des sensations, comme aucune
» poétique des convenances ne saurait empê-
» cher les émotions involontaires.—Si l'on osait
» le dire, peut-être trouverait-on qu'en France
» il y a maintenant trop de freins pour des
» coursiers si peu fougueux, et qu'en Allema-
» gne, beaucoup d'indépendance littéraire ne
» produit pas encore des résultats assez bril-
» lants. »

La troisième partie de cet ouvrage est la plus remarquable; c'est une nouveauté dans l'histoire de l'esprit humain, qu'un essai sur les systêmes métaphysiques, fait par une femme. A quelque opinion qu'on s'arrête sur la valeur d'un semblable travail, dans quelqu'une de ses parties, l'ensemble n'en devra pas moins être considéré comme l'essai le plus hardi qu'ait tenté une intelligence féminine. Et même il ne faut pas oublier, qu'il s'agit plutôt ici d'un essai sur l'histoire de la nature humaine, que sur celle de la métaphysique proprement dite; et que madame de Staël s'occupa plus de rechercher l'origine, l'esprit et l'influence morale des opinions métaphysiques, que d'examiner leur vérité ou leur fausseté. La métaphysique doit au moins être considérée comme une gymnastique intellectuelle. Le sexe et le génie de l'auteur exciteront certainement les clameurs générales de la médiocrité. Chaque preuve de vivacité, de grâce et de goût, chaque mouvement d'éloquence, chaque effusion de sensibilité, seront citées en preuve du peu de fondement de ses recherches, et du peu de soin qu'elle a pris de prouver ce qu'elle avançait. Et avec de tels principes on ne doutera pas un instant que de toute évidence son ouvrage soit mauvais. Mais les gens stupides ne sont pas soigneux, les écrivains élégans et ingénieux ne sont pas superficiels; et ceux qui sont familiers avec les mouvemens philosophiques de l'Allemagne, seront étonnés de l'exactitude de cette exposition à la fois courte, claire et agréable.

Le portrait que madame de Staël trace de Bâcon est un juste et noble tribut offert au génie de ce philosophe. Quelques écrivains remarquables du continent ont tout récemment commis l'erreur de prêter à Bâcon un système philosophique touchant l'origine et les premiers principes de la connaissance humaine. Ce qui le distingue précisément des autres philosophes, c'est qu'il n'eut point de système particulier; mais qu'il se voua entièrement au perfectionnement des méthodes philosophiques. Il n'appartint à aucune école métaphysique d'Angleterre, ni d'aucun autre pays ; car il ne fut point métaphysicien. M. Locke ne fut pas non plus un moraliste, et si dans son grand ouvrage on rencontre quelques discussions sur certains sujets de morale, elles ne sont là qu'incidemment.

Les écrits de Dugald Stewart contiennent une théorie si parfaite des facultés intellectuelles, qu'on peut la regarder comme étant l'histoire naturelle de l'esprit humain. Les métaphysiciens français, depuis Condillac, méritent tout le dédain dont ils ont été l'objet pour les applications légères, superficielles et avilissantes qu'ils ont faites de la philosophie de Locke. Il est impossible de donner un abrégé du tableau que trace madame de Staël de la philosophie de Kant, des systêmes auxquels cette philosophie a donné naissance, et qui de nos jours se disputent encore l'empire dans le monde des penseurs. Les opinions de Kant sont exposées d'une manière plus complète, parce qu'elles portèrent l'intelligence humaine dans une voie nouvelle, et imprimèrent une nouvelle direction aux esprits d'Allemagne. Celles de Fichte, de Schelling et des autres successeurs de Kant, importent moins au but que se proposait l'auteur de cet écrit, parce que, bien que les doctrines de ces hommes célèbres soient également originales, elles ne font cependant que perpétuer le mouvement imprimé aux esprits par la philosophie du maître, et qu'elles exercent la même influence sur les autres sciences et sur les arts. L'idéalisme de Fichte et le panthéisme de Schelling ressortent de la même méthode philosophique. Quels que soient le nom et la forme des systêmes philosophiques allemands, tous se ressemblent sous ce rapport, qu'ils considèrent la pensée non comme étant le produit de l'action des corps extérieurs, ni comme formant une classe de phénomènes à part, mais comme l'être qui perçoit les formes du monde extérieur, et dirige les opérations qui se passent en lui. Dans tous les pays, on est généralement d'accord que la philosophie de l'esprit contient les principes de toutes les sciences; mais, en Allemagne, la métaphysique pénètre jusqu'aux faits de détail.

La quatrième partie se rapporte à l'état de la religion en Allemagne, et à l'appréciation de ces sentimens élevés et désintéressés que madame de Staël qualifie du nom d'enthousiasme. Un peuple aussi contemplatif que l'est le peuple allemand, porte en lui le principe qui élève l'homme jusqu'à l'idée religieuse. La réforme qui constitue la révolution de ces peuples, fut le résultat du développement des idées. De tous les grands hommes que l'Allemagne a produits, Luther est celui qui a le caractère le plus allemand. Sa fermeté est quelquefois rude; sa conviction le rend opiniâtre; la hardiesse de son génie fut la source de son courage; dans l'action, l'ardeur de ses passions ne le détourna point des études abstraites; et bien qu'il ait attaqué certains dogmes et certaines pratiques, ce ne fut point l'incrédulité, mais bien l'enthousiasme, qui le portèrent à l'attaque.

Le droit d'examiner ce que nous devons croire, est la base du protestantisme. Quoique chacun des réformateurs ait établi une sorte de papisme pratique dans sa propre église, les opinions devinrent libres peu-à-peu, et l'ardeur des sectes se modéra. Mais il se manifesta en Allemagne un peu d'incrédulité; et au nombre des incrédules se trouve Lessing, qui s'expliqua avec beaucoup plus de circonspection, que ne le firent un grand nombre d'écrivains anglais, depuis Hobbes jusqu'à Brolingbroke, et même ceux qui secrètement étaient incrédules, restèrent sincèrement attachés au christianisme et au protestantisme, comme à des institutions utiles au genre humain, et s'éloignèrent beaucoup de ce fanatisme anti-religieux que provoqua tout naturellement en France l'esprit intolérant et l'envieuse splendeur d'une hiérarchie catholique.

La réaction amenée par la révolution française fut tout aussi bien sentie en Europe, sous le rapport religieux, que sous le rapport politique. La plupart des hautes classes de la société adopta en partie ces sentimens religieux, dont auparavant elles n'avaient reconnu que les formes extérieures, comme une preuve de leur hostilité contre les habitudes françaises. La sensibilité de la multitude dégoûtée du dogmatisme et de la morale, voulut être ranimée par une religion qui employait l'éloquence populaire et s'adressait à l'imagination et au sentiment. L'horreur qu'inspirèrent les révolutions générales, et les malheurs qui en furent la suite, portèrent les peuples vers des pensées sérieuses et les consolations de la piété. Les désastres d'une révolution, compagne de l'incrédulité, l'emportèrent sur le discrédit et l'odieux des opinions religieuses. Dans la Grande-Bretagne, ces causes ont agi plus efficacement sur les classes inférieures, quoiqu'elles aient aussi puissamment affecté beaucoup d'hommes éclairés, parmi ceux qui appartiennent aux conditions élevées. En France, quelques hommes de lettres ont offert le spectacle d'une religion poétique, empruntée à l'imagination. Mais le résultat général de la révolution française semble avoir été de disposer les esprits à établir une double doctrine; d'une part, une incrédulité systématique à l'usage des initiés, et une dédaigneuse tolérance, et même un actif encouragement de la superstition chez le vulgaire, ainsi qu'elle eut lieu chez les anciens, peu avant l'établissement du christianisme, inconvénient dont la réforme luthérienne préserva l'Europe, et qui, bien qu'elle n'ait pas été aussi furibonde ni aussi frénétique que le fanatisme altier du règne de la terreur, n'en a pas moins détruit la foi, la naïveté et la probité de quelques classes de la société; et ce respect pour tous les humains, sans lequel l'homme puissant ne peut être ni juste ni charitable envers l'homme pauvre et humble.

Ces effets furent également remarquables en Allemagne. Quelques hommes de lettres instruits se firent catholiques. En général, ils ont tous une tendance à un pieux mysticisme, dont le résultat est de porter un égal amour à toutes les sectes chez lesquelles l'esprit de dévotion prévaut. Les Allemands sont plutôt revenus au sentiment religieux, qu'au dogme; à la religion, qu'à la théologie.

Leur disposition au sentiment religieux, qu'ils appellent *Religiosité*, consiste (selon l'expression d'un théologien anglais fortement orthodoxe) *dans l'amour des choses divines, à cause de leur beauté et de leurs qualités morales ;* c'est l'amour du bon et du beau, partout où il existe ; mais lorsqu'on contemple l'excellence absolue et infinie dans celui qui est souverainement bon, souverainement beau et souverainement parfait, l'enthousiasme moral s'adapte aisément aux différentes cérémonies du culte, et aux différens systêmes qui se partagent l'humanité. L'esprit de dévotion contemplant différentes parties de l'ordre universel, et étant influencé par des dispositions d'esprit différentes, doit donner naissance à des doctrines théologiques diverses et en apparence contradictoires. Ces doctrines sont considérées comme autant de modifications de la nature humaine, sous l'influence du principe religieux, mais non comme des propositions qu'un argument peut fortifier ou détruire, ou réconcilier les unes avec les autres. La philosophie idéaliste favorise cette manière bizarre de considérer le sujet. Comme elle ne reconnaît d'autre réalité que celle de l'intelligence humaine, elle rapproche l'imagination de la foi, et prédispose ses partisans à considérer les opinions individuelles comme un simple amusement intellectuel, incapable d'être légitimé par aucun *criterium* extérieur, et n'ayant de valeur que par leurs rapports avec nos sentimens, qui en sont la source, et sur lesquels elles réagissent puissamment. A différentes époques de l'histoire de l'esprit humain, fort éloignées les unes des autres, et surtout dans des circonstances tout-à-fait opposées, on a vu le mysticisme s'allier à l'idéalisme. L'enthousiaste et le sceptique se sont servis du même langage, lorsqu'ils ont cherché à démontrer l'anéantissement du monde extérieur et du moi. Nous signalerons surtout ce rapport chez les philosophes indiens des temps les plus anciens, chez les *sufis* de la Perse moderne, pendant le choc des systèmes d'Orient et d'Occident, qui eut pour résultat le platonisme moderne de Mallebranche et de son disciple anglais Norris, et celui de Berkeley lui-même. Cependant cette direction ne pouvait convenir qu'à un petit nombre d'hommes et pour peu de temps. Des sentimens aussi élevés et aussi éloignés des besoins, des passions et des affaires ordinaires de la vie, ne conviennent que pendant un temps, et seulement dans la paisible solitude d'une chimérique contemplation. Mais dans le tumulte du monde, il est probable qu'elles ne tardent pas à se dissiper, alors qu'elles ne font plus partie d'un ensemble systématique, qu'elles ne sont point accompagnées des cérémonies d'un culte quelconque, ni entretenues par la lutte de la controverse. Lorsque l'ardeur d'un court instant d'enthousiasme a cessé, la philosophie poétique, qui éleva l'imagination jusqu'à la foi, doit conduire au même résultat que le septicisme, qui rabaisse la foi au niveau de l'imagination.

Un vif amour de tout sentiment désintéressé, et plus spécialement de tout progrès dans la civilisation, confondu par la puissance d'une brillante imagination avec la passion de tout ce qui est grand, beau et bon, forme sous le nom d'enthousiasme, le sujet de la conclusion de cet ouvrage, et en est la partie la plus éloquente, à l'exception toutefois du chapitre sur l'amour conjugal.

« Sans doute la conscience suffit pour con-
» duire le caractère le plus froid dans la route
» de la vertu ; mais l'enthousiasme est à la
« conscience ce que l'honneur est au devoir :
» il y a en nous un superflu d'ame qu'il est doux
» de consacrer à ce qui est beau, quand ce qui
» est bien est accompli. Le génie et l'imagi-
» nation ont aussi besoin qu'on soigne un peu
» leur bonheur dans ce monde ; et la loi du
» devoir, quelque sublime qu'elle soit, ne suffit

» pas pour faire goûter toutes les merveilles
» du cœur et de la pensée.

» On ne saurait le nier, les intérêts de la
» personnalité pressent l'homme de toutes
» parts, il y a même dans ce qui est vulgaire
» une certaine jouissance dont beaucoup de
» gens sont très-susceptibles, et l'on retrouve
» souvent les traces de penchants ignobles
» sous l'apparence des manières les plus dis-
» tinguées. Les talens supérieurs ne garantissent
» pas toujours de cette nature dégradée, qui
» dispose sourdement de l'existence des hom-
» mes, et leur fait placer leur bonheur plus bas
» qu'eux-mêmes. L'enthousiasme seul peut
» contre-balancer la tendance à l'égoïsme, et
» c'est à ce signe divin qu'il faut reconnaître
» les créatures immortelles. Lorsque vous par-
» lez à quelqu'un sur des sujets dignes d'un
» saint respect, vous apercevez d'abord s'il
» éprouve un noble frémissement, si son cœur
» bat pour des sentimens élevés, s'il a fait al-
» liance avec l'autre vie, ou bien s'il n'a qu'un
» peu d'esprit qui lui sert à diriger le méca-
» nisme de l'existence. Et qu'est-ce donc que
» l'être humain, quand on ne voit en lui
» qu'une prudence, dont son propre avantage
» est l'objet? L'instinct des animaux vaut mieux
» car il est quelquefois généreux et fier ; mais

» ce calcul, qui semble l'attribut de la raison,
» finit par rendre incapable de la première des
» vertus, le dévouement.

» Parmi ceux qui s'essaient à tourner les
» sentimens exaltés en ridicule, plusieurs en
» sont pourtant susceptibles à leur insu. La
» guerre, fût-elle entreprise par des vues per-
» sonnelles, donne toujours quelques-unes des
» jouissances de l'enthousiasme; l'enivrement
» d'un jour de bataille, le plaisir singulier de
» s'exposer à la mort, quand toute notre nature
» nous commande d'aimer la vie, c'est encore à
» l'enthousiasme qu'il faut l'attribuer. La mu-
» sique militaire, le hennissement des chevaux,
» l'explosion de la poudre, cette foule des
» soldats revêtus des mêmes couleurs, émus
» par le même désir, se rangeant autour des
» mêmes bannières, font éprouver une émo-
» tion qui triomphe de l'instinct conservateur
» de l'existence; et cette jouissance est si forte,
» que ni les fatigues, ni les souffrances, ni les
» périls, ne peuvent en déprendre les ames.
» Quiconque a vécu de cette vie, n'aime qu'elle;
» le but atteint ne satisfait jamais; c'est l'action
» de se risquer qui est nécessaire : c'est elle
» qui fait passer l'enthousiasme dans le sang;
» et quoiqu'il soit plus pur au fond de l'ame,
» il est encore d'une noble nature, lors même

» qu'il a pu devenir une impulsion presque
» physique.

» On accuse souvent l'enthousiasme sincère
» de ce qui ne peut être reproché qu'à l'en-
» thousiasme affecté ; plus un sentiment est
» beau, plus la fausse imitation de ce senti-
» ment est odieuse. Usurper l'admiration des
» hommes est ce qu'il y a de plus coupable, car
» on tarit en eux la source des bons mouve-
» mens, en les faisant rougir de les avoir éprou-
» vés. D'ailleurs rien n'est plus pénible que
» les sons faux qui semblent sortir du sanc-
» tuaire même de l'ame; sa vanité peut s'empa-
» rer de tout ce qui est extérieur, il n'en
» résultera d'autre mal que de la prétention
» et de la disgrâce; mais quand elle se met à
» contrefaire les sentimens le plus intimes, il
» semble qu'elle viole le dernier asile où l'on
» espérait lui échapper. Il est facile cependant
» de reconnaître la sincérité dans l'enthou-
» siasme; c'est une mélodie si pure, que le
» moindre désaccord en détruit tout le charme;
» un mot, un accent, un regard, expriment
» l'émotion concentrée qui répond à toute
» une vie.

» Fontenelle disait : J'ai quatre-vingts ans,
» je suis français, et je n'ai pas donné dans

» toute ma vie le plus petit ridicule à la plus
» petite vertu. Ces mots supposaient une pro-
» fonde connaissance de la société. Fontenelle
» n'était pas un homme sensible, mais il avait
» beaucoup d'esprit; et toutes les fois qu'on
» est doué d'une supériorité quelconque, on
» sent le besoin du sérieux dans la nature hu-
» maine. Il n'y a que les gens médiocres qui
» voudraient que le fond de tout fût de sable,
» afin que nul homme ne laissât sur la terre
» une trace plus durable que la leur.

» L'on voit aussi des jeunes gens, ambitieux
» de paraître détrompés de tout enthousiasme,
» affecter un mépris réfléchi pour les senti-
» mens exaltés; ils croient montrer ainsi une
» force de raison précoce; mais c'est une déca-
» dence prématurée dont ils se vantent. Ils
» sont pour le talent comme ce vieillard, qui
» demandait si l'on avait encore de l'amour.
» L'esprit dépourvu d'imagination prendrait
» volontiers en dédain même la nature, si elle
» n'était pas plus forte que lui.

» Quelques raisonneurs prétendent que l'en-
» thousiasme dégoûte de la vie commune, et
» que ne pouvant pas toujours rester dans cette
» disposition, il vaut mieux ne l'éprouver ja-
» mais : et pourquoi donc ont-ils accepté d'être

» jeunes, de vivre même, puisque cela ne de-
» vait pas toujours durer? Pourquoi donc ont-
» ils aimé, si tant est que cela leur soit jamais
» arrivé, puisque la mort pouvait les séparer
» des objets de leur affection? Quelle triste
» économie que celle de l'ame! Elle nous a
» été donnée pour être développée, perfection-
» née, prodiguée même dans un noble but.

» Plus on engourdit la vie, plus on se rap-
» proche de l'existence matérielle, et plus l'on
» diminue, dira-t-on, la puissance de souffrir.
» Cet argument séduit un grand nombre d'hom-
» mes; il consiste à tâcher d'exister le moins
» possible. »

Ainsi se termine un ouvrage, qui pour la variété des connaissances, la souplesse de l'esprit, l'élévation des vues et l'étendue du génie, n'a point d'égal parmi les écrits sortis de la main des femmes, et qui n'a été surpassé par aucun homme, sous le double rapport de la connaissance du monde, de la littérature et du génie philosophique.

Ce serait affecter une absurde présomption de supériorité, que de montrer une sévérité sans bornes pour les défauts d'un pareil ouvrage. D'ailleurs il n'a pas besoin d'indulgence.

L'objection la plus judicieuse qu'il soit possible de lui adresser, c'est que les Allemands y sont beaucoup trop loués. Mais il faut pardonner à un écrivain d'accorder à son sujet plus d'importance que le lecteur. A moins d'adopter les sentimens des Allemands, il est impossible de les retracer avec enthousiasme.

On trouvera sans doute que cette objection est plus apparente que réelle. En effet, madame de Staël est de tous les critiques le plus généreux; et pourtant un esprit intelligent trouvera qu'elle dit toujours toute la vérité, quoique souvent elle revêtisse ses critiques de formes si agréables et si polies, qu'elles échappent à un lecteur superficiel, et qu'elles ne peuvent être aperçues par ceux qui ont peu d'intelligence. Tout lecteur attentif qui cherchera à pénétrer les observations écartées à dessein dans les différentes parties de cet ouvrage, trouvera que l'auteur rend une entière justice aux mœurs et à la littérature allemandes, quoiqu'elle les juge avec bienveillance. Mais il trouvera qu'elle professe peut-être une trop haute admiration pour la philosophie de ce pays. L'esprit de l'auteur aura été influencé par l'étonnement que lui aura causé la nouveauté du langage et la hardiesse des opinions allemandes. Beaucoup d'écrivains ont acquis une célébrité philosophique en Allemagne, qui, s'ils eussent écrit parmi nous, seraient restés inconnus ou presqu'aussitôt oubliés. Nos théosophes, les *hutchinsoniens*, ainsi que beaucoup d'hommes de talent parmi eux, peuvent être comparés aux théosophes allemands, que madame de Staël a honorés de ses observations ; mais depuis long-temps ils sont tombés dans un éternel oubli. Il y a un écrivain, actuellement vivant en Angleterre, qui a professé des doctrines peu différentes de celles que madame de Staël attribue à Schelling. Malgré l'attrait que présente un caractère bizarre et un style inintelligible, il est probable que ses paradoxes sont à peine connus d'une douzaine de personnes dans ce pays actif, industrieux et ambitieux. Dans un siècle bigot, cet homme eût été voué ou martyr de Vanini ou de Bruno. Et dans un pays philosophique, où la publication d'un ouvrage est toujours un évènement d'une haute importance, et où trente-deux universités, libres de toute contrainte de la part de l'église et du gouvernement, ne vivent que de spéculation ; il aurait acquis la célébrité qui s'attache toujours à un fondateur de secte.

Dans cet ouvrage, de même que dans tous les autres écrits de madame de Staël, le lecteur Anglais, (ou au moins celui qui lit superficiellement) sera sans doute fatigué de ce que l'auteur le tient dans une admiration trop soutenue. On dirait qu'il entre dans le système littéraire de madame de Staël, de ne laisser reposer son éloquence que pour abonder en traits de génie. Ses compositions ne sont jamais simples et dépourvues d'ornement. Mais chez nous on aime les écrits simples, où l'esprit et l'éloquence ne se montrent que lorsque les circonstances l'exigent. S'il y a moins de talent, il arrive souvent qu'ils produisent plus d'effet. Une teinte trop générale de sentimentalisme, et la recherche trop assidue de réflexions peu communes, ou de tours ingénieux, détruisent quelquefois l'impression que produisent naturellement sur le cœur humain des scènes ou des évènemens intéressans. Une lumière trop vive fatigue l'œil ; et nous aimons les alternatives toujours agréables de l'activité et du repos.

Dans l'exposition des faits et des raisonnemens, il n'y a pas de style plus clair que celui de madame de Staël. Lorsqu'on a autant de vivacité, il est impossible de n'être pas clair. Mais dans la peinture des sentimens du cœur humain, on a souvent pensé que son langage était vague. Dans la description, soit de la force, soit des nuances délicates, ou des combinaisons infinies de nos sentimens, le commun des lecteurs ne peut pas comprendre ce dont il n'a jamais eu conscience; et l'écrivain qui se place ainsi dans le plus haut point de vue de la nature humaine, court risque de prendre des chimères pour des réalités, ou de commettre l'erreur de chercher à exprimer ce que la langue ne peut rendre. Et d'ailleurs l'expression du sentiment est toujours vague de sa nature, ce qu'il faut moins considérer comme un défaut que comme une qualité qui le distingue des formes rationnelles. C'est ainsi que, souvent dans la poésie et quelquefois dans l'éloquence, les mots, de même que les sons musicaux, servent moins à exprimer une succession d'idées distinctes, qu'à provoquer une série d'émotions ou à produire une certaine élévation de sentimens. La précision et la clarté de l'expression qui font si bien ressortir les rapports qui existent entre le langage et la pénétration de l'esprit, ne sont d'aucune utilité, lorsqu'il s'agit de retracer la succession des sentimens moraux. Dans ce cas, les mots peuvent, jusqu'à un certain point, être très-expressifs; mais peu d'entre eux conviennent parfaitement. Et les hommes qui sont doués de plus d'intelligence que de sensibilité, lorsqu'ils tombent sur des passages comme ceux de madame de Staël, où l'éloquence a surtout pour objet de nous émouvoir, accusent à tort cette élévation morale et cette poétique sensibilité, avec lesquelles ils ne peuvent sympathiser.

Le petit nombre de personnes qui, dans la Grande-Bretagne, continuent à porter quelqu'intérêt à la philosophie spéculative accuseront l'auteur d'avoir jugé avec partialité les systêmes métaphysiques de notre pays.

En effet, c'est plutôt au peintre des nations qu'au philosophe qu'il est permis de juger certaines opinions, par leur tendance et leurs résultats. Lorsque les conséquences logiques d'un principe sont fausses, le principe lui-même doit l'être. Mais, quoiqu'il faille reconnaître que du moment où il est dangereux d'adopter une opinion ou de s'y complaire, c'est déjà une présomption très-légitime contre la vérité de cette opinion, cependant on doit convenir que cette question n'a pas été décidée d'une manière satisfaisante, et que même, elle n'a peut-être pas été posée avec assez de précision.

Il est certains faits de la nature humaine qui dérivent, ou de la conscience, ou de l'observation extérieure, et qui sont beaucoup plus certains que les conclusions tirées d'un raisonnement abstrait, et que les théories métaphysiques doivent seulement expliquer. Du moment où une théorie, quelle qu'elle soit, ne cadre pas avec de tels faits, et enseigne à nier logiquement leur existence, il est rigoureux de douter de la vérité de la théorie. Qu'il y ait une différence réelle entre le vrai et le faux, et que cette différence soit jusqu'à un certain point sentie et appréciée par tous les hommes ; que les sentimens moraux et les penchans désintéressés, fassent actuellement partie de notre nature, quelle qu'ait été leur existence originelle, que l'éloge et le blâme, la récompense et la punition, soient distribués d'après le caractère moral de nos actions ; ce sont là des principes tout aussi certains et non moins importans que les conclusions théoriques. Que ces principes aient été démontrés par la raison, ou saisis par une apperception intuitive, ou spotanément révélés, peu importe, ils n'en sont pas moins une des parties essentielles de la nature humaine. Un homme raisonnable est invinciblement porté à rejeter toute opinion nouvelle qui répugnerait ouvertement à ses convictions, dont il ne peut se détacher. Ce sont là des faits qu'il est du devoir d'une théorie d'expliquer, et qu'aucune vraie théorie ne peut repousser. Mais l'inconvenance ou le danger d'une opinion, ne peuvent jamais faire argument contre sa vérité! Cependant il est du devoir de tout homme de bien, de présenter au public ce qu'il croit être vrai, de la manière la moins propre à offenser les sentimens, et altérer les principes de l'homme simple et ignorant; et il n'est pas toujours facile de concilier cette obligation avec la sincérité qu'exige toute recherche désintéressée. La collision résultant du conflit de devoirs si opposés, est la conséquence pénible, mais inévitable de l'ignorance de la multitude, et de l'impossibilité où sont, même les hommes d'un talent éminent, de présenter la vérité sous toutes ses faces en l'adaptant à tous les degrés de capacité et à toutes les nuances de préjugés, qui distinguent les hommes. Un jour viendra où l'on rencontrera toutes ces qualités dans un écrivain; mais soyons à l'avance bien assurés que la vérité, dans son état de pureté, ne peut jamais être en opposition avec la vertu.

Cependant, il est certains philosophes éloquens qui auraient agi avec plus de magnanimité, et par conséquent plus de sagesse, si dans le cours de la discussion, ils eussent fait taire l'indignation que soulevaient en eux les doctrines qu'ils réprouvaient comme dangereuses; et si, en même temps qu'ils cherchaient à juger les actions, les habitudes et les institutions humaines par leurs résultats, ils se fussent contentés de peser chaque opinion dans la balance de la raison, et d'apprécier la vertu selon qu'elle exige un plus grand déploiement de sentiment et d'enthousiasme. Mais dans les recherches théoriques, ceux qui combattent ne veulent pas avoir l'air de refuser le combat, sur quelque terrain qu'il plaise à leurs adversaires de les conduire, et encore moins lorsqu'il s'agit de débats rationnels. C'est faire preuve de faiblesse, que de faire appel aux sentimens populaires dans les contestations philosophiques. Il semble qu'il y ait plus de sagesse à accepter toute espèce de lutte et à combattre avec toutes sortes d'armes; et qu'il convienne mieux de ne point se servir de raisonnemens vulgaires qui fassent soupçonner que le philosophe lui-même doute que les principes de la vertu ne puissent être attaqués par le raisonnement, ou qui trahissent la crainte qu'on éprouve de ne pouvoir mettre finalement en parfaite harmonie la morale et la vérité.

Nos moralistes s'étonneront que madame de Staël ne paraisse connaître la doctrine de l'utilité que sous la forme injurieuse de l'intérêt universel. Sous ce rapport, il est vrai, elle est d'accord avec les philosophes allemands. Mais il y a long-temps que le système de l'intérêt (puisque c'est ainsi qu'on le désigne), a été exposé dans ce pays. Hobbes, le dernier philosophe de distinction qui l'ait exposé, a certainement déployé un admirable talent dans l'analyse qu'il a donnée de la perception et de la raison; mais son génie l'a abandonné, lorsqu'il a tenté d'établir sur ce principe une théorie de nos sentimens et de nos affections. On a sottement attribué aux maximes du duc de la Rochefoucault l'origine de ce système. On ne trouve dans cet écrit qu'une suite d'épigrammes spirituelles et mordantes, accompagnées d'une exagération ironique et continuelle des intérêts de ce monde, écrites par un homme aimable, passionné et galant. C'est avec non moins d'absurdité qu'on a prétendu que Mandeville fut le fondateur d'une théorie morale : ce fut un peintre satyrique des mœurs de la populace, d'un esprit grossier, mais énergique, et doué d'une imagination qui ne se plaisait à contempler la nature humaine que dans ce qu'elle a de vil et de burlesque, et qui était très-familier avec les déclamations populaires et la bouffonnerie la plus vulgaire. Il serait peut-être juste de dire que Paley a singulièrement approché de ce système, surtout dans la définition qu'il a donnée de la vertu. Ce fut un homme d'un talent pratique incomparable. Les conseils de prudence qu'il donne sont admirables, et il est un des guides les plus sûrs que l'on puisse suivre dans le cours de la vie. Mais il enseigne plutôt le devoir qu'il n'inspire l'amour de la vertu; son école est plus propre à former des hommes irréprochables et dignes de respect, qu'à faire naître ces héros qui n'hésitent point à périr pour leurs amis ou pour leur pays. Son caractère et la nature de son esprit ne dénotent point en lui un théoricien. La nature l'avait créé pour conduire les affaires de ce monde. Il fut ennemi déclaré des subtilités philosophiques, et semble avoir méprisé cette ardeur et ce raffinement de sentimentalisme qui peuvent seuls nous révéler quelques-uns des mystères les plus profonds de notre constitution morale. Dans les questions morales, la raison dépourvue de sensibilité, ne peut faire de découvertes faute de matériaux; de même qu'il serait impossible à celui qui n'aurait pas d'yeux de découvrir la nature de la lumière et des couleurs. Mais puisque nous parlons de cet homme à la fois savant et vertueux, qui fut la gloire de l'église d'Angleterre pendant la dernière moitié du siècle précédent, la justice exige que nous ajoutions, que l'espèce d'intérêt qu'il confondit avec le sentiment religieux, n'a point d'analogie avec les objets vulgaires qui sont communément compris sous cette dénomination, lesquels ne ressemblent en rien à cette nature sublime et insondable qu'un esprit pur peut seul pénétrer. Jusqu'à ce que le mot intérêt soit synonyme de progrès indéfini de la raison et de la vertu, cette expression ramènera toujours notre pensée vers ces sentimens d'un ordre inférieur qui sont le fond de ces systèmes de prudence morale, qui reposent sur les intérêts les plus immédiats et les plus grossiers de ce monde. Il ne faut pas oublier que l'ardeur du sentiment religieux peut faire que le moraliste ait des opinions désintéressées à son insçu; bien qu'il doive toujours porter la teinte de son système.

On pourrait dire avec quelque apparence de vérité, que la philosophie allemande s'est élevée en haine de tout système qui a l'expérience pour point de départ et le bonheur pour fin dernière. Madame de Staël justifierait cette haine des Allemands en soutenant que la philosophie de l'expérience conduit au scepticisme, et que la morale de l'utilité mène nécessairement à l'égoïsme. Il existe en effet une hostilité permanente entre ces systèmes philosophiques, qui sont plus irréconciliables dans leurs formes que dans le fonds même de leurs doctrines; et qui, dès l'origine de la philosophie, ont divisé les individus, les nations et les siècles, plutôt par l'aigreur que chacun a apportée à la controverse, que par la force des argumens employés. Il est vrai qu'il y a certaines disputes philosophiques qui prennent leur source dans des principes opposés de la nature humaine. Les traits les plus saillans de cette guerre métaphysique sont, sans contredit, les controverses qui se sont élevées entre le scepticisme et le dogmatisme, le calcul et l'enthousiasme, les systèmes de morale basés sur l'utilité, et ceux qui, sous des dénominations différentes, ont considéré le sentiment moral comme le plus haut résultat de toute théorie, et l'ont unanimement proclamé comme la loi suprême de la conduite de la vie.

En théorie, il est possible d'établir une certaine harmonie entre ces principes, en assignant à chaque fait un véritable rang, et en le renfermant dans ses bornes légitimes. Mais en pratique, l'infinie variété des évènemens des passions et des caractères, poussent ces divers principes vers leur fin et les fait sortir de leurs limites. Lorsque l'esprit est calme et dans les temps ordinaires, ces principes excitent chez les uns la sensibilité et l'enthousiasme, et portent les autres au trouble et à la révolte. Certaines conditions sociales développent quelquefois jusqu'à l'excès les uns et les autres dans le même moment. C'est ainsi que sous la tyrannie des empereurs, la noblesse romaine, brava tantôt l'oppression avec un courage stoïque, et d'autres fois sut y échapper en s'abandonnant à une volupté systématique, qu'elle décora du nom d'Epicure, quoiqu'elle n'offrît rien de l'esprit de ce sage et aimable moraliste.

Il n'y a aucun lien logique entre les opinions professées par les deux partis. Souvent ils sont désunis, et presque toujours en opposition l'un avec l'autre. Ce sont-là des exemples, pris parmi beaucoup d'autres, de la constante opposition qui existe entre les sentimens communs à l'humanité, et les modes du raisonnement; mais non pas entre les premiers et la raison.

Notre éloquent et philosophe auteur a très-bien établi quels sont les deux principes qui, dans cette controverse, ont aspiré à l'empire depuis Epicure et Zénon, jusqu'à Paley et Kant. *La conduite de l'homme n'est vraiment morale, que lorsqu'il ne fait aucune attention aux conséquences heureuses ou malheureuses de ses actions, du moment où elles sont dictées par le devoir ;* et un peu plus loin, elle ajoute : *Les lois générales de la nature et de la société, établissent une heureuse harmonie entre la vertu et le bonheur.* Maintenant, la seconde de ces propositions est le principe fondamental du système de l'utilité ; et tous les moralistes, à quelque école qu'ils appartiennent, doivent donner leur assentiment à la première. La question est donc de savoir si le second principe de madame de Staël, envisagé comme fait premier d'une théorie morale, s'accorde avec le premier, et peut être accepté comme une règle invariable de morale pratique. Il faut bien que l'auteur regarde ces deux propositions comme conciliables jusqu'à un certain point, puisqu'elle les adopte toutes deux, comme parties essentielles de son système de morale.

Les actes que tous les hommes qualifient de moraux, n'ont-ils de valeur que par leur rapport avec le bonheur général ? C'est là une question importante et qu'il est raisonnable de poser; et comme elle touche à un fait qui est du domaine de l'expérience universelle, on peut arriver à une réponse satisfaisante. Toutes nos actions morales ont un caractère commun, qui est l'utilité générale. Selon les règles reçues dans toute discussion philosophique, il semblerait inutile de chercher un autre *criterium*. Mais qu'il en existe d'autre ou non, toujours est-il certain que le caractère général d'utilité ne peut être passé sous silence dans toute théorie morale, et que loin de-là, il doit former un des principes fondamentaux de tout système de cette nature. On ne peut aller plus loin sans admettre qu'il est des actes moraux qui, lorsqu'on les considère isolément, sont en opposition avec l'intérêt de celui qui agit. Mais c'est là un grave sujet de recherche, que la question de savoir si les habitudes vertueuses ne conduisent pas au bonheur individuel, et si elles ne contribuent pas, jusqu'à un certain point, à nous mettre dans l'impossibilité de nous abandonner au vice, quoique ce puisse être dans notre intérêt personnel.

Jusqu'à présent, aucun philosophe n'a jamais osé s'élever contre un pareil principe. Jusqu'à ce qu'il se soit nommé, nous soutiendrons qu'on a découvert le point où la vertu et l'intérêt général se confondent, non pas en ce qui touche les actions privées, mais par rapport aux motifs de détermination dont ces actions elles-mêmes dérivent. On ne peut donc pas supposer que ces principes d'utilité générale et personnelle, et leur alliance, prise dans le sens que nous venons d'indiquer, ne soient pas une des parties les plus importantes d'un système de morale. Si ces principes suffisent pour donner une explication théorique des actes moraux, ils doivent jusqu'à présent être le sujet d'une discussion approfondie, bien qu'il faille reconnaître qu'ils sont impuissans à fonder une théorie exclusive. Leur vérité et leur importance sont entièrement indépendantes de toute doctrine touchant l'approbation ou la désapprobation morales. Mais en admettant que l'utilité est le *criterium* de la moralité des actions, il ne s'ensuit pas que le sentiment moral ne consiste que dans la perception de l'utile. La nature du sentiment moral est une question de fait, qui ne peut être résolue qu'à l'aide de méditations d'un autre ordre. La doctrine de l'utilité s'applique également aux actions et aux déterminations, soit que nous considérions la conscience comme un des modes de la raison ou du sentiment, soit que nous croyions qu'originairement elle fut implantée dans notre être, ou que nous ne voyions en elle que le produit nécessaire de l'action des influences auxquelles sont soumis tous les hommes.

Mais bien que la doctrine de l'intérêt soit entièrement conciliable avec les principes et les sentimens de la vertu la plus désintéressée ; quoique les visions les plus sublimes de Platon, et les préceptes les plus austères de Zénon puissent y être ramenés, et semblent être déduits de la théorie d'Epicure, on ne peut nier cependant, qu'en fait il y a une hostilité permanente entre ces différentes régions du monde moral, et que cette dernière a été une cause puissante, mais secrète, de la diversité des systèmes de morale.

Ceux qui éprouvent le plus vivement ce besoin de sacrifier, dans le cours de la vie, l'intérêt au devoir, répugnent naturellement, quoique à tort, à reconnaître que les règles du devoir reposent sur l'utile, quelque général et subtil qu'il soit. Ceux qui ordinairement ne considèrent le devoir que dans ses rapports théoriques avec l'utilité générale, doivent éprouver le besoin de croire que la considération de l'utile est un guide certain dans toutes leurs actions, quoique cette considération soit inconciliable avec leurs principes; mais favorable à leurs habitudes de raisonnement. Les sentimens désintéressés de la vertu pratique, cherchent eux-mêmes à s'orienter sur le terrain de la spéculation. Ils aspirent à la domination, même dans leur sphère, et tendent à introduire dans la morale scientifique des noms splendides à la place de principes intelligibles. D'un autre côté, le principe de l'utile tend naturellement à franchir les bornes de la théorie, au-delà desquelles il n'est plus légitime, et à corrompre le cœur de l'homme, en substituant le froid calcul des conséquences de chaque action à l'inviolable autorité des préceptes moraux, et à l'enthousiasme des sentimens vertueux.

Peut-être cette guerre n'aura-t-elle pas de fin. On peut prouver que certaines opinions opposées en apparence, sont parfaitement identiques; mais les principes de la nature humaine, quoique opposés et énergiques, s'allient toujours jusqu'à un certain point les uns aux autres. Les expressions théoriques dont la morale d'Epicure est surchargée, contribuent beaucoup à augmenter les difficultés de la pacification. Les mots plaisir, jouissance, intérêt, bonheur, pris dans l'acception populaire, se rapportent à l'individu, et quelques-uns d'entre eux à ce qu'il y a de moins élevé dans notre être. Ces mots réveillent en nous les idées de sensualité et de bassesse dont aucune définition philosophique ne peut les purifier. On s'en servira mille fois dans le sens vulgaire, pour une qu'on les élèvera à la hauteur du système épicurien. Et d'ailleurs, notre esprit accorde aux mots la valeur qu'ils ont dans la langue usuelle. Dans nos raisonnemens les plus abstraits, nous employons les mots d'après leur signification vulgaire, et insensiblement nous la leur conservons. De-là vient que certains moralistes repoussent les théories qu'ils trouvent entachées d'idées si dégradantes; tandis que d'autres se laissent à leur insçu, influencer dans leurs opinions par les impuretés étrangères que les accidens du langage ont ajoutées à leurs sentimens primitifs. Si jamais il est possible de conclure la paix entre ces principes opposés, ce n'est qu'à la condition qu'on fera une exposition énergique, complète et impartiale de l'ensemble des systêmes de morale, dans laquelle on distinguera avec soin la moralité des actions, les motifs des déterminations, et la nature de l'approbation morale; où une ligne de démarcation bien tranchée séparera la théorie de la pratique; où l'utilité générale se trouvera confirmée par le calcul, sera présentée comme base du devoir, et comme pierre de touche des sentimens vertueux; sans que nos actes cessent d'être excités par le sentiment, contrôlés par les lois morales, indépendamment de tout appel au principe de l'utile; où les principes théoriques seront exposés avec une grande simplicité, et les sentimens représentés dans toute leur force et leur énergie; où chaque élément de la nature humaine sera également développé; qui satisfera la raison du philosophe et parlera au cœur de l'homme de bien; où l'enthousiasme viendra au secours de la science, loin de lui nuire; et où les sentimens généreux seront préservés avec le plus grand soin du pouvoir glacial d'un calcul déplacé. Il est probable que toutes les branches d'un système aussi majestueux existent dans les ouvrages des philosophes anciens et modernes. Mais plusieurs générations s'épuiseront en tentatives infructueuses, avant qu'une main ferme et vigoureuse, étrangère aux préjugés de la spéculation et de la pratique, à ceux qui appartiennent aux écoles dans lesquelles on a été élevé et aux siècles où on est appelé à vivre, et même, autant que le comporte l'humaine faiblesse, aux préjugés encore plus puissans et plus indélébiles du caractère personnel; ne puisse élever un édifice aussi imposant.

La querelle qui s'est élevée entre la prudence et l'enthousiasme, sentimens qui pénètrent la vie de l'homme, et dont madame de Staël a défendu un des côtés dans les trois derniers chapitres de cet ouvrage, avec une éloquence douce et persuasive, ressemble beaucoup à la controverse de l'intérêt. Cette dispute se renouvelle chaque jour sous des noms et des formes nouvelles, dans la vie pratique et privée, la littérature, les arts, la législation et même la religion. A cet égard, il est plus facile de s'entendre, bien qu'un parfait accord ne puisse jamais être que verbal entre des personnes de caractère et de tempérament différent. Madame de Staël elle-même confond le désir légitime de bonheur avec cet intérêt sordide qui, destructeur de toute félicité, prend la place de ce principe conservateur que l'on désigne par le nom de prudence. D'un autre côté, les plus simples inspirations de la raison nous disent que, du moment où on a surmonté de grands obstacles, on acquiert plus de force pour résister aux instigations des passions. Il est donc des circonstances où la prudence justifie les élans de l'enthousiasme. Il est certain que la prudence seule ne fera jamais naître le dévouement héroïque. Ce ne fut jamais l'intérêt privé d'une troupe armée, qui la fit marcher sur le champ de bataille; ce fut bien certainement le devoir. Mais ce serait une étrange politique, que celle qui chercherait à substituer dans une armée le sentiment du devoir à l'enthousiasme de l'honneur ou du patriotisme. Dans les actes de la vie commune qui supposent toujours une délibération, on peut ordinairement se fier à l'intérêt. Il faut encore entretenir sa pénible influence dans les mouvemens réguliers des sociétés humaines. Partout où il s'agit de soumettre les hommes à des règles uniformes, il convient de prendre l'intérêt en très-haute considération, parce que sa régularité compense sa faiblesse. Souvent d'autres passions en triomphent ou compriment sa puissance; mais il est impossible d'en prévoir et d'en calculer le retour. La prudence est toujours un peu pour quelque chose dans nos actions, et ne tarde pas à prendre la place des passions. Lorsque nous cherchons à satisfaire nos besoins ou à acquérir des richesses, le développement du principe de l'intérêt est si régulier, qu'il a suffi pour élever l'économie politique à la hauteur des sciences morales. Son énergie et son intervention continuelle dans les affaires de ce monde, ont obligé le législateur à chercher en lui la sanction des peines (1). C'est à cet important principe que la nature a confié le soin de préserver la société de sa ruine et d'écarter les causes nombreuses et journalières qui tendent à altérer le bonheur des individus : c'est lui qui nous préserve du mal. La sensibilité jouit du privilège de développer en nous le sentiment du beau et du bon. C'est d'elle que viennent toutes les affections qui embellissent la vie ;

―――――――――

(1) Madame de Staël n'a pas assez réfléchi à la doctrine profonde et originale de Monsieur Bentham, qu'elle combat incidemment. Quoique l'éditeur des ouvrages de cet homme célèbre ait un talent incomparable pour exposer avec clarté et vigueur les idées de l'auteur, néanmoins il faut être doué d'une grande attention pour les bien comprendre. M. Bentham est le premier qui ait tenté de jeter les fondemens d'un système philosophique de jurisprudence. La marche de l'esprit humain est si lente, qu'il n'est pas probable que le même homme soit appelé à commencer et à accomplir une pareille œuvre. Le système de M. Bentham n'a véritablement aucun rapport avec la théorie de l'intérêt, et ne repousse pas l'influence des sentimens les plus vifs et les plus désintéressés, sur la conduite de l'homme. Mais il est évident que dans tous les systèmes possibles, le législateur ne doit considérer que l'intérêt général de la société. Les objections les plus spécieuses qui aient été faites à M. Bentham, viennent de ce qu'on a perdu de vue son objet, qui était de présenter les peines et les récompenses (quelle qu'en soit la source) comme base d'une législation générale, et non pas comme le motif de nos déterminations individuelles, relativement à la moralité de nos actes. (V. *Edim. Review.*, vol. IV, p. 13).

nous lui devons toutes les productions du génie et les vertus sublimes qui font la gloire de la nature humaine. Sans l'une, la société ne pourrait exister, et sans l'autre, elle n'offrirait rien de bon. L'une et l'autre sont également indispensables, quoique toutes deux ne jouissent pas de la même dignité dans l'ordre moral de ce monde. Mais comme un intérêt brutal et grossier est le défaut naturel de la majorité de l'espèce humaine, il semble que dans le cours de la vie, on doive plus redouter l'excès de la prudence que celui de la sensibilité. Les principes de la prudence et de l'utile, ont quelque analogie avec ces forces du monde matériel, qui accroissent la puissance humaine, parce qu'on peut en calculer l'effet avec une rigoureuse précision, et avec ces lois simples qui régissent les mouvemens réguliers des grands corps de la nature.

Le sentiment et l'enthousiasme ont plus de ressemblance avec les agens puissans, impénétrables de leur nature, terribles dans leurs effets, invisibles et impalpables, qui ne peuvent être ni comptés, ni pesés, ni mesurés; dont aucun homme ne connaît l'origine ou la fin, et qui cependant sont la cause des catastrophes les plus terribles, tout en maintenant l'univers matériel dans les conditions les plus utiles. C'est ainsi que l'électricité, par son accumulation et sa surabondance, ébranle le ciel et la terre par les tempêtes qu'elle suscite ; et que le principe, la propriété, ou la force, qui est la cause inconnue de la chaleur, répand dans les corps fluides ou gazeux la matière qui les rend propres à être le réceptacle de la vie.

La dispute du scepticisme et du dogmatisme a un rapport intime avec une des parties les plus importantes de cet éloquent et philosophique ouvrage. Le système de Kant doit être considéré comme un effort tenté par la philosophie pour en chasser le poison du scepticisme que Hume y avait introduit. Ce grand philosophe ne s'était pas amusé, comme Bayle, à entasser un grand nombre d'argumens dialectiques, dans l'unique but d'apprendre aux hommes à douter, en étendant le doute aux opinions les plus généralement reçues. Il ne s'attacha point à prouver que nous ne savons rien, mais qu'il est impossible que nous arrivions à une certitude quelconque; et que d'après la nature même de l'esprit humain, nous sommes condamnés à vivre dans une ignorance absolue et générale. Il est vrai que tout système de scepticisme universel, outre qu'il tend à rabaisser les prétentions du dogmatisme, n'est qu'un divertissement intellectuel, une manière d'exercer la subtilité de l'esprit. Comme ce sont les données de l'expérience qui règlent notre conduite, commandent à notre foi, toutes les objections dirigées contre elles et contre les principes du raisonnement, sont sans aucun effet. Il ne suffit pas d'attaquer les fondemens de notre croyance pour les détruire. Aussi long-temps que les principes de la science conserveront les mêmes rapports avec la conduite des affaires de la vie, l'ensemble du système de la conviction humaine (qu'on l'appelle certitude ou incertitude) continuera à nous régir. Lorsque les forfanteries des sceptiques auront enveloppé dans la même ruine les résultats fournis par l'expérience, les principes géométriques, les doctrines religieuses et la philosophie, on peut être certain qu'il n'y aura plus de dogmatiste qui ose réclamer pour la certitude de ses opinions et de ses croyances, et qu'il les abandonnera à de pareilles conditions. Pour tout homme de bon sens, cet argument est sans réplique. Mais le système de Kant et les écrits du docteur Reid, quoique différens dans leur esprit et dans leur forme, furent contemporains, et eurent pour objet de combattre le scepticisme à l'aide d'armes évidemment plus philosophiques.

L'un et l'autre de ces philosophes commença ses travaux philosophiques la même année, dans la solitude de deux universités du Nord, par discuter la question des forces, qui divisa si long-temps les partisans de Newton et de Leibnitz.

Dans un pays comme l'Allemagne, où on fait encore usage d'une langue morte, et où l'isolement des classes éclairées de la société conserva à la philosophie le style et les formes scholastiques, Kant fit une œuvre prématurée en cherchant à ramener toute connaissance aux lois fondamentales de l'esprit humain. Il eut le tort d'orner d'expressions magnifiques l'ignorance où nous sommes, plutôt que d'avoir la simplicité de l'avouer. Mais il possédait une étonnante compréhension des opérations de l'intelligence, et une grande étendue de connaissances bien digérées. Il parlait avec l'autorité et le ton dogmatique d'un créateur; et sa nomenclature technique était assez variée pour former une langue nouvelle. Dans ses écrits de morale, son éloquence est assez austère pour qu'on reconnaisse en lui un profond moraliste. Ses œuvres métaphysiques se distinguent par cette obscurité qui, chez un penseur original, dépend souvent d'une surabondance d'idées qui cherchent à se faire jour.

Kant se distingue surtout, en ce qu'il est peut-être le premier depuis Aristote, qui ait eu assez de génie pour ne jamais perdre de vue, dans ses systématisations, la simplicité du principe qu'il avait admis, au milieu de l'infinie variété des questions qu'il sut aborder, ainsi qu'une parfaite harmonie, et un juste rapport entre les parties les plus diverses de son édifice intellectuel. En Ecosse, Hutcheson ranima le goût de la philosophie spéculative, en lui donnant une forme plus élégante et plus populaire. Reid, observateur patient et penseur ingénieux, plaida avec amabilité la cause des opinions utiles et du bon sens, et composa avec un soin tout particulier, avec modestie, perspicacité et élégance, les Essais qui ont fait sa réputation comme philosophe, Essais qui offrent un caractère d'originalité qu'on ne rencontre pas dans ses derniers écrits. Sa manière de présenter ses idées n'était pas heureuse : car il semble qu'il ait voulu en appeler à la multitude sur les questions les plus ardues de l'esprit humain. Il a beaucoup contribué à répandre ce principe, que la philosophie de l'esprit humain doit être considérée comme une science d'observation, et qu'il faut éviter de généraliser les faits observés avec trop de précipitation, et surtout prématurément. Mais ces deux philosophes, et même leurs illustres successeurs, ne se sont pas assez rappelé que la généralisation est le dernier terme de la philosophie; que les progrès de cette science sont en raison de la simplicité de ses principes ; et que la multiplicité des lois générales est un aveu tacite de l'imperfection de la science, aveu plus estimable sans doute, que de prétendre à une perfection illusoire. Jamais on ne professa de doctrines plus opposées que celles de ces deux écrivains; et leurs disciples seront probablement scandalisés de ce que nous avons établi un parallèle entre leurs maîtres. Cependant, il est de fait que tous deux reçurent la même impulsion et visèrent au même but. Long-temps avant l'apparition de Hutcheson et de Reid, Leibnitz, qui depuis Bâcon, est de tous les écrivains celui qui abonde le plus en pensées fécondes, mérite qu'il dut à ce qu'il possédait une parfaite intelligence des principes de la connaissance, remplit une des lacunes de la philosophie qui dominait alors. Tous les auteurs étaient imbus de l'ancienne maxime, *qu'il n'est rien dans l'intelligence, qui primitivement n'ait passé par les sens.* Leibnitz proposa d'ajouter à ce principe, *si ce n'est l'intelligence elle-même;* et par cette courte addition, il jeta une nouvelle lumière sur la philosophie de l'esprit humain. Gassendi, Hobbes et Locke, par leurs malheureuses comparaisons de l'état originel de l'intelligence à du papier blanc, enseignèrent à leurs disciples à croire qu'il n'y a rien dans l'esprit humain qui ne vienne de l'extérieur. Il ne s'arrêtèrent point assez à ce fait (si même ils s'y arrêtèrent), que l'homme étant capable de recevoir des impressions, cette capacité doit avoir ses lois invariables, et que ce sont ces lois qui sont la mesure de ses perceptions, et le rendent apte à sentir et à raisonner. Les lois de la perception extérieure et celles de notre nature intellectuelle, sont les derniers faits que nous puissions atteindre. Elles ne peuvent jamais être mises en question, car c'est à elles que nous devons de pouvoir discuter. Du moment où on les perd de vue, le champ du scepticisme s'ouvre. La vaste phraséologie de Kant, et la malheureuse expression de *sens commun* adoptée par Reid, prouvent que ces deux philosophes avaient pensé que les lois irréductibles de la pensée sont les limites de tout raisonnement, et que toute discussion sur elles n'est qu'une vaine moquerie. Le nombre de ces lois et leurs rapports forment le sujet d'importantes recherches. Mais toute théorie philosophique doit constater leur existence, explicitement ou implicitement. Harteley et Condillac tentèrent de les réduire à une seule; leur opinion n'est plus admissible dans l'état actuel des connaissances. Du moment où ces philosophes prétendent ramener toutes les lois de l'entendement à une unité, il faut que cette unité soit un fait nécessaire, supérieur à toutes les preuves qu'on pourrait donner de son existence, et dont aucune démonstration ne peut dévoiler la nature. Du reste, que cette loi soit unique ou qu'il y en ait mille, cette controverse est exactement de même nature que celle des sceptiques et des dogmatistes. Le scepticisme universel se réduit à une contradiction dans les termes. Il repose sur la croyance qu'on ne peut arriver à aucune certitude. Il consiste dans un effort de l'intelligence, qui prétend opérer sans reconnaître l'être qui opère, et d'après d'autres lois que celles auxquelles on l'a assujetti. Nul n'est recevable à proposer des objections contre les principes sans lesquels tout raisonnement est impossible (1). C'est en effet une puérile occupation, que de chercher à prouver par des argumens, ou à réfuter, les principes que tout argument

---

(1) Cette pensée est exprimée d'une manière très-significative dans le titre d'un ouvrage ancien et rare : *Sciri sive sceptices et scepticorum a jure disputationis exclusio*, dû à Thomas Withe, homme qui occupe un rang très-distingué dans l'histoire de la Philosophie Anglaise.

présuppose. Celui qui cherche à étayer de preuves de pareils faits, tourne nécessairement dans un cercle vicieux; et celui qui les attaque, se condamne à une perpétuelle contradiction.

Les raisonnemens des Pyrrhoniens et des dogmatistes sont justement appréciés dans un passage très-remarquable de Pascal, où son génie philosophique offre souvent l'éclat d'un brillant météore : « L'unique fait des
» dogmatistes, c'est qu'en pensant de bonne
» foi et sincèrement, on ne peut douter des
» principes naturels. Les principes se sentent,
» les propositions se concluent. Il n'y a ja-
» mais de pyrrhonisme effectif et parfait. La
» nature soutient la raison impuissante. »
Pascal conclut par une observation si remarquable par sa profondeur et sa puissante autorité, qu'elle nous semble avoir un caractère de grandeur plus élevé qu'aucun des passages qui, dans les écrits des hommes, se rapportent aux opérations intellectuelles : « La nature
» confond les pyrrhoniens, et la raison les
» dogmatistes. »

TABLE DES MATIÈRES.

                                                                 Pag.

Avertissement du Traducteur..................... j

Considérations sur l'histoire de la philosophie depuis la renaissance des Lettres. Premier Essai..... 1

Considérations sur l'histoire de la philosophie, etc. *Deuxième Essai*............................ 145

Examen critique de l'ouvrage de madame la baronne de Staël Holstein, intitulé de l'Allemagne. 257

ERRATA.

Page 22, *ligne* 28, les contributions; *lisez* les matériaux.
P. 59, *l.* 8, Roger, Bâcon; *lisez* Roger Bâcon.
P. 66, *l.* 13, quelqu'éminent; *lisez* quelqu'éminens.
P. 67, *l.* 12, cherchent à éclairer; *lisez* en cherchant à aveugler.
P. 78, *l.* 2, attire; *lisez* altère.
P. 93, *l.* 15, Athusen; *lisez* Althusen.
P. 138, *l.* 5, caractérisques; *lisez* caractères.
P. 159, *l.* 20, s'étant; *lisez* s'étaient.
P. 189, *l.* 11, de tous les hommes. *lisez* de tous les hommes ;
P. 201, *l.* 17, ses, *lisez* ces. — L. 19, ses; *lisez* ces.
P. 338, *l.* 25, un ; *lisez* son.
P. 339, *l.* 1, poussent; *lisez* pousse.
P. 350, *l.* 22, les; *lisez* ces.

www.ingramcontent.com/pod-product-compliance
Lightning Source LLC
Chambersburg PA
CBHW060617170426
43201CB00009B/1051